# 국내외(國內外) 사서(史書)를 통해 본 가야사(伽耶史) 탐구

연구총서 1-20

# 국내외(國內外) 사서(史書)를 통해 본 가야사(伽耶史) 탐구

윤석효 저

한성대학교 출판부

# 이 책을 내면서

필자가 『신편 가야사』를 출판한지 10여 년이 지났다. 그 후 가야사와 관련된 논문들을 여러 편 발표하였기에, 지난해 연구년을 맞아 이들 자료를 좀 더 체계적으로 정리하여 본서를 출간하게 되었다.

그동안 가야사는 당대의 기록이 남아 있지 않기 때문에, 여러 학자들에 의해 후대의 국내외 사료를 근거로 연구되어 왔다. 그러나 연구자들의 강조점에 따라 여러 학설이 대두되었고, 어떠한 이론이 실상(實像)에 가까운 것인지 의아해질 때도 있었다. 이러한 어려운 점들을 극복하기 위하여 필자는 가야사에 관한 실체 파악의 지름길을 국내외에 남아있는 사서 중 대표적인 것을 선정하여 그 사서들이 일관되게 추구하거나 시사하고 있는 내용을 파악하여 이론화시킬 때에만 가능한 것이라 생각하여 왔다.

『신편 가야사』가 가야의 형성과 발전 그리고 가야의 왜지진출과 세력 확장 및 멸망에 관한 총론 중심의 통사적인 서술이었다고 한다면, 본서는 그러한 사실을 중심 사서들을 근거로 각각의 분야에서 다양하게 가야의 정체성을 다시 한 번 재조명해 보았다는 측면에서 나름대로의 가치를 찾아볼 수 있겠다.

수년간 연구해온 논문과 사료들을 재정리하여 한 권의 책으로 저술할 수 있었던 것은 심혈을 기울여 연구에만 전념할 수 있었던 1년간의 연구년 덕분이었다. 연구실 창 너머로 보이는 밤하늘의 별들과 아파트에서 뿜어져 나오는 불빛, 낙산을 드리운 무성한 송림(松林)의 나이테들이 가야사 연구를 위해 푹 빠져온 나의 교수생활의 성상을 말해주는 것 같다.

본서의 출판을 맡아준 한성대 출판부에 감사드리며, 선학과 동료 후배들의 많은 질책과 조언을 기대한다.

2008년 8월

저자 씀

# 목　차

## 제 3 장 『일본서기(日本書紀)』 속에 내재된 가야사의 실체



## 제 4 장 중국사서 동이전(東夷傳)에 언급된 삼한과 가야사

# 서 론

한국고대사 분야 중 가야사 연구는 삼국시대에 비해 연구자가 적은 편이나, 근자에는 신념을 갖고 활발히 연구하는 학자도 있고 지속적으로 가야 지역을 발굴하는 영남의 대학박물관들도 볼 수 있다. 그리하여 그 전과는 달리 각종 가야사 계통의 통사(通史)나 논문 그리고 발굴보고서들이 시중에 나와 있기도 하다. 오히려 여러 종류의 가야사 서적들이 출판되어 독자들에게 읽히고 있는 것은 가야사(伽耶史)를 체계적으로 이해시키고 가야사의 지식을 축적시켜 선사시대(先史時代)이래로 한국의 전체 고대사 분야중 가야사가 어느 정도의 비중을 차지하고 그 역사성(歷史性)을 고찰하는 데에는 참고가 되기도 하나 저자들 나름대로의 사관(史觀)과 시각(視覺), 주견(主見)에 따라 사료들을 활용하여 수많은 학설(學說)을 주장하여서 가야사의 실체 파악에 혼선을 일으키는 경우도 있다. 특히 가야사 연구에 활용되는 현존하는 얼마 남아 있지 않는 사서(史書)들 중 자기의 학설에 부합되는 것만을 선택하여 자기식으로 사료들을 배열하여 논리를 구사하고 이론화 하려고 하여서 원래의 그 사서(史書)에서 추구하는 가야사의 실체와는 거리가 잇는 경우를 보기도 한다. 따라서 본서에서는 가야사 연구의 대표적인 원전(原典)인 『삼국사기(三國史記)』, 『삼국유사(三國遺事)』, 『일본서기(日本書紀)』, 『삼국지 위지 동이전 한(三國志魏志東夷傳韓)』과 기타의 『사서(史書)』 등에 기술된 가야사 관계 사료들을 검토하여 각 사서(史書)들이 시도하는 가야사의 정체성(正體性)을 찾아보고자 한다. 그런 후에 각 사서들에 나타난 가야사의 실체를 종합하여 가야사의 원 모습을 재현시키고자 하는 데에 충실하고자 하는 것이 본서 집필의 의도인 것이다. 이렇게 하는 것이 가야사 연구에 도움을 줄 뿐만이 아니라 고구려 백제 신라와의 관계나 왜(倭)나 중국과의 교류면에서도 더 진실에 가까운 사실들을 정립하여 주변국들과의 관계 속에서 발생한 문제들을 극복하는 데에도 도움이 되리라고 확신한다.

본서의 내용은 크게 네 부분으로 나뉘어져 있다. 첫째 부분은 『삼국사기』의 구성과 가야사 인식으로서 한국고대사가 삼국시대(三國時代)가 아니라 사국시대(四國時代)로 설정할 수 있었던 『삼국유사』 「왕력(王歷)」의 기록도 그 이론의 단서를 『삼국사기』가 제공했다는 측면에서 사서로의 『삼국사기』의 가치를 다루어 보고자 했다.

둘째 부분은 『삼국유사』에 나타난 일연(一然)의 역사관과 가야사 사료검토로서 일연이 「기이」편(奇異篇) 첫 머리에서 고조선(古朝鮮)을 기록하여 민족사의 출발점을 밝힌 것도 의미가 있지만 「기이」편 끝에다 「가락국기(駕洛國記)」를 포함시켜 가야사를 구체화 시키면서 민족사의 강역 확대와 발전사(發展史)의 체계를 세워 가야사의 위상을 부각시켰다는 면에서 그의 역사인식을 파악해 보고 싶었다.

셋째 부분은 『日本書紀』속에 내재된 가야사의 실체로서 『日本書紀』 가야관계 사료는 국내사료인 『삼국사기』와 『삼국유사』의 가야부분 사료가 너무나 영세하게 남아있기에 이를 극복한다는 차원에서 『日本書紀』의 사료들을 냉정히 검토한 후 인용하면 가야사의 전정한 위상을 찾을 수 있다는 점에서 사서로의 『日本書紀』에 접근한 것이다. 넷째부분은 『삼국지』 위지 동이전 한에 언급된 삼한의 실상과 가야로서는 마한사(馬韓史)나 진한사(辰韓史)에 비해 변한사가 갖는 가야제국(伽耶諸國)과의 역사성을 고찰해 보고자 한 것이다.

# 제 1 장

## 『삼국사기(三國史記)』의 구성과 가야사 인식

## 1. 머리말

『삼국사기』는 우리나라에 현존하는 가장 오래된 역사책으로서 삼국시대 및 통일신라 연구의 기본사료이며 필수적인 역할을 하고 있다. 그리고 가야사 연구에도 시사점을 주고 있는 사서이기도 하다. 따라서 그에 대한 연구는 한국 고대의 전통문화사 이해에 불가결한 의미를 갖고 있다.

이 책은 서기 무렵부터 고구려와 백제가 멸망한 7세기 중반까지는 세 나라의 역사가, 7세기 중반부터 10세기 전반가지는 통일신라 한 나라의 역사가 기록되어 있다. 『삼국사기』 서문에는 김부식이 이 책을 새로 만든 까닭을 두 가지로 요약하고 있다. 하나는 중국역사에 비해 우리 역사를 모른다는 것이다. 또 하나는 그때까지 역사책은 당시의 왕과 관리, 귀족들이 생각하기에 자신들이 바라는 나라를 만들기 위한 '교훈'으로 삼는데 부족한 점이 많다고 판단했기 때문이다. 그런 점에서 『삼국사기』에는 어떠한 내용이 들어 있으며, 그 구성과 특징이 무엇인지를 구체적으로 알아보기로 한다.

## 2. 『삼국사기』의 구성과 특징

『삼국사기(三國史記)』는 고려(高麗) 인종(仁宗) 23년(1145)에 김부식(金富軾) 등 여러 명의 편사관들이 편찬한 우리나라 현존 최고(最古)의 기전체(紀傳體) 사서(史書)이다. 이 문헌은 삼국시대의 국가 정치사를 중심으로 서술된 총체적인 역사서(歷史書)이며, 문헌 존중의 입장을 견지하면서 서술된 것이기에 현존하는 유일한 사료집(史料集)으로서의 가치를 부여할 수 있는 서적이다.

그런데 이와 같은 성격을 가진 『삼국사기』에 대한 역사학계의 평가에는 두 가지 견해가 있다. 그 하나는 이 문헌의 편찬 당시의 시대정신이나 내용의 분석을 통하여 고대의 국가발달사 및 고대문화 전체를 파악할 수 있는 자료집으로 보는 견해이다.[1) ] 다른 하나는 이 책이 오랫동안 단순히 중국문헌을 기계적으로 전재(轉載)한, 사대적이며, 유교적인 책이라고 규정하면서 비판하는 논조이다. 그 대표적인 예로는 식민사가들에 의한 왜곡된 평가[2)]와 신채호(申采浩)를 비롯한 민족주의사가들을 들 수 있다.[3)]

『삼국사기』의 학계의 평가인 이런 양면성을 생각하면서 이 책을 읽어보면, 유교적인 사대서라는 인상을 지울 수 없는 것이 사실이다. 그러나 그 내용을 자세히 음미하면서 읽어볼 것 같으면, 삼국(三國)뿐만 아니라 그 외의 고대국가들에 대해서도 편사자들 나름대로의 함축된 역사의식이 스며있음을 확인할 수 있다.

따라서 본고에서는 『삼국사기』에 언급된 삼국 이외의 고대국

---

1) 정구복 편저, 『새로 읽는 삼국사기』, 동방미디어, 2001, p.405.

2) 末松保和, 「舊三國史と三國史記」, 『朝鮮學報』 39·40, 1963, p.56.

3) 申采浩, 「朝鮮歷史上 一千年來 第一大事件」, 『丹齋申采浩全集』 中, 1977, pp.113~120.

가 중 가야제국(伽耶諸國)에 관한 기록을 검토하여, 『삼국사기』에 나타난 우리나라 고대사에서 가야사에 관한 인식은 어떠했는지를 체계적으로 고찰해 보고자 한다. 『삼국사기』에 표출된 가야 기록을 통한 상고사에 대한 인식태도를 알아봄으로써, 이와 같은 역사인식이 후대(後代)의 사서(史書)에 어떠한 영향을 미쳤는지도 살펴볼 것이다. 그리하여 『삼국사기』의 사서적(史書的) 성격을 도출하고 이를 정립하는 계기로 삼고자 한다.

『삼국사기』의 체재(體裁)는 중국의 사마천(司馬遷)이 쓴 『사기(史記)』를 모방한 기전체이다. 그 편차(編次)는 신라본기(新羅本紀) 12권, 고구려본기(高句麗本紀) 10권, 백제(百濟本紀) 6권, 연표(年表) 3권, 지(志) 9권, 열전(列傳) 10권 등으로서 도합 50권으로 구성되어 있다.[4] 이 책은 인종 23년(1145)에 왕명에 의하여 편찬되었다. 최산보(崔山甫) 등 8명의 참고(參考)와 정습명(鄭襲明) 비롯한 2명의 관구(管句) 등 10명이 참여하였으며, 김부식의 책임아래 수행되었다. 김부식이 직접 집필한 것은 머리말[진삼국사표(進三國史表)], 논찬(論贊) 및 지(志)의 서론 등이다.[5] 그러므로 『삼국사기』는 11명의 편찬자와 왕의 입장이 투영된 합작이며, 여초(麗初) 이후 계속된 역사편찬의 중간 결산이었다고 할 수 있다.[6]

김부식과 편찬자들은 『구삼국사(舊三國史)』를 비롯하여 사서류(史書類)인 『유기(留記)』나 『신집(新集)』, 『서기(書記)』, 『국사(國史)』, 『삼한고기(三韓古記)』, 『신라고기(新羅古記)』 등 각종 국내 사료와 중국 사료인 『자치통감(資治通鑑)』, 『당서(唐書)』, 『책부원귀(冊府元

---

4) 李載浩, 「三國史記와 三國遺事에 나타난 國家意識」, 『三國史記硏究論選集』 (一), 白山學會, 1985, p.227.

5) 高炳翊, 「三國史記에 있어서 歷史敍述」, 『金載元博士回甲論叢』, 1969, p.6.

6) 申瀅植, 「高麗前期의 歷史認識」, 『韓國史學史의 硏究』, 乙酉文化史, 2001, p.50.

龜)』, 『신오대사(新五代史)』 등을 광범위하게 인용한 데서 보는 바와 같이, 전승된 자료의 이용에 최대한 노력하였다.[7] 그리고 국내의 금석문 자료 일부와 고려 왕실에 전하고 있던 후삼국의 자료도 활용하였다.

고구려의 기록은 광개토대왕(廣開土大王)까지는 설화적인 내용이 많이 실려 있는 반면, 장수왕(長壽王) 이후의 기록은 중국측 자료를 보충하여 조공기사(朝貢記事)가 주류를 이루고 있다. 백제 기록은 소략하기 그지없는데, 중국측 문헌에 나오는 조공기사가 추가되었다. 이는 중국측 자료의 한계였다.

김부식은 김유신(金庾信)의 후손 김장청(金長淸)이 쓴 10권의 『김유신행록(金庾信行錄)』을 구해 김유신 열전을 재구성하였다. 원래 전하던 장보고(張保皐) 열전은 본기(本紀)에 이용하고, 열전에는 당나라 두목이 쓴 전기를 그대로 실었다. 김부식 등 편찬자들이 『삼국사기』를 편찬하면서 새로이 추가한 자료는 신라측에 한정하였다고 할 수 있다.[8]

『삼국사기』는 본기(本紀), 지(志), 연표(年表), 열전(列傳)으로 구성되어 있으며, 서론에 해당하는 진삼국사표와 책임편수관인 김부식의 역사관을 반영한 논찬(論贊 : 史論)이 있다. 이 책은 열전(10권)에 비해 본기(28권)가 큰 비중을 차지하고 있으므로 본기 중심의 내용구성을 보이는 특징을 지니고 있다. 이 점은 열전 위주의 중국문헌과는 다른 측면이다. 형태상으로도 중국문헌과는 다르고, 『고려사(高麗史)』와도 차이가 있다.

우선 중국의 천자와 같이 당당히 본기라는 명칭을 사용함으로

---

7) 尹鍾一, 「金富軾의 歷史認識 硏究」, 『三國史記硏究論選集』(一), 白山學會, 1985, p.60.
8) 정구복 편저, 앞의 책, 2001, pp.399~400.

써, 『고려사』의 세가(世家)와는 달리 중국과 국가적 위상을 같이 하였다. 그러므로 『삼국사기』를 사대적이라고 일방적으로 규정하는 것은 적어도 외형상으로는 불가능하다. 기사 내용에서도 특히 제천 기록을 통해 보면, 중국과 같은 주권국가로서의 입장을 견지하고 있으며, 삼국의 왕은 천자로서의 권위를 취하고 있다. 중국문헌이 열전 위주로 편제하고 많은 인물의 업적을 수록함으로써 역사의 귀감을 찾고 있지만, 『삼국사기』는 본기 위주의 서술이다. 중국과 달리 왕의 치적을 역사서술의 기본내용으로 하고 있는 것이다.

『삼국사기』의 본기 내용을 정리해 보면, 정치, 천재지변, 외교, 전쟁 부분으로 대별된다. 그런데 삼국은 시대별로 각기 다른 특징을 나타내고 있다.[9] 그렇더라도 본기의 내용은 대부분 역사서술의 기본으로서 자연의 변화와 인간(王)의 활동(정치, 외교, 전쟁)의 상관관계로 설명하고 있다. 그 중심 테마는 우리나라였고, 그 속에는 왕(위), 신하(중간), 백성(아래)이 있어 이들 삼자간의 행동규범에서 역사 내용을 찾고 있다. 이러한 국가의 삼요소(三要素)를 기준으로 하는 서술 형태는 각기 자신의 도리를 기술함으로써 유교정치(儒敎政治)의 이상(理想)을 실현하겠다는 역사서술의 목표를 띠고 있다. 특히 정치 기사는 축성(築城), 순행(巡幸), 임면(任免), 제의(祭儀) 및 기타(其他)의 5가지 유형으로 구성되었다. 이러한 정치 기사의 내용을 통해 삼국사회를 비교할 수 있으며, 고대국가의 왕을 집중 조명함으로써 고려시대의 왕권을 상징적으로 고양시킬 수 있었다.[10]

---

9) 申瀅植, 『韓國의 古代史』, 삼영사, 2002, p.17~18.
10) 申瀅植, 앞의 논문, 2001, p.59.

본기는 「신라본기」, 「고구려본기」, 「백제본기」 등 국가별로 구분되어 있다. 삼국 중 어느 한 나라를 정통으로 삼아 이를 본기라 하고, 다른 나라들은 재기(載記)에 싣고서 세가라 하지 않았다. 즉 세 나라를 모두 동일한 선상에다 놓고서 다루고 있는 것이다. 그러나 신라를 건국시기가 가장 오래된 국가로 생각하여 이를 맨 처음에 놓은 것은 역사적인 사실과 일치하는 것이 아니다. 물론 김부식이 그렇게 조작하였다기보다는 신라 통일에 따른 역사적 정통성 확보 차원에서라도 자연스런 현상이었을 것이다. 그런데 불행히도 『구삼국사(舊三國史)』의 일실(逸失)로 이를 확인할 수 없는 것이 아쉽지만, 이 점은 김부식의 의도와도 부합하는 일이었을 것임에 틀림없다.11)

그러면 본기의 구성을 더 구체적으로 살펴보자. 신라본기는 백제가 멸망하는 시기까지 5권, 고구려 및 당과의 전쟁을 수행한 문무왕본기(文武王本紀) 2권, 그리고 신문왕(神文王) 이후 통일기의 5권으로 나눌 수 있다. 분량으로만 보면, 삼국시대의 신라에 그다지 편중하지 않았다는 느낌이다. 오히려 고구려는 광개토왕 무렵까지의 고유 자료를 비교적 잘 반영한데다가 일찍부터 중국 사서에 관련기사를 남기고 있었기 때문에, 백제와 신라에 비해 정보량이 약간 상회한다. 본기마다 각 왕의 가족관계를 포함한 즉위기(卽位記)를 먼저 서술하고, 연대별로 국가의 중요 정치문제와 대외전쟁 기사 및 천변재이(天變災異) 등을 기록하였다. 국내 자료와 중국측 정보를 아울러 기록하되, 서로 상충할 경우에는 거의 예외 없이 국내 고유자료에 신뢰감을 주었다. 또 본기별로 해당 왕조를 '아(我)'로 표기하여 형식상 대등한 상호관계를 나타

11) 李基白, 「三國史記 解題」, 『三國史記 研究論選集』(一), 白山學會, 1985, p.213.

내었다. 이것은 편찬 당시 송나라에서 전개된 정통론을 염두에 둔 배려였을 것으로 생각한다.

어쨌든 삼국의 계보를 모두 본기에 설정하여 둠으로써, 『삼국사기』의 편찬자들은 삼국을 대등한 국가로서 단일민족의 모체임을 암시해 주고 있다고 하겠다.

연표(年表)에서는 삼국의 연표를 중국의 연표와 대비하여 만들었다. 연표는 간지(干支)로 연대 기준을 삼고 중국, 신라, 고구려, 백제로 나누어 표기하였다. 각 왕조별로 왕의 즉위와 성명, 재위연대와 죽음, 중국의 연호 관련 정보를 주로 기록하였다. 왕의 재위연대는 즉위년을 원년으로 정하는 이른바 유월칭원법(踰月稱元法)의 원칙에 따랐다. 궁예(弓裔)와 견훤(甄萱)의 연대기는 신라 하대(下代)에 포함시켜 작성하였다. 연표의 정보에는 본기나 열전과 비교하여 약간의 표기상 차이점이 발견된다.

지(志)는 잡지(雜志)라 하여 삼국의 자료를 분야별로 분류하여 기록한 것이다. 제사(祭祀), 악(樂), 색복(色服), 거기(車騎), 기용(器用), 옥사(屋舍)에 대한 지 2권, 지리지(地理志) 4권, 직관지(職官志) 3권으로 모두 9권의 지가 있다.[12] 본기 다음에 놓인 지는 원래 왕의 직능으로서 국가의 대체(大體)를 기록한 것이다. 사회제도와 문화 전반의 내용을 다루고 있다. 『삼국사기』에는 오행지(五行志 : 『漢書』)나 하거지(河渠志 : 史記』), 천문지(天文志 : 『唐書』)는 없지만, 지리지를 앞세워 국가의식을 나타내려 하였으며, 제천행사를 강조하여 천손민족(天孫民族)임을 묵시적으로 나타내고자 하였다.

지의 항목은 시대가 내려올수록 다양화되었는데, 그 내용은 곧 왕의 직능을 의미하였다. 중국의 경우에는 예악, 천문, 제사, 오

---

12) 정구복 편저, 앞의 책, 2001, p.400.

행 등 사제적(司祭的) 기능과 치수, 백관, 선거, 형법, 식화, 지리, 병 등 정치·사회적 기능을 주로 설명하였다. 그러나 『삼국사기』는 이러한 중국 문헌과는 다르며, 특히 지리지가 가장 큰 비중을 차지하고 있는 것이 특징이다. 이러한 사실은 강렬한 영토의식과 아울러서 높은 국가의식의 표현으로 간주할 수 있다. 전 국민을 하나의 권리와 의무로 묶어 국민의 행위규범을 규정하고 있는 것이다. 이에 비해 직관지의 우대는 본기를 우선한 것과 같이, 왕권을 부각시키려는 것으로 이해할 수 있다.13)

그런데 삼국의 관련기사를 비교해 보면, 제사나 거복(車服), 옥사(屋舍)는 모두 신라에 관한 내용이 월등히 많다. 지리지에서도 신라의 영토를 위주로 하고 있는 반면에, 고구려는 강역 전역이 아닌 일부만이 수록되어 불균형을 이루고 있다. 직관지에서도 거의 전적으로 신라의 관제와 관직만을 기술하고 있다. 이것은 『삼국사기』의 편자 자신이 "고구려와 백제의 직관(職官)은 연대가 오래되어 기록이 애매하기 때문에 자세히 알 수 없다."14)고 자백한 바와 같은 연유에서 비롯된 것이 아닌가 생각된다.

이와 같이 지는 대부분 신라를 중심으로 통일기의 상태를 서술하고 있다. 게다가 신라의 고유한 고전(古傳)도 여기에 포함되어 그에 관한 풍부한 사료를 전하고 있다. 신라의 제사를 예로 들면, 제2대 남해차차웅(南解次次雄) 3년에 시조묘(始祖廟)를 처음 세우고 사시제(四時祭)를 지냈는데, 친매아노(親妹阿老)를 주제(主祭)로 삼았다. 고대사회에서 제주(祭主)를 청정한 처녀로 삼는다는 고속(古俗)의 모습을 전하고 있는 것이다. 또한 내을신궁(柰乙

13) 申瀅植, 앞의 논문, 2001, p.20.

14) 『三國史記』 卷40, 職官下. "高句麗·百濟職官 年代久遠 文墨晦昧 是故不得詳悉"

神宮)을 시조탄강지(始祖誕降地)에 창립하였는데, 여기에서 내을은 태양(太陽)의 별계통어(別系統語)로서 날(日)에서 유래했음을 나타낸다. 대사(大祀)·중사(中祀)·소사(小祀)의 장소와 사성문제(四城門祭) 등도 모두 신라의 역사적 토속(土俗)을 나타내는 것이다.

그런데 고구려와 백제에 관해서는 『양서(梁書)』, 『당서(唐書)』, 『책부원귀(冊府元龜)』 등 중국측 사서에 나타나는 기사로 그 고속(古俗)을 전하고 있다. 이 양국(兩國)의 경우에는 본기 기사에 언급되고 있는 것 이외에 고유한 소전(所傳)이 없으므로 중국측 기록을 제시하고 있는 것이다.15)

그러면 『삼국사기』 잡지의 내용을 구체적으로 정리해 보자. 지리지를 제외하면 대부분 통일기 신라의 제도나 사회상이 주류를 이루고 있다. 고구려와 백제에 대해서는 중국사서의 해당 기록을 인용하는데 그친 경우가 많다. 형식상 중국사서의 해당 기록을 인용한 정도인 것이다. 삼국을 균등하게 다룬 사서임을 표방하기 위해 고심한 흔적이 역력한 대목이다.

지는 여러 분야 중에서 지리지가 가장 상세하게 서술된 편이다. 통일기 신라의 구주(九州)를 기준으로 명칭의 변개와 군현(郡縣)의 예속관계 및 편찬 당시의 지명(地名) 등을 기록하였다. 이 지리지의 지명들은 고대 삼국의 언어를 연구하는데 일차 자료로 중시되고 있다. 잡지의 내용은 대체로 본기와 자료를 공유한 부분도 있다. 그러나 별도 자료의 존재를 짐작하게 해주는 서술도 아울러 포함하고 있다.

열전은 총 10권이다. 삼국의 신하들은 분야별로 합쳐 기술하였다. 김유신 열전 3권을 첫머리에 놓고, 애국명장, 충신, 화랑

---

15) 李弘稙, 「金富軾 三國史記」, 『三國史記 硏究論選集』(一), 白山學會, 1985, p.206.

들, 유학자, 반역 열전 등으로 구성하였다. 김유신 열전에는 『구삼국사』에서 이용하지 못했던 『김유신행록』이라는 새로운 자료를 추가하였다. 고려조의 관련 기록도 추가되었다. 예컨대, 관청을 '지금의 어느 관서'라 하고, 지명을 '지금도 그대로 칭한다.'라고 설명한 사례들이 있는데, 이때의 지금은 곧 김부식이 살았던 당시를 의미한다.

『삼국사기』의 특징을 가장 잘 나타내는 열전에는 왕후, 종실, 공주 등 왕실관계 인물을 제외하고, 명신, 학자(儒林), 충의, 영행(佞幸), 반역 등을 싣고 있어 유교적 명분과 덕목을 강조하고 있다. 특히 김유신에 대한 파격적인 대우와 순국한 인물을 나열함으로써, 강렬한 국가의식을 보여주고 있다. 무엇보다도 『삼국사기』에 등장한 인물 69명중에서 7세기에 활약한 인물이 절반이라는 것은 대당항쟁(對唐抗爭)에서 그들이 보였던 국가에 대한 충성을 강조하려는 의도로 보인다. 그중 21명이 순국한 인물이어서 국가와 민족을 위해 희생한 그들의 애국사상을 고취하려고 한 것이다. 한편 연개소문, 견훤, 궁예 등을 반역인물로 분류한 것은 왕실과 사직을 강조한 국가의식의 발로이었다.

열전을 통해서 김부식이 제시하고자 한 것은 인간의 도리와 가치였다. 무엇보다도 우리 역사가 군주에 의해서만 지배되는 것이 아니라 여러 종류의 인간이 각기 자신의 역할을 다함으로써 만들어져 간다는 사실을 알려주고 있다. 사마천이 백이(伯夷)와 숙제(叔齊)를 『사기』 열전의 첫 인물로 부각시킴으로써, 권력을 거부한 용기와 선을 내세웠다고 한다면, 김부식은 살신성인(殺身成仁)·멸사봉공(滅私奉公)의 표징으로서 김유신을 영웅으로 묘사하였다. 『삼국사기』 열전이 분류의 다양성은 보이지 못하고 있다. 그러나 각 방면의 인물을 수록하고자 한 노력은 엿보인다. 특히 고대사회의 이상적 인물상으로서 김유신의 위국충절(爲國忠節) 정신을 강조한 것이 두드러진다.16)

지에서도 그러했던 바와 같이, 열전에서도 신라 편중현상은 현저하게 나타나고 있다. 열전에 입전(立傳)된 인물들의 국적을 따져보면, 통일 전 신라인이 30명, 통일기 신라인이 10명, 고구려인이 8명, 백제인이 3명이었다. 삼국 정립시의 인물들 중에서 신라인이 월등히 많이 다루어져 있고, 고구려인은 그의 4분의 1, 백제인은 그의 10분의 1만이 입전되었을 뿐이다. 이렇게 볼 적에, 『삼국사기』는 우선 분량상으로라도 신라 편중현상은 뚜렷하다 할 것이다. 그러나 이것이 과연 편사자(編史者)의 주관적인 편견에 기인한 것인지 또는 객관적인 사정에 기인한 것인지는 다시 검토되어야 할 것이다.

신라 편중은 본기나 지보다 열전이 가장 뚜렷한데, 이것은 편자의 기호나 증오의 감정에서 연유된 것이 아니라 사료의 결핍으로 인한 것임이 다음의 분석으로 분명해진다. 즉 고구려인으로서 입전된 8명 가운데 을지문덕과 연개소문의 전기는 전적으로 중국 사적에서 따온 것이다. 그리고 을파소(乙巴素), 명림답부(明臨答夫), 창조리(倉助利), 밀우(密友), 유유(紐由) 전기는 고구려 본기에 나온 것을 열전의 형식으로 재록한 데 불과하다.17) 오직 온달(溫達) 전기만이 새로이 들어간 셈이다.

---

16) 申瀅植, 앞의 책, 2002, p.20~21.

17) 乙巴素의 傳(권45)은 고구려기(권16) 故國川王 13년 4월조와 완전 동일하며, 明臨答夫의 傳(권45)은 고구려기(권16) 新大王 8년조와 완전 동일하고, 倉助利의 傳(권49)은 고구려본기(권17) 烽上王 3년과 5년·9년조와 중복되며, 密友·紐由의 傳(권45)은 고구려본기(권17) 東川王 20년조와 중복된다.

그리고 백제인으로서 입전된 3명의 경우에, 흑치상지(黑齒常之) 전은 『당서』에서 따온 것이고, 계백 전은 백제본기에서 약간의 내용이 추가되었다. 도미처(都彌妻) 전은 새로 수록된 것인데, 고구려 온달의 경우처럼 항간의 전승에서 기록된 것으로 생각된다. 그러니 『삼국사기』의 열전은 고구려인과 백제인에 관한 한 새로운 자료에 의해 엮어진 것이 없고, 중국사서의 것을 초록해 넣든가 또는 본기의 내용을 중록(重錄)한 것에 불과하다. 이것은 김부식 등이 고구려와 백제 측의 사료를 수집해서 참고하지 못했다는 단적인 표시라고 하겠다. 그리고 선행 사서인 『구삼국사』가 기전체가 아닌 편년체의 사서였으리라는 추측을 일층 뒷받침해 주는 것이 된다.

이렇게 볼 적에, 『삼국사기』가 취급한 내용의 분량이 신라에 편중된 사실은 거의 전적으로 신라측 자료만이 남아 있고 고구려와 백제 측의 자료는 결핍되어 있었던 당시의 현실을 반영하는 것으로 보아야 한다. 김부식의 주관적인 편견에 연유하는 것은 아니었던 것이다.[18]

열전에는 모두 52명의 전기와 34명의 부수인(附隨人)에 대한 기록이 수록되어 있다. 그 가운데 실제 개인기록을 가지고 있는 인물은 69명이며, 나라별로는 신라인이 56명, 고구려인이 10명, 그리고 백제인이 3명이다. 그 인물들 가운데는 대체로 멸사봉공이나 위국충절을 위해 순절하거나 전사한 이들의 비중이 높다. 이러한 특징은 김부식이나 12세기 고려사회가 요구했던 국가의식의 산물로 파악되기도 한다.

18) 高炳翊, 「三國史記에 있어서의 歷史敍述」, 『三國史記 硏究論選集』(一), 白山學會, 1985, pp.209~301.

본기의 기록을 거의 그대로 반복한 전기(傳記)도 있지만 전혀 새로운 자료를 활용한 전기도 적지 않다. 예컨대 열전 10권 가운데 3권의 분량이 배출된 김유신전의 경우에는 그의 후손이 작성한 김유신의 『행록(行錄)』에 의존한 바 크다. 따라서 김유신전에 파격적인 비중을 둔 것은 김유신의 인물로서의 실제 비중과 함께 풍부한 자료 여건도 고려되었던 것이다. 『삼국사기』의 구성 중 열전 다음으로 우리의 관심을 끄는 것은 논찬(論贊)이다. 『삼국사기』에는 김부식이 직접 쓴 논찬 즉 사론(史論) 31편[則]이 실려 있다. 이 사론은 그의 역사관과 역사철학 등을 살펴볼 수 있는 중요사료이다.[19] 『삼국사기』가 중국의 정사 체제를 답습한 것인 만큼, 논찬이라는 포폄(褒貶) 위주의 시론(時論)을 갖추게 된 것은 어쩌면 당연한 일이었다. 이러한 논찬은 일률적으로 논왈(論曰)이라는 표현으로 시작되며, 주로 본기와 열전에 삽입되어 있다.

이 논찬은 그 내용이나 형식에 있어서 타사(他史)의 일방적인 체모(體貌)와 다른 점이 없다. 다만 그 위치가 약간 다를 뿐이다. 본기에서는 한 군왕의 훙거(薨去) 기사에 이어서 그의 일대의 덕망과 치적을 통론(通論)하는 것이 일반적이다. 그리고 열전에서는 한 사람 또는 동류의 여러 사람의 전기 뒤인 권말에 사론을 붙였다. 그런데, 『삼국사기』에서는 본기의 경우 어떤 특정한 사건을 서술한 직후에 논찬하거나, 권중의 본문 한 가운데에 들어가 있는 것이 많다. 열전에서도 권말이 아니라 권중에, 대상인물의 전기 직후에 삽입해 놓고 있다. 사소한 상이점이라 할 수 있지만, 여기에는 그러나 형식에 덜 구애되면서 필요하다고 느끼는 처소에 하고

19) 정구복 편저, 앞의 책, 2001, p.400.

싶은 평론을 삽입한다는 융통성이 엿보이는 점을 간과할 수 없다.

그러나 논찬의 실제 내용에 있어서는 합리성과 현실성을 존중하면서 형식주의를 비판하는 것들이 없지 않으나, 전반적으로 그 내용은 '포폄(褒貶)'이라는 유교적 윤리평가로 일관되어 있다. 이런 형식적인 윤리관에다가 중국 중심의 사대적 사고방식이 거리낌 없이 노출되어 있음도 볼 수 있다.[20]

사론은 특정 사실에 대해서 찬자 자신의 적극적인 가치평가를 부여한 글이다. 그러므로 『삼국사기』의 사론은 김부식 자신의 의미부여를 필요조건으로 한다. 그러나 사실(史實)과 마찬가지로 사론에서도 선행한 중국사서의 사론을 토대로 한 것들이 적지 않다. 그러한 사례들은 우선 사론의 대상 사건이 상호 유사함에 기인한다. 그와 함께 중국 중심적 유교주의(儒敎主義) 교양(敎養)으로 무장한 고려 지식인들의 한계이기도 할 것이다. 여하튼 사론은 절제된 서술과정에서 찬자들의 주관적 평가가 개입된 부분이다. 그러므로 사론은 그에 반영된 찬자의 역사인식을 추출하는 일차적 재료로 기능한다.

김부식은 사론의 작성을 위해 수많은 자료를 참고하였다. 특히 절대적 주류를 이루는 24종의 중국측 경(經), 자(子), 사류(史類)는 모두 62회에 걸쳐 인용 혹은 고려되었다. 그 가운데서도 『좌전(左傳)』과 『신당서(新唐書)』에 의거한 빈도가 높았다. 일차적으로 이것은 김부식 생전의 시대적 배경 및 정치적 환경과 관련된 사항이겠지만, 『신당서』의 경우는 고문(古文)으로 개찬되었다는 점에서 『구당서(舊唐書)』와 구분된다. 대의명분을 제일로 삼는 『춘추(春秋)』의 경문과는 달리 『좌전』은 사실주의에 입각하였다는

20) 高炳翊, 앞의 책, 1985, p.283.

측면을 주목해야겠다. 특히 『좌전』의 비중을 고려해 보면, 『자치통감』에서 받은 영향이 컸을지도 모르겠다.

『자치통감』의 원래 목적은 제왕학(帝王學)으로서 기획되었지만 사마광(司馬光) 자신의 역사가적 식견이 주입된 훌륭한 역사서이다. 그런데 『자치통감』은 『춘추』의 경문보다는 오히려 『좌전』의 체제를 모방했다는 점이 고려되어야 한다. 아울러 『자치통감』이 이루어지면서 사론이 성하게 된 추이도 염두에 둘 일이다. 요컨대, 김부식은 『삼국사기』의 편찬과 그 사론을 통하여 말하고자 했던 바 그리고 그 방법에 있어서까지 사마광의 『자치통감』을 하나의 전범(典範)으로 삼았다고 판단된다.[21)]

이와 같이 31개의 사론은 중국 중심의 예론(禮論)이나 포폄을 목적으로 한 유교적 덕목으로 일관되었고, 중국 중심의 사대적 사고방식에서 비롯되었다. 그러나 내용을 좀더 분석해 보면, 군공(軍功)을 세운 무장을 앞세우고 인물의 기준을 우리나라 사람으로 한 사실에서, 우리의 전통을 잊지 않고 있었음은 주목할 일이다. 무엇보다도 역사적 사건에 대한 평가에서와 같이, 우리나라의 사실을 중국적 기준에 따르지 않고 우리의 독자성[土性]을 우선하고자 하였던 것이다.

따라서 동성혼인이 중국 예법에는 어긋나지만 그렇다고 그것을 우리나라까지 반드시 적용할 필요는 없다고 생각하였다. 그리고 신라의 왕명을 '고유한 우리말'로 사용함으로써, 우리나라와 중국을 구별하고자 하였다. 여기에 김부식이 갖고 있는 자아의식이 있으며, 일방적으로 사대주의자로 매도할 수 없는 이유가 있다.[22)]

---

21) 이강래, 「삼국사기의 정당한 이해를 위하여」, 『삼국사기 Ⅰ』, 한길사, 1998, pp.50~51.
22) 申瀅植, 「韓國의 古代史」, 삼영사, 2002, pp.21~22.

이상이 『삼국사기』의 일반적인 구성 내용이다. 그러면 『삼국사기』의 이러한 구성 속에 삼국 외에 다른 고대국가들은 어떻게 기록되었는지를 검토해 보자.

『삼국사기』는 삼국을 대상으로 한 역사서이다. 고조선을 필두로 삼국 이전의 민족사는 배제되었다. 『삼국사기』에서 고조선사를 배제한 것은 김부식 사학의 성격과 관련이 있을 것이다. 고대적 체질의 부인과 유교사관의 확립이라는 김부식 사학의 성격이 스스로 고대문화에 대한 이해의 범위를 좁혔을 뿐만 아니라, 그 인식의 시대폭도 제한되어 저절로 고조선사를 취급하지 않게 되었던 것이다.[23]

여기서 우선 생각할 수 있는 것은 고대문화 전통의 체질을 부인하는 입장에 서게 될 경우, 정치 기사는 결여되고 신화만이 남아있는 고조선 관계의 전승을 인정하지 않게 된다는 사실이다. 나아가서 신라를 정통으로 내세우려는 그의 태도를 통해서는 고조선사의 서술을 의도적으로 피하지 않았나 하는 의심도 할 수 있다. 그런데 신라 박혁거세(朴赫居世) 즉위년조에서 "先是 朝鮮遺民 分居山谷之間 爲六村"이라 기록함으로써,[24] 오히려 간접적으로 고조선 계통을 신라가 계승한 것처럼 보이게 하는 효과를 거두게 하고자 한 듯한데, 이에 대해 그 이상의 언급은 피하였다.

『삼국사기』에서는 고조선만 배제한 것이 아니라, 부여(夫餘)와 발해(渤海)도 소외시켜 지탄받고 있다. 그러나 부여는 지리상으로

23) 金哲埈, 「高麗中期의 文化意識과 史學의 性格」, 『三國史記 硏究論選集』(一), 白山學會, 1985, pp.333~334.

24) 『三國史記』 卷第一, 新羅本紀 第一, 始祖赫居世居西干.

도 원격이려니와 시대상으로도 4세기에 고구려로 흡수되었기 때문에, 그 사료가 김부식에게 직접 전승된 것이 없었다면 자료상의 결핍으로 인하여 수록 자체가 어려웠을 것이다.

조선후기에 유득공(柳得恭)은 삼국의 역사와는 별도로 통일기 신라와 발해가 병존했던 '남북국사(南北國史)'를 편찬하지 않는 고려 사람들의 책임 문제를 제기한 바 있다. 이는 두 가지 점을 고려하여 이해해야 할 것이다. 첫째는 발해가 신라와 밀접한 관계에 있지 않았기에 우선 자료상으로 수록되기 어려웠을 것이라는 점이고, 둘째는 고려시대 지식인들의 민족사 인식체계와 역사편찬의 경험이나 수준 차이로 말미암았을 것이라는 점이다. 발해가 외면된 것은 전쟁에서 승리한 신라인들의 현실적 필요를 배경으로 한 것이다. 그들은 고대 동북아시아를 단위로 벌인 세계전쟁이라고 할 수 있는 7세기 전쟁의 명분을 일통삼한(一統三韓)으로 설정하였다. 그런데 발해는 고구려를 온전하게 계승한 나라 혹은 고구려가 부활한 나라임을 자처하였다. 이러한 발해의 존재는 신라 지배집단에게 그들이 표방한 전쟁의 의의를 훼절하는 도전적 국가로 비춰질 수 있었다. 이와 같은 맥락에서 보면, 고려의 지식인들은 신라인들의 발해인식을 올바르게 극복하지 못했다고 할 수 있다.

또한 가야(伽耶)의 사적(史蹟)도 정당한 대우를 받지 못했다. 『삼국사기』는 신라, 백제, 고구려와의 관계 속에서만 가야를 언급했을 뿐, 가야사 자체를 별도로 다루지 않았다. 이러한 역사인식체계는 고려 이전의 민족사를 제대로 파악하였다고 할 수 없다. 이것은 사실적 역사서술의 불균형이기도 하다. 그러나 『삼국사기』가 삼국 이외의 왕조사까지 포괄하였다고 할 때, 그것은 『삼국사기』일 수 없음 또한 부정할 수 없다.[25] 이것이 『삼국사기』 구성의 특징이자 한계이다.

그러면 『삼국사기』의 사료로서의 이런 한계 속에서 단편적으로나마 나와 있는 가야에 관한 사료의 조사를 통해, 『삼국사기』가 가야사 복원에 기여한 바를 밝혀보자.

## 3. 『삼국사기』에 표출된 가야사 인식

『삼국사기』 편찬자들의 가야사에 관한 인식으로서 우선 들 수 있는 것은 가야제국(伽耶諸國)에 관한 개국(開國)의 유래와 멸망에 관한 사실을 명시함으로써, 가야제국에는 삼국 못지않은 변천사가 있었음을 암시했다는 점이다.

(1) 김해소경(金海小京)은 금관국(金官國 : 伽落國이라고도 하며, 伽耶라고도 한다.)이다. 시조 수로왕(首露王)으로부터 10세 구해왕(仇亥王)대에 이르러, 양(梁) 중대통(中大通) 4년, 신라 법흥왕(法興王) 19년(532)에 백성을 거느리고 와서 항복하니, 그 땅을 금관군으로 삼았다.[26]

(2) 김유신(金庾信)은 왕경(王京) 사람이다. 그의 12세 할아버지는 수로(首露)인데, 어떤 사람인지 알 수 없지만, 후한(後漢) 건무(建武) 18년 임인(壬寅 : 42)에, 구봉(龜峰)에 올라 가락(駕洛)의 아홉 촌을 살펴보고, 마침내 그 땅에 이르러 나라를 열고 '가야(加耶)'라 했다가 후에 나라 이름을 금관국(金官國)으로 고쳤다.

---

25) 이강래, 「삼국사기의 정당한 이해를 위하여」, 『삼국사기 I』, 한길사, 1998, pp.48~49.
26) 『三國史記』 卷 第34, 雜志 第3, 金海小京.

그의 자손이 대를 이어 수로의 9세손인 구해(仇亥)에 이르렀는데, 그는 혹 구차휴(仇次休)라고도 하며, 유신의 증조부가 된다. 신라인들은 스스로 소호(少昊) 금천씨(金天氏)의 후예라 성을 김씨(金氏)로 한다 하는데, 『유신비(庾信碑)』에도 역시 헌원(軒轅)의 후예요 소호(少昊)의 자손이라 했으니, 남가야(南伽耶)의 시조 수로와 신라의 왕실은 성씨가 같은 셈이다.[27]

사료 (1)에서는 가야제국의 첫 번째 세력으로서 김해의 금관국이 있음을 제기하면서, 이 가야국은 수로왕이 개국한 후 A.D 532년에 신라에 의해 멸망했음을 밝히고 있다. 사료 (2)에서는 금관국의 처음 이름은 가락 혹은 가야로서 A.D 42년에 세워졌고, 그 후에 금관국으로 국명을 고친 후 수로의 9세손인 구해에 이르렀다고 하는 가야 변천사를 요약해 주고 있다.

또한 (2)에서는 금관국의 연원이 헌원과 소호로까지 소급되며 그들의 후예요 자손이 금관국임을 명시하고 있다. 따라서 이를 통해 우리는 금관국의 연원과 성립 변천사 그리고 가야제국을 대표하는 나라가 금관국이었음을 알 수 있다. 다음의 기사에서도 이런 사실은 재확인된다.

(3)-1 고령군(高靈郡)은 본래 대가야국(大伽耶國)이니, 시조 이진아시왕(伊珍阿豉王 : 內珍朱智라고도 한다)부터 도설지왕(道設智王)에 이르기까지 16세 520년이었다. 진흥대왕이 쳐서 없애고, 그 땅을 대가야군(大加耶郡)으로 삼았다. 경덕왕이 이름을 고쳐 지금도 그대로 부른다.[28]

---

27) 『三國史記』 卷 第41, 列傳 第1, 金庾信上.

28) 『三國史記』 卷 第34, 雜志 第3, 高靈郡.

(3)-2 진흥왕(眞興王)이 이찬 이사부(異斯夫)에게 명령하여 가라(加羅 : 加耶로도 쓴다)국을 습격하게 했는데, 이 때 사다함은 나이가 15, 6세로 종군하기를 청하였다. (중략) 그 나라 사람들이 뜻밖에 군사가 갑자기 들이닥치니 놀라고 허둥대 막지 못하였으므로, 대군이 승세를 타서 드디어 그 나라를 멸하였다.[29)]

(4)-1 함안군(咸安郡)은 법흥왕(法興王)이 대규모의 병사로 아시량국(阿尸良國 : 阿那加耶라고도 함)을 멸망시켜 그 땅을 군(郡)으로 삼은 것으로, 경덕왕이 이름을 고쳐 지금도 그대로 부른다.[30)]

(4)-2 당시에 포상(浦上)의 여덟 나라가 함께 모의해 아라국(阿羅國)을 치자, 아라국은 우리에게 사신을 보내 구원을 요청하였다. 이사금이 왕손 내음(㮈音)을 시켜 인근의 군과 6부의 군사를 이끌고 가서 아라국을 구하게 하였다. 이리하여 마침내 여덟 나라의 군사를 물리쳤다.[31)]

(3)-1은 대가야국의 유래와 세계(世系)를 밝혀 가야제국사가 존속했음을 기술하고 있고, (3)-2는 대가야 성립 후 발전해가던 가야가 신라 진흥왕에게 멸망당하는 과정을 밝혀주고 있다. (4)-1은 아라국(아라가야)의 존속과 멸망을 기록하고 있는데, 신라 법흥왕이 대규모의 병사로 진압했다는 것이다. 이를 통해 아라국의 체제나 국력은 신라에 비해 결코 약하지 않았음을 알 수 있게 해준다.

그런데 아라국의 시조와 전승관계가 (4)-1에 없는 것은 이 당시 원사료의 부재가 그 원인인 것으로 보인다. 이것은 아라국이 끝까지 신라에 맞서 가야부흥운동을 벌였기 때문에, 신라가 대병

29) 『三國史記』 卷 第44, 雜志 第4, 斯多含.
30) 『三國史記』 卷 第34, 雜志 第3, 咸安郡.
31) 『三國史記』 卷 第48, 列傳 第8, 勿稽子.

으로 아라국을 진압한 후 사서(史書) 소각 등을 단행한데 기인한 결과로 추측된다. 신라는 적대적인 가야를 아예 그 진원지조차 없애려고 기도하였을 것이다. (4)-2에서도 가야 전반기에는 김해의 금관가야와 더불어 아라국이 제국(諸國)의 중심세력이었음을 입증해 주고 있고, 국호도 아라국이라 기록하고 있어 가야제국 중 아라국은 독자적 세력권을 형성했음을 뜻하고 있다.

함안군의 지형은 남쪽은 높고 북쪽은 낮은 분지형이다. 남동쪽으로는 해발 500m~800m 전후의 산들이 창원, 마산, 진주와 경계를 이루며, 북동쪽으로는 낙동강과 남강이 합류하는 남쪽에 위치하고 있다. 남강으로 의령군과 낙동강으로 창녕군과 각각 경계를 이루고 있다. 이러한 지형 조건은 외부로부터의 방어에 유리했을 것이다. 남쪽의 산지에서 발원한 크고 작은 계곡에 흐르는 물을 이용한 곡간평야들과 남강, 낙동강의 배후 저습지를 이용한 농경이 아라국의 경제적 기반이 되었을 것이다. 그리고 낙동강, 남강을 이용한 교통로 확보와 교통의 결절점을 이용한 경제적 이익 등도 아라국의 주요 성장기반이었을 것이다. 자연 지리적 여건으로 볼 때, 함안 지역에 존재했던 아라국은 가야 개별국의 특성을 잘 보여주고 있다고 할 수 있다.

아라국은 『삼국지』 한조의 안야국이 그 모체였을 것으로 보인다. 『삼국지』 한조의 "臣智或加優呼 臣雲遣支報 安邪踧支 濆臣離兒不例 狗邪秦支廉之號"라고 한 기사로 미루어 보아, 당시 변한 사회를 주도했던 한 세력이 안야국이라 생각된다. 안야국 단계의 인구는 대국인 4~5천 가(家)로 추정할 수 있다. 안야국의 형성시기는 이를 말해주는 자료는 없지만, 남부지방에 철기의 보급이 일반화되는 기원전 2세기부터 기원을 전후한 시기로 추정할 수 있을 것이다.

결국 위 자료들의 의미는 주위의 강력한 삼국 사이에서 가야 제국이 490년에서 520년 동안 유지 발전될 수 있었던 요인이 김해의 금관국과 고령의 대가야국 그리고 함안의 아라국과 같은 삼대거점세력권(三大據點勢力圈)이 형성되었기 때문에 가능하였음을 나타내 준다.[32]

실제 사서상에서 가야로 칭해진 곳은 김해와 고령뿐이고, 여기에 『일본서기』에서 특별히 기록하고 있는 함안 지역을 포함한다면 가야의 대표지역이 이들 세 곳임은 부정할 수 없다. 그러나 문제는 삼국과는 달리 이들 지역이 중심이 되어 가야 전 지역을 대상으로 한 방사선적 지배구조를 성립시키지 못하고 있다는 점이다. 이것은 통합보다는 분립을 특징으로 하는 가야사회의 특성을 잘 나타내는 것이다. 따라서 이들 세 지역은 시기는 달리하지만 각양의 분립된 소지역에 대해 일정한 정치력을 행사한 지배집단, 즉 지역세력권을 주도한 중심국으로 볼 수 있다고 하겠다.

두 번째, 『삼국사기』 편찬자들의 가야사에 관한 인식으로 명시할 수 있는 것은 가야제국이 여(麗) · 제(濟)와 대등한 자주국이었음을 표현해 주고 있다는 점을 들 수 있다.

(5)-1 맨 처음 금관국의 바닷가에 닿았는데, 금관국 사람들이 그것을 괴이하게 여겨 건지지 않았다. 다시 진한의 아진포(阿珍浦) 어구에 이르렀는데, 이때는 시조 혁거세가 왕위에 있은 지 39년이었다.[33]

32) 윤석효, 『신편 가야사』, 혜안, 1997, p.239.

(5)-2 8년 가을 7월에, 명령을 내려 말하기를, "짐이 덕이 없이 이 나라를 차지하고 있으니, 서쪽으로는 백제와 이웃하고 남쪽으로는 가야와 경계를 접하였는데 덕망은 백성을 편안하게 하지 못하고 위엄은 이웃 나라가 두려워하기에 부족하도다. 마땅히 성새와 보루를 수리해 외적의 침입에 대비하라."고 하였다.[34]

(5)-3 23년 가을 8월에, 음즙벌국(音汁伐國)과 실직곡국(悉直谷國)이 영토를 다투다가, 왕에게 와서 판결해 줄 것을 청하였다. 왕이 이를 난처하게 여기고 "금관국(金官國) 수로왕(首露王)은 연로해 아는 것이 많으리라."고 생각해서 수로왕을 불러 물었다. 수로가 의견을 내어 다투던 땅을 음즙벌국에 귀속하도록 하였다. 이에 왕이 6부에 명해, 모여서 수로를 위해 향연을 베풀도록 하였다. 5부는 모두 이찬으로 접대하게 했는데, 유독 한기부만은 지위가 낮은 이로 하여금 접대하게 하니, 수로가 노하여 종 탐하리(耽下里)를 시켜 한기부의 군주(郡主) 보제(保齊)를 죽이고 돌아갔다. 탐하리는 달아나 음즙벌주(音汁伐主) 타추간(陁鄒干)의 집에 숨었다. 왕이 사람을 시켜 그 종을 찾았으나 타추(抒鄒)가 내보내지 않았다. 왕이 노하여 군사를 몰아 음즙벌국을 치니, 음즙벌주와 그 무리가 스스로 항복하였다. 실직과 압독 두 나라 왕도 와서 항복하였다.[35]

(5)-4 18년 봄 2월에, 가야국에서 흰 꿩을 보내왔는데, 꼬리의 길이가 5척이나 되었다.[36]

(5)-5 9년 봄 3월에, 가야국 왕이 사신을 보내 혼인을 요청하였다.[37]

---

33) 『三國史記』 卷 第1, 新羅本紀 第1, 脫解尼師今.
34) 『三國史記』 卷 第1, 新羅本紀 第1, 婆娑尼師金 8年.
35) 『三國史記』 卷 第1, 新羅本紀 第1, 婆娑尼師金 23年.
36) 『三國史記』 卷 第3, 新羅本紀 第3, 炤知痲立干 18年.
37) 『三國史記』 卷 第4, 新羅本紀 第4, 法興王 9年.

(5)-6 이보다 앞서 가야국 가실왕(嘉悉王)이 열두 줄의 거문고를 만들어 열두 달의 음률을 상징하고 곧 우륵을 시켜 그 곡을 짓게 하였다.[38]

(5)-7 가야금은 가야국 가실왕이 중국 악기를 보고 만들었다. 왕은 '여러 나라 방언들이 제각기 다른데, 그 성음(聲音)역시 어찌 한결같을 수 있겠는가!'라고 생각하여, 곧 악사인 성열현(省熱縣) 사람 우륵을 시켜 열두 곡을 만들게 하였다.[39]

(5)-8 19년 금관국왕(金官國王) 김구해(金仇亥)가 왕비 및 세 아들인 맏아들 노종(奴宗), 다음 아들 무덕(武德), 막내아들 무력(武力)과 함께 자기 나라의 재물과 보물을 가지고 와서 항복하였다. 왕이 예를 갖추어 대우하고 상등(上等)의 관위를 주었으며, 본래 그들 나라를 식읍(食邑)으로 삼아 주었다. 아들 무력은 벼슬이 각간(角干)에 이르렀다.[40]

이 기사들 중에서 (5)-1의 "탈해가 맨 처음 도달한 곳이 금관국의 바닷가였다."는 사실과 (5)-2의 신라 파사니사금 시대에 금관국 수로왕의 국내적 위치에 대한 평가, (5)-5의 "가야국왕의 혼인 요청에 의해 신라 법흥왕 때 이찬 비조부(比助夫)의 누이를 보냈다."는 내용, (5)-6의 '가야국 가실왕'이 라는 용어 등을 통해, 이들 지칭의 가야는 대가야였던 것으로 생각된다. 또한 (5)-4에서 가야제국은 신라에게 가야국으로 호칭될 정도의 국가체제를 유지하고 신라에 대한 실리외교를 시행하였다는 점과 (5)-8의 '금관국주'라는 표현, (5)-7에서 가야국의 유래를 말할 적에 역시 '가야국 가실왕'이라는 호칭을 썼다는 사실에서, 총체

38) 『三國史記』 卷 第4, 新羅本紀 第4, 眞興王 12年.

39) 『三國史記』 卷 第32, 雜志 第1, 伽倻琴.

40) 『三國史記』 卷 第4, 新羅本紀 第4, 法興王 19年.

적으로 드러내주는 『삼국사기』 편찬자들의 가야에 대한 역사인식 태도는 가야를 신라와 대등한 고대국가라는 인식하에 자주국임과 동시에 독립국임을 표현한 것이라고 생각된다.

『삼국사기』의 가야사에 대한 역사인식은 『일본서기』의 다음 사료와 비교해 보아도 기록상 타당하다는 사실을 알 수 있다. 한국의 고대사가 삼국과 대등한 가야국을 포함하고 있음을 전하는 기사로서, 『일본서기』 권 제10, 응신천황 7년 9월조에 "고구려인과 백제인, 임나인, 신라인이 같이 내조하였다."는 것과 『일본서기』 권 제19, 흠명천황 원년 8월조에 "고구려와 백제, 신라, 임나가 같이 사신을 보내고 아울러 공물을 보내왔다."는 것 등을 들 수 있다. 그러므로 『삼국사기』 편찬자들의 가야사에 대한 역사인식은 황국사관의 정통성과 '임나일본부설'을 합리화시키고자 하는 『일본서기』 편찬자들의 가야사에 대한 역사인식보다 신뢰할 수 있는 가야국의 위상에 관한 기록들이라고 판단된다.

세 번째, 『삼국사기』 편찬자들은 가야제국이 막강한 여·제의 틈바구니 속에서 생존하기 위해 자주적인 군사제도와 군사력을 보유하고 있었던 것으로 서술하고 있다.

(6)-1 21년 가을 8월에, 아찬 길문(吉門)이 황산진(黃山津) 어구에서 가야군과 싸워 1천여 명의 목을 베었다.[41]

(6)-2 15년 봄 2월에, 가야의 적군이 마두성을 포위하였다. 아찬 길원을 보내 기병 1천 명을 거느리고 쳐서 쫓아냈다.[42]

---

41) 『三國史記』 卷 第1, 新羅本紀 第1, 脫解尼師今.

42) 『三國史記』 卷 第1, 新羅本紀 第1, 婆娑尼師金 15年.

(6)-3 17년 9월에, 가야인들이 남쪽 변경을 습격하였다. 가성주(加城主) 장세(長世)를 보내 막게 했으나, 적군에게 살해되었다.43)

(6)-4 4년 봄 2월에, 가야가 남쪽 변경을 노략하였다. 가을 7월에, 왕이 친히 가야정벌에 나서 보병과 기병을 거느리고 황산하(黃山河)를 건넜는데, 가야인들이 수풀 사이에 복병을 숨겨두고 기다렸다. 왕이 깨닫지 못하고 곧바로 나아가니, 복병이 뛰어나와 몇 겹으로 에워쌌다. 이에 왕은 군사를 지휘해 맹렬하게 싸워서 포위를 뚫고 퇴각하였다.44)

(6)-5 5년 가을 8월에, 장수를 보내 가야를 치게 하고, 왕도 정예병 1만 명을 거느리고 그 뒤를 따르자, 가야가 성을 닫고 굳게 지켰다. 때마침 오랫동안 비가 내리니, 그냥 돌아 왔다.45)

(6)-6 백제왕 명농(明禯)이 가량(加良)과 함께 관산성(管山城)에 쳐들어왔다. 군주인 각간 우덕(于德)과 이찬 탐지(耽知) 등이 맞아 싸웠으나 불리하자 신주(新州)의 군주 김무력(金武力)이 주의 군사를 데리고 달려왔다. 교전하게 되자 비장(裨將)인 삼년산군(三年山郡)의 고간(高干) 도도(都刀)가 급히 쳐서 백제왕을 죽였다.46)

(6)-1의 내용은 탈해니사금 때 벌어진 신라와 가야의 황산진 전투이고, (6)-4는 신라 지마니사금 때 가야와의 전투에서 신라가 교전하는 모습을 나타낸 것이며, (6)-5는 지마니사금 때 신라가 정예병 1만 명을 이끌고도 가야군을 격파하지 못했다는 기사이다.

상기의 사료들은 가야가 신라군과 싸워 일진일퇴할 수 있을

---

43) 『三國史記』 卷 第1, 新羅本紀 第1, 婆娑尼師今 17年.
44) 『三國史記』 卷 第1, 新羅本紀 第1, 祇摩尼師今 4年.
45) 『三國史記』 卷 第1, 新羅本紀 第1, 祇摩尼師今 5年.
46) 『三國史記』 卷 第4, 新羅本紀 第4, 眞興王 15年.

정도의 막강한 군사력과 군사제도를 보유하고 있었음을 보여주는 구체적인 사례들이다. (6)-2에서 파사니사금 때 신라 기병 1천 명으로 가야군을 진압하였다는 내용과 (6)-3에서 가야가 신라 남쪽을 습격하여 신라의 가성주 장세를 살해하였다는 사실에서 볼 때, 가야는 강성한 군사력을 보유하여 운영해왔음을 알 수 있다.

(6)-6에서도 역시 그러한 사실은 입증된다. 6세기 중엽 백제와 가량이 연합전선을 구축하여 신라와 관산성에서 싸우다가 신라의 기습으로 인해 패배하기는 하였지만, 가량이라는 호칭을 놓고 볼 때 후기가야의 대가야나 아라가야 등 가야의 대표세력권 국가들이 연합군의 구성원이었을 것으로 추측된다. 이것은 가야가 백제와 더불어 6세기 중엽까지 연합군을 구성할 정도로 강력한 군사제도와 군사력을 보유하여 왔다는 실제적인 근거가 된다.

우리가 이 전투에서 생각할 수 있는 것은 백제와 가량 연합군의 구성을 백제와 대가야세력뿐 아니라 창녕을 비롯한 인근의 가야세력들도 참가하였던 것으로 이해한다면, 이 전투는 그 규모가 매우 컸을 것으로 짐작된다. 따라서 관산성전투에서 승리한 신라는 이듬해(진흥왕 16년, 555)에 비사벌(比斯伐, 창녕)에 하주(下州)를 설치하고 사벌주(尙州)에 있던 상주 등의 사방군주(四方郡主)를 창녕에 집결시킴으로써, 고령의 대가야에 대한 군사적인 압박을 가중시켰던 것이다.[47] 상기의 전투 후 신라는 창녕의 기지화를 통하여 고령의 대가야에 군사적 압박을 가할 뿐 아니라, 연합군을 구성하였던 인근 가야세력의 근원적 척결을 도모한 뜻

47) 『三國史記』 卷 第4, 新羅本紀 第4, 眞興王 16年條, "十六年 春正月 置完山州於比斯伐" 이로부터 6년 뒤인 562년에 세워진 昌寧 眞興王拓境碑에서 比子代軍主를 확인할 수 있다.

도 담겨져 있는 것으로 보인다. 어쨌든 562년에 대가야가 신라에 의하여 멸망할 때까지 가야세력은 신라와의 대결에서 자국의 생존을 위해 마지막까지 백제와 연합군을 구성할 정도의 군사 활동을 하였던 것이다.48)

그동안 가야사에 관한 연구는 주로 정치사회 및 문화사 분야의 고찰이거나 왜와의 연관을 중심으로 한 임나일본부설의 비판이 주류를 이루어왔다. 반면에, 가야의 군사에 관한 문제는 소홀히 다루었다. 여기에서 우리가 유의해야 할 점은 가야는 6세기 중엽까지 강력한 고대국가인 삼국 사이에서 존속한 여러 나라들이라는 사실이다. 따라서 가야는 4, 5백년간 스스로의 생존권을 유지하기 위해서라도 주위 국가들과 필적할 군사조직을 만들어 여러 차례 군사 활동을 수행하지 않으면 안 되었다. 그럼에도 불구하고 가야에 관한 연구는 이 분야를 소홀히 다루어왔다고 판단된다. 이에 필자는 가야의 군사 활동과 병종 및 지휘체계 그리고 가야군의 특성을 고찰하여 삼국과 필적할 군사조직이 있었음을 밝히려고 한다.

가야사를 바라보는 기본시각으로는 삼국과 같이 통치형태의 반영물로서 군사조직이 존속하였다는 점에 유의하여야 한다. 가야의 군사조직과 군사 활동의 존속을 뒷받침해주는 사료로는 이 지역에서 출토되는 무기류와 산성의 흔적을 포함하는 고고학적 자료들과 『삼국사기』, 『일본서기』에 나타난 대외전쟁 기록, 광개토왕릉비문 등이 있다. 또한 『삼국유사』에 기록되어 있는 「가락국기(駕洛國記)」에서도 이러한 사실들을 시사 받을 수 있는 기록

48) 윤석효, 「가야의 군사활동에 관한 연구」, 『민족문화』 제12집, 한성대 민족문화연구소, 2001, pp.61~62.

들이 있다. 그중에서 가야의 군사제도와 군사 활동을 체계적으로 고찰하는 데에는 『삼국사기』의 관련 기록들이 가장 중요하다.

가야군은 1세기 중엽부터 2세기 초엽까지는 신라군의 방어에 부담을 줄 정도로 군사력이 우세한 기간이었다. 가야의 군사력은 1세기 무렵 철 생산과 함께 철제무기를 만들면서 일대 전기를 마련하였다. 가야는 A.D 77년 황산진 전투에 이어 계속 신라와 백제에 맞서 정복전쟁에 임하였다. 가야군이 신라와 백제에 맞서 싸울 수 있었던 것은 발달된 철제무기의 생산 때문이었다.

지금 창원지역인 다호리 유적과 김해 양동리 고분에서는 철제 유물들이 발굴된 바 있다. 이 지역의 무덤들은 1~3세기에 축조된 것으로 추정되는데, 이곳에서는 도끼자루 모양의 철부(鐵斧)가 많이 출토되었다. 철부는 초기 신라의 경우와 같이, 화폐처럼 유통되었던 것으로 보인다. 철부는 제련된 원료로서 바로 무기나 농기구를 만들 수도 있었다. 그렇기 때문에 무쇠로 만든 갑옷과 무기류도 많이 출토되었다. 또한 이 지역에서 생산된 대도(大刀)와 창, 창살, 활, 화살촉 등은 왜지(倭地)까지 전파되어 왜국의 공격용 무기개발에 기여하기도 하였다. 그러므로 3세기 이전까지 가야의 군사력은 신라에 필적한 만한 수준에 도달할 수 있었던 것이다.

그러나 3세기 초엽 이후, 신라는 포상팔국(浦上八國)의 난 이래로 가야 여러 나라들을 제압할 기선을 잡을 수 있게 되었다. 여기에는 다음과 같은 역사적 상황의 전개가 영향을 미쳤다. 1세기부터 3세기까지 가야 전반기를 이끌던 김해의 금관가야와 남부 가야 제국이 3세기 초부터 약화되기 시작하는데, 이것은 신라와 백제가 역사의 흐름에 따라 중앙집권체제를 확립하고 군사

체제의 정비와 군사활동의 강화로 이어져간데 비해, 가야는 교역 중심의 거점국가(據點國家) 특유의 분립성으로 인하여 군사력이 분산되어갔다는 데서 그 원인을 찾을 수 있다.

4세기부터 5세기 초까지 가야는 고구려와 신라의 화친을 기회로 하여 백제와 일본을 연락케 함으로써, 서방에서 진출하여 오는 백제 세력과 동방의 신라진출을 동시에 막을 수 있었다. 이 시기는 고구려와 신라 연합 대 백제와 왜, 가야 연합의 대결이라는 양상을 나타내었다. 그 사실은 광개토왕릉비문에 잘 나타나 있다. 이 사료는 이 시기 가야의 전투능력이 고구려 5만의 보병과 기병에 맞설 정도의 군사력을 지녔던 연합군의 일원이었고, 백제와 왜 연합군 중 주력부대로 활약하였다는 사실을 전해주고 있다.

뒤이어 가야 여러 나라들을 둘러싼 신라와 백제가 이른바 나제동맹(羅濟同盟)의 관계를 유지하면서 대고구려 전쟁에 주력하던 시기가 계속되었다. 5세기 중엽이후 고구려와 신라의 관계 악화 속에서 신라가 가야에 도움을 청할 정도로 가야는 아직도 전쟁에 동원할 수 있는 군사력을 보유하고 있었다. 고구려가 평양천도(427)를 계기로 적극적인 남하정책을 펴기 시작하면서, 가야는 백제와 신라 두 나라에 있어 전략상 더욱 필요하게 되자, 이때를 이용하여 중국 남제(南齊)와 교역을 원할 정도로 여전히 자주적인 정치체제와 독자적인 군사체제를 갖추고 있었다.

6세기 중엽에는 고구려가 안에서 외척을 중심으로 한 귀족사이의 내분을 겪고 있는 동안, 서북국경 방면의 형세도 고구려에 불리하게 전개되어가고 있었다. 백제의 성왕은 고구려가 이러한 상황에 처하자, 중흥(中興)의 여세를 몰아 고구려에게 빼앗긴 한강유역을 회복하기 위한 북진군(北進軍)을 일으켰다. 이 북진군은 백제군을 주축으로 신라군과 가야군이 연합한 삼국연합군이었다. 가야군은 이 시기 각국의 각축이 치열한 가운데 고구려와 맞선 북진군 즉 삼국연합군의 일원으로 활약하고 있었던 것이다.

이어서 신라와 가야는 한강유역을 놓고 치열한 패권다툼을 벌이게 되었다. 삼국의 장래를 가늠할 관산성대회전(管山城大會戰)이 일어난 시기가 이때인데, 여기에서 우리가 생각할 수 있는 것은 백제와 대가야 연합군의 성격이다. 비록 그들이 패배하기는 했지만, 이 연합군의 구성에는 백제와 대가야 세력뿐만 아니라, 창원과 창녕을 비롯한 인근의 가야세력들도 참가하여 이러한 큰 전투를 수행하였다는 점이다. 어쨌든 6세기 중엽을 전후하여 가야 여러 나라들은 신라에 의하여 멸망할 때까지 신라와의 대결에서 자국의 생존을 위해 마지막까지 백제와 연합군을 구성할 정도의 군사 활동을 전개하였던 것이다.

가야의 군대는 산성을 거점으로 방어 및 전투작전을 운용하였다. 이 거점성(據點城)들은 봉후(烽堠)로써 서로 연결된 방어망을 구축하고 있었다. 이들은 상비군이었다. 그리고 병기를 가진 사졸(士卒)들이 동원군(動員軍)으로서 유사시에 가야군의 중심을 이루었다. 『삼국지』 위지 동이전 변진조에서는 가야 여러 나라들의 초기 전쟁방식이 주로 보병전(步兵戰)이었다는 사실을 볼 수 있다. 이 사료의 서술 내용은 기원 전후의 1세기의 것으로 추측된다. 그러므로 가야가 보병을 기용한 이러한 전투방식을 택한 이 시기는 가야 발생기에 해당하는 것으로 추정된다.

가야의 보병들은 4세기 전후까지 전투부대의 중심적인 위치에 있었다. 복천동 42호분에는 보병용인 단갑(短甲)이 부장되어 있는 반면, 5세기 때 수장층의 무덤에는 기병들이 탈 때 사용하는 괘갑(挂甲)이 부장되어 있어 가장 뚜렷한 차이를 보이고 있다. 이는 가야지역을 포함한 영남지역의 전투방식이 4세기까지는 보병전이었으나 5세기초 이후에는 기마전(騎馬戰)으로 전환하였음을 여실히 보여주는 것이다.

당시의 기본적인 무기는 창, 도끼, 가지극, 낫, 환두대도(環頭大刀), 활 등이며 이중 가지극과 낫은 기병용 무기인 점으로 미루어 보아 가야에는 보병과 더불어 기병부대도 존재하였음을 확인할 수 있다. 가야 같은 거점지역국가에서 주위의 막강한 삼국의 침입에 있어서 제일 문제되는 것이 중요한 전략지점에서 적들의 기동력인 기병을 분쇄하는 일이다. 이런 역할을 한 가야의 특수부대가 바로 '가지극부대'였다. 가야의 고분에서 이 무기가 많이 나오는 것은 우연한 일이 아니다. 한편 가야도 신라처럼 독립부대인 노당(弩幢)의 기능을 가진 궁병대(弓兵隊)와 같은 부대를 창설하였을 것이다. 정확한 궁사술(弓射術)에 의한 군대의 정예화는 새로운 궁사술과 지형지물을 이용한 복병전략(伏兵戰略)을 수립하는 계기를 만들었을 것이다.

또 하나의 병종으로 들 수 있는 것은 수군(水軍)이다. 삼국시대와 가야시대의 전투력 평가는 무기의 종류와 기동성 유무를 주요한 기준으로 삼는데, 당시에 있어서 기동성을 가진 병력이라는 것은 수군과 기병을 들 수 있다. 가야는 교역중심의 해양고대국가이었으므로 활발한 해상활동을 하였다. 그렇기 때문에 가야 수군의 활약은 컸을 것이고 그 구체적인 사료가 『삼국유사』 가락국기에 수록되어 있다. 따라서 가야군은 일반부대로서 보병과 기병이 있었으며, 특수부대로는 궁병대와 가지극부대 그리고 수군이 있었다.

그렇다면 이러한 여러 부대는 어떠한 지휘계통에 의하여 통솔되었을까. 이것은 대도(大刀)를 통하여 시사를 받을 수 있다. 환두대도는 당시 지배계층의 성격과 동향 나아가 이를 통한 삼국 및 가야시대의 역사상을 복원하는데 더 없이 적당한 자료임에 틀림없다. 이것은 당시 가야를 이끌던 주요 신분층인 정치적 지배자이자 군의 지도자가 착용했던 대도(大刀)라는 점에 더욱 의의가 있다. 가야의 왕이나 한기(旱岐), 상수위층(上首位層)을 비롯한 지배층은 자기 신분에 맞는 큰 칼을 지녔으며, 결과적으로 다양한 병두(柄頭)가 출현한 요인이 되었다. 이들 대도를 지닌 왕이나 차한기(次旱岐, 中旱岐) 하한기(下旱岐) 같은 지배신분계층은 보기감(步騎監)이나 노당감(弩幢監) 또는 가지극당감(皆知戟幢監), 수군감(水軍監)과 같은 지휘관을 장악하고 통솔하며, 가야 여러 나라들을 이끌어간 원동력이었다.

가야 여러 나라들은 소국에서 해양교역 중심의 거점지역국가로 발전하였기 때문에, 중소 규모의 여러 부대를 제각기 유지하여 국력이 분산되어 있었다. 이에 비해 삼국은 소국에서 강력한 중앙집권체제를 갖춘 정복국가로 발전하면서 군사조직도 일정 이상의 기동력과 뛰어난 복병술 및 유격술 등의 전략을 구사할 수 있는 강군으로 성장하였기에, 490년에서 520년 이상을 존속할 수 있었다.

더군다나 가야는 중심세력이 왜지로 이전하고 고김해만이 폐항됨에 따라 여러 주민이 인근지역으로 흩어져 가야 여러 나라를 이끌던 중심국가로서의 위치를 약화시켰다. 그것이 결과적으로 삼국에 반해 가야군의 결속과 연합작전의 시행을 저해되는 요인으로 작용하였을 것이라고 생각된다. 또한 가야 거점지역국가의 정치적 분립성은 가야군의 일원적 체계구성을 저지하고, 가야 여러 나라들의 이해와 필요에 따라 활동하는 부대들로 운영되는 조직을 만들었을 것이다. 이것이 가야군의 특성이자 가야 여러 나라의 군사제도의 한계였다. 이러한 가야군의 모습과 특성을 보여주는 단서가 『삼국사기』에 수록되어 있는 위 (6)-1부터 (6)-6까지의 기사인 것이다. 이러한 측면에서 『삼국사기』에 표출된 가야사 인식은 그 지평을 가야군의 존속과 활동으로까지 확대시켰다고 이해할 수 있다.[49]

네 번째, 『삼국사기』의 기록 속에는 가야 문화가 가야 제국의 멸망 후에도 통일신라의 문화로 계승 발전되어 민족문화의 토대가 되었음과 가야제국의 멸망요인을 포함하고 있다.

(7)-1 가야금은 가야국 가실왕(嘉實王)이 당나라의 악기를 보고 만들었다. 왕은 '여러 나라의 방언이 제각기 다르니 그 성음 역시 어찌 한결같을 수 있는가!'라고 생각하고, 곧 악사인 성열현(省熱縣) 사람 우륵(于勒)을 시켜 12곡을 만들게 하였다. 그 후 우륵은 그 나라가 장차 혼란스러워질 것이라 하여 악기를 지니고서 신라 진흥왕에게 투신하였다.[50]

(7)-2 13년에, 왕이 계고(階古)와 법지(法知), 만덕(萬德) 등 세 사람에게 명해 우륵에게서 음악을 배우도록 하였다. 우륵은 그들의 재능을 헤아려 계고에게는 가야금을, 법지에게는 노래를, 만덕에게는 춤을 가르쳤다. 학업을 다 이루자, 왕이 그들로 하여금 연주하게 하였더니 "지난번 낭성(娘

---

49) 이에 관한 필자의 연구로는 2001, 「가야의 군사활동에 관한 연구」(『민족문화』 제12집, 한성대학교 민족문화연구소)가 있다.

50) 『三國史記』 卷 第32, 雜志 第1, 伽倻琴 新羅古記.

城)에서 들은 연주와 다르지 않구나." 하고, 후하게 상을 주었다.[51]

(7)-3 25일에, 왕이 수도로 돌아오는 도중 욕돌역(褥突驛)에 이르자 국원경의 사신 용장(龍長) 대아찬이 사사로이 잔치를 베풀어 왕과 여러 시종들을 대접하였다. 음악이 시작되자, 나마 긴주(緊周)의 아들 능안(能晏)이 15살이었는데 가야의 춤을 추어 보였다. 왕은 그의 얼굴과 거동이 단아하고 고운 것을 보고는 앞에 불러 등을 어루만지며 금잔으로 술을 권하고 폐백(幣帛)을 자못 후하게 주었다.[52]

(7)-4 "저는 본래 임나가량(任那加良) 사람으로 이름은 우두(牛頭)입니다." "경의 두골(頭骨)을 보니 강수(强首)선생이라 부르는게 좋겠다." 왕은 그로 하여금 당나라 황제의 조서에 감사하는 회신의 표문을 짓도록 했는데, 문장이 공교하면서도 뜻이 곡진하니, 왕이 더욱 기특하게 여겨 이름을 부르지 않고 임생(任生)이라고 할 뿐이었다.[53]

(7)-1은 가야의 음악인 가야금 12곡의 제작과정과 그 음악이 신라에 전수된 사실에 관한 기록이다. 이 기사는 『삼국사기』 권4, 신라본기 4, 진흥왕 12년(551) 춘정월조와 더불어 그동안 두 가지 측면에서 연구의 대상이 되어 왔다. 하나는 음악사 분야 및 예악사상과 관련한 연구이고, 또 하나는 가야사와 관련한 연구이다. 후자의 경우에는 문화사적 접근도 시도되고 있으나, 주로 우륵이 지은 가야금곡 12곡의 정치적 의미와 관련된 해석 문제에 초점이 맞추어졌다. 이 12곡은 가야 제국의 국명과 관련된 것이다.

---

51) 『三國史記』 卷 第4, 新羅本紀 第4, 眞興王 13年.

52) 『三國史記』 卷 第6, 新羅本紀 第6, 文武王 8年.

53) 『三國史記』 卷 第46, 列傳 第6, 强首.

(7)-2도 역시 가야의 악기인 가야금의 연주법과 가야의 노래, 춤이 신라로 전수된 사실을 전하는 기사로서, 이를 통해 가야 음악과 악기, 춤의 우수성을 확인할 수 있다. (7)-3은 문무왕 때인 7세기 중엽이후 가야가 멸망한지 100년이 지난 시점임에도 불구하고 가야의 춤이 계속해서 전승되었음을 보여주는 사료이다. (7)-4는 7세기에 학문과 문장이 가장 뛰어났던 가야계 인물의 사례이다.

상기의 사료들이 공통적으로 뜻하는 바는 가야계인 신김씨 김유신이 군사적인 면에서 삼국통일에 크게 기여하였듯이, 가야제국의 음악과 춤, 악기 그리고 학문 및 문학들도 통일신라에 전승되어 민족문화의 토대형성에 공헌하였다는 점이다. 그렇다면 이 사료들의 역사성을 고찰해 보자.

우륵 12곡은 우륵이 신라로 망명하기 전인 가락국 가실왕 때에 만든 가야금곡으로서, 현재는 그 악곡명만이 전하고 있다. 이와 관련된 기사는 위에 언급한 사료들 외에, 『동국여지승람』에도 유사한 기록이 남겨져 있다. 이 사료들을 종합해 보면, 다음 몇 가지 사실을 알 수 있다. 첫째로, 가야금 12줄은 12월의 음률(音律)을 본떴으며 12곡으로 만든 것은 가야 각 지역의 말이 서로 달라 이들의 고유음악을 바탕으로 했기 때문이라는 것이다. 여기에서 당시 가야는 12지역으로 나뉘어져 있었다는 새로운 사실을 알 수 있다. 그렇더라도 굳이 12곡으로 만든 이유는 가야금 12줄과 결코 무관하지 않은 것 같다.

둘째, 진흥왕의 개인적인 호감에도 불구하고 가야금 곡조가 신라로 수용되는 과정에서 신하들의 반대와 12곡의 변형 등 상당한 진통을 수반하고 있다는 점이다. 특히 가야금 곡조와 가라국의 멸망을 직접 연결시키고 있는 점이 흥미롭다.

셋째, 『동국여지승람』에 전하는 가야금의 김해출자설(金海出自說)이다. 가야금의 기원과 직접적인 관련이 있는 것이 우륵의 출신지인 성열현의 위치인데, 지금의 의령군 부림면에 비정되는 곳이다. 이곳은 『삼국사기』에 보이는 강주 강양군 의상현의 옛 이름인 '신이현(辛爾縣)'이며, 『일본서기』 흠명기 2년(544) 4월조와 5년 11월조, 23년(562) 정월조에 보이는 '사이기국(斯二岐國)'에 해당하는데, 이는 오늘날의 경남 의령이라는 것이 거의 통설로 굳혀졌다. 따라서 우륵은 김해인이 아니라는 주장이 유력하기 때문에, 고령 쪽에서 찾는 것이 타당할 것 같다. 단, 우륵과 가야금 및 12곡을 김해와 관련시킨 배경은 가야사를 김해 위주로 인식한 전통적인 해석과 직접적인 관련이 있을 것이고, 또 하나는 하가라도에 대해서 김해설을 따른 결과에 의한 연관성 때문이었을 것이다.

넷째, 가야금 창안에 영향을 준 우리의 고유악기 혹은 중국악기의 전래 문제이다. 가야금은 중국 악기를 참조하여 만든 것으로 전해지고 있으나, 여기서는 진한(辰韓)의 슬(瑟)과 중국의 쟁(箏)과의 관련성을 주목해볼 필요가 있다. 슬은 호슬이라고 하는데 12줄로 된 다현악기였다. 그 형태는 축(筑)과 같다. 『통전(通典)』에 의하면, "축은 참대로 치는데 쟁과 비슷하고 목이 가늘다."고 언급한 바처럼, 축의 모양과 비슷하다. 따라서 가야금은 슬, 축, 쟁 등과 유사한 형태를 띠었다고 하겠다. 그런데 조선후기의 학자들은 "진한의 슬은 곧 가야금이다."라고 한 한치윤의 주장이나, "가야금은 옛날의 슬의 이름을 고친 것이다."라고 한 이규경의 견해 등을 참고해 볼 때, 가야금의 기원을 전통적인 악기에서 찾고자 했음을 알 수 있다.

다섯째, 가야금의 기원을 전통적인 악기에서 찾을 수 있는 근거로 고고학적인 발굴성과를 들 수 있다. 광주와 경북 경산에서는 가야금으로 추정되는 1세기경의 현악기가 잇따라 발굴돼 학계의 관심을 모으고 있다. 첫 발굴은 지난 97년 7월 22일, 광주시 광산구 신창동유적(사적 제375호)에서이다. 반파상태로 발굴된 현악기는 머리 부분에 현을 꿰어 맬 수 있는 6개의 구멍이 있으며, 원형을 복원할 경우 10~12개의 구멍이 있었을 것으로 추정되고 있다.

또 98년 6월, 한국문화재보호재단이 경북 경산시 임당택지 개발지구에서 가야금의 원형으로 보이는 서기 1세기의 현악기를 발굴했다. 크기는 길이 70㎝, 폭 27㎝(신창동 현악기는 길이 77.2㎝, 폭 28.2㎝)로 신창동 현악기와 거의 같다. 따라서 서기를 전후한 무렵에, 가야금의 원형을 이루는 현악기가 정형화된 형태로 한반도 남부지역에 널리 퍼졌음을 입증하는 귀중한 자료가 될 것으로 평가되고 있다. 이 현악기는 경주 계림로 고분에서 출토된 5~6세기경의 신라 토우 장경호에 부착된 가얏고나 일본 정창원(正倉院)에 소장된 신라금과 평면의 형태가 유사한 것으로 확인됐다. 『삼국사기』와 『삼국유사』 등의 기록에서도 가얏고를 곡을 지어 연주했다는 기록이 있는 것으로 미뤄, 신창동 등에서 발굴된 현악기 등이 전승 발전된 것으로 추정된다. 가야금의 기원이 되는 이러한 현악기의 발굴은 기록으로만 전해온 고대악기의 원형을 보여준다는 점에서 획기적인 성과로 보고 있다.

이와 같은 발굴성과 외에, 『삼국지』 위지 동이전에도 삼한시대에 이미 한국 고유의 현악기가 있었다는 기록이 있다. 이러한 여러 사실들을 염두에 둘 때, 가야금은 삼한시대부터 사용된 민족 고유의 현악기로서 가실왕 때에 중국 쟁의 영향을 받아 더욱 발전시킨 악기임을 알 수 있다. 그리고 가야금의 제작연대는 서기 1세기 무렵으로 보아도 무방하다고 하겠다.

사료 (7)-1에서 언급한 우륵이 작곡한 열두 곡은 "1. 하가라도(下加羅都) 2. 상가라도(上加羅都) 3. 보기(寶伎) 4. 달이(達已) 5. 사물(思勿) 6. 물혜(勿慧) 7. 하기물(下奇物) 8. 사자기(師子伎) 9. 거열(居烈) 10. 사팔혜(沙八兮) 11. 이사(爾赦) 12. 상기물(上奇物)이라고 한다."는 구절이 해당 기사 내에 포함되어 있다. 이 12곡은 민족의 전통음악으로서 가야금의 제작유래와 그 음조 및 신곡을 밝혀 주고 있어 우리의 전통음악 연구에 큰 도움이 되는 사료이다. 특히 이 12곡은 가야 각 지역의 음률적 특성을 고려하여 만든 음악이므로 가야의 두 개의 대표적인 세력권으로서 김해의 본가야나 고령의 대가야가 있었고 그 외의 기록들을 통하여 가야의 대표적인 거점지역이 어디인가를 알려주는 근거가 되는 것이 이 사료이기도 하다. 또한 가야 전반기의 정치적 판세나 6세기 전후의 가야 정세를 유추해 볼 수 있기도 하다.

(7)-4의 기사에서는 7세기 대 인물인 강수를 통하여 가야에 관한 다음과 같은 사실들을 알 수 있다. 첫째, 강수가 임나가량 출신이라는 것은 광개토왕릉비의 임나가라에 해당되는 것이다. 이것은 임나 즉 가야제국에 대표세력권으로서 고령세력과 김해세력이 있었음을 의미한다. 둘째, '강수선생' 또는 '임생'이라는 호칭을 통하여 선생이라는 호칭이 학문의 완숙자에게 붙이는 칭호임을 알 수 있다. 이러한 호칭이 붙여진 강수는 학문과 문장에서 대가였음을 입증한다. 셋째, 가야계가 신라에 병합된 후에

도 가야의 지식계층이 예술 문화와 학문 계통에 종사하여 삼국 통일과 민족문화의 토대확립에 기여했다는 것이다.

가야가 오늘날까지 역사 속에 살아 숨 쉬고 있는 것은 우리 생활의 중요한 부분으로 자리한 불교와 차(茶), 토기, 철기 그리고 가야금과 강수의 학문과 문장 등 한국의 정서로 상징되는 가야문화 때문이다. 따라서 그 가야문화의 핵심인 가야금과 강수에 관한 전기 등을 연구할 때에는 『삼국사기』가 가장 핵심적인 자료를 제시해주고 있다. 그런 면에서 가야문화 고찰시 『삼국사기』의 사료적 가치는 인정해야만 한다.

(8)-1 이사부(異斯夫)는 성이 김씨(金氏)로 내물왕의 4대손이다. 지도로왕(智度路王) 때 변방의 지방관리가 되어 거도(居道)의 술책을 본떠서 말놀이로 가야(加耶, 혹은 가라(加羅)라고도 한다)국을 속여 빼앗았다.[54]

(8)-2 진흥왕이 이찬 이사부에게 명령하여 가라(加羅, 혹은 가야(加耶)로도 쓴다)국을 습격하게 했는데, 이때 사다함은 나이가 15, 6세로 종군하기를 청하였다. (중략) 사다함은 가라국의 국경에 이르자 원수(元帥)에게 청하여 그 휘하의 군사를 거느리고 먼저 전단량(旃檀梁)에 들어갔다. 그 나라 사람들은 뜻밖에 군사가 갑자기 들이닥치니 놀라고 허둥대 막지를 못하였다. 대군이 이 틈을 타 마침내 그 나라를 멸망시켰다.[55]

(8)-3 우륵은 가야국이 장차 혼란스러워질 것이라 하여 악기를 지니고서 신라 진흥왕에게 투신하였다. (중략) "가야는 망한 나라이니, 그 음악은 취할 만한 것이 못됩니다."라고 하니, 왕

---

54) 『三國史記』 卷 第44, 列傳 第4, 異斯夫.

55) 『三國史記』 卷 第44, 列傳 第4, 斯多含.

은 "가야 왕이 음란하여 스스로 망한 것이거늘, 그 음악이 무슨 허물이 있겠느냐?"라고 하였다.[56]

(8)-1과 (8)-2는 대가야가 신라에게 멸망한 것이 말놀이로 방심한 틈을 타서 기습당한 것이 주요인임을 밝혀주고 있고, (8)-3은 대가야의 멸망 요인이 가야국왕의 음란과 사회적 혼란에 기인했음을 시사해주고 있다. 결국 『삼국사기』의 이와 같은 기사들은 대가야의 멸망과정과 요인이 신라군대와의 전쟁에서 비롯되었음을 가리키고 있다. 즉 신라군대가 대가야의 국경에 이르러 말놀이를 하며 교란작전을 펴고 있을 때, 사다함의 요청에 의해 선제 기습공격을 가한 후 뒤이어 신라의 이사부가 이끄는 대군이 들이닥쳐서 공격해 오므로 대가야는 방어조차 제대로 하지 못하고 졸지에 망했다는 것이다. 그리고 대가야가 신라에 의해 기습공격을 당하게 된 배경으로는 관산성전투 이후 신라에게 패전한데 따른 사회적 혼란의 야기와 이를 더욱 조장한 지도부의 타락으로 사회 기강이 해이해진 데서 온 것으로 이해할 수 있다.

(8)-3에는 우륵이 대가야가 멸망하기 직전에 신라에 망명한 동기가 쓰여 있다. 그 동기는 '가야국의 혼란' 또는 '가라국의 난리' 등으로 표현하였는데, 이것은 관산성 전투 이후에 큰 타격을 입은 대가야가 내부적인 동요와 사회적 혼란으로 심상찮은 어려움에 빠졌음을 나타내주는 근거들이다. 불교와 차, 토기, 가야금 등 찬란한 정신문화와 농업, 수산업, 무역업 등을 바탕으로 한 부강한 가야국들이 완전한 통일국가를 형성하지 못하고 멸망한

56) 『三國史記』 卷 第32, 雜志 第1, 新羅古記.

것은 가야 여러 나라들이 대부분 분지를 따라 형성되었고 교역 중심의 거점지역 국가로서 국가간 세력이 비슷함으로써 하나의 통일국가를 이룩하지 못했기 때문이다.

결국 가야는 고구려와 신라, 백제 사이에서 대외적으로 국제정세의 희생물이 되었으며, 일본지역에서 가야와 친밀했던 분국 야마대국 중심의 구주왕조가 무너지고 그 후 야마토 정권이 백제와 깊은 유대관계를 가짐으로써 가야는 배후세력의 하나를 잃었다. 또한 나제동맹에 의해 고구려 남하를 저지한 백제와 신라는 한강유역과 가야지역을 놓고 영토 확장에 나섰는데, 가야는 우호관계에 있던 백제와 사이가 벌어지고 신라의 무력과 회유로 멸망하게 된 것이다. 신라가 무력과 회유 그리고 기습으로 대가야를 멸망시킨 것에 대해서는 사료 (8)-1과 (8)-2가 그 근거를 제시해 주고 있다.

『삼국사기』에는 가야의 대표적인 3대 세력권외에도 가야 제국사에 영향을 주었던 소국들이 존속했었음을 알려주는 단서들이 있기도 하다. 『삼국사기』 신라본기 파사이사금 29년(108)조를 보면, 비지국(比只國), 다벌국(多伐國), 초팔국(草八國)을 쳐서 합병하였다는 기록이 있다. 이 나라들은 『증보문헌비고』에 의해 비지국은 창녕, 다벌국은 대구, 초팔국은 초계로 비정되었는데, 이것은 정설처럼 되어 왔다. 그 후 가야시대의 창녕은 『삼국사기』에는 비자화(比自火) 또는 비사벌(比斯伐)로 표기되었다. 이것은 『삼국유사』에서 비화가야(非火伽耶)로 기입하는 계기를 마련해준 것이다.

고령가야(古寧伽耶)에 대해서는 『삼국사기』 지리지 상주 고령군조에 "고령군은 본래 고령가야국(古寧加耶國)인데 신라가 빼앗아 고동람군(古冬攬郡)으로 삼았다. 경덕왕이 이름을 고쳤으며 지금의 함령군(咸寧郡)이다."라고 기록되어 있다. 『삼국사기』 찬자는 고령군의 뿌리가 고령가야국 임을 밝히고 있는 것이다. 이외에도 고성의 지명은 『삼국사기』 지리지에는 고자국(古自國), 신라본기에는 고사포(古史浦)로 나타나, 고성에도 소가야가 있었음을 암시해주고 있다.

이와 같은 사실들은 『삼국사기』가 유교적 영향과 관찬사 서적이라는 제약아래에서도 부분적으로나마 가야에 관한 역사적 사실들을 찾을 수 있는 단서와 약술을 전해주는 커다란 가치를 지니고 있는 사서임을 증명하고 있다고 볼 수 있다. 이러한 갖가지 기록들은 일연의 『삼국유사』에 의해 보완됨으로써 민족사의 참모습을 찾게 해주는 계기를 마련해 주었다. 이러한 시각에서 사료집으로서 『삼국사기』의 가치는 재고의 여지가 있다.

『삼국사기』의 영향이 『삼국유사』의 「기이」편에서 고조선(단군조선), 위만조선, 마한, 진한, 변한, 발해, 5가야, 북부여, 동부여, 고구려, 신라, 백제, 가락국의 사적을 기록하는 단계로까지 미쳤다는 사실은 남북의 여러 고대국가와 세 왕조가 동일 민족이라는 개념에서 총괄한 것이다. 체제면에서 보면, 『삼국사기』의 삼국의 사적이라는 것은 삼국 외에 고조선, 삼한, 가야 등 전체를 총괄 서술한 것으로, 국가의식면에서는 삼국을 종속국이 아닌 자주국가로 인정한 것이요, 민족의식면에서는 단군조선을 중심으로 그 이후의 남북에 있는 여러 고대국가와 세 왕국을 단일민족 국가로 인식한 것이라 생각된다.57)

어쨌든 『삼국사기』의 본기와 지, 열전 등에 부분적으로 간략히 기술되어 있으면서도 여러 가지 시사를 주는 사실들은 일연의 보완

57) 李載浩, 앞의 책, 1985, p.233.

에 의해 가야의 중심세력권이 6개가 있었음을 제시하고 있는 것이 오가야조(五伽耶條)이며, 그것을 구체적으로 체계화시킨 것이 「가락국기(駕洛國記)」이다. 이처럼 고려시대에 들어와서 많은 고대사서(古代史書)라든가 고대전승(古代傳承)은 개서(改書)되었을 것으로 보인다. 그 한 예를 들 것 같으면, 고려 문종년에 금관주(金官州) 지사(知事) 모(某)에 의하여 설화형태의 가야 역사가 「가락국기」로 개서되었다는 사실인데, 여기에서는 저절로 자기전통적인 것을 주장하면서 중국식 문투를 사용하였다.[58] 결국 「가락국기」는 『삼국사기』 이전인 문종 때에 편찬된 사서이기는 하지만, 설화적 성격이 농후한 연대기적 사서였던 듯하다.

최초의 사서인 『구삼국사(舊三國史)』는 뚜렷한 역사편찬의 방향이 성립되기 전에 만들어진 것이기 때문에, 자주적인 역사의식을 갖게 마련이다. 그것이 동명왕에 대한 내용이며, 적극적인 여초(麗初)의 시대분위기를 집약시킨 것이다. 그러나 중기에 만들어진 「가락국기」는 국초의 진취성은 물론이고, 당시의 유불조화와 정치적 안정을 뒷받침하는 역할을 보여주었다. 특히 이와 같은 사서들이 함축하고 있는 고려문화의 긍지 속에서 확대된 자존의식은 민족의식으로 승화되는 계기를 마련하였다.

그리하여 한국고대사는 삼국시대가 아니라 실제의 내용면에서 사국시대로 설정할 수 있다는 견해가 제시될 수 있는 것도 『삼국유사』 「왕력(王歷)」의 기술에 있었다.[59] 이와 같은 관점에서 『삼국사기』에 표출된 가야에 관한 단편적인 사서들과 시사점들은 『삼

58) 金哲埈, 앞의 책, 1985, p.314.

59) 『삼국사기』에 부분적이고 단편적인 이웃 나라들과의 관계를 언급한 것을 보완하여 『삼국유사』 왕력에서 신라, 고구려, 백제에 이어 가락을 넣은 것은 사국시대로 민족사를 체계화 한 것으로 보아야 한다.

국유사』에 의해 계기적인 발전의 기틀을 형성하여 후세에 전해주었다는 측면에서 그 의의는 대단히 크다고 할 수 있다.

## 4. 맺음말

『삼국사기』의 구성은 신라본기 12권, 고구려본기 10권, 백제본기 6권, 연표 3권, 지 9권, 열전 10권 등 도합 50권으로 되어 있다. 먼저 본기에 삼국의 계보를 설정하여 둠으로써, 『삼국사기』의 편찬자들은 삼국을 대등한 국가로서 단일민족의 모체가 됨을 암시해 준다.

연표는 간지(干支)로 연대 기준을 삼고 중국, 신라, 고구려, 백제로 나누어 표기하였다. 잡지(雜志)는 제사(祭祀)와 음악(音樂), 색복(色服), 거기(車騎), 기용(器用), 옥사(屋舍), 지리(地理), 직관(職官)으로 분류해 서술하였는데, 지리지를 제외하면 대부분 통일기 신라의 제도나 사회상이 주류를 이루고 있으며, 고구려와 백제에 대해서는 중국사서의 해당 대목을 인용하는데 그친 경우가 많았다.

열전에서는 삼국의 신하들을 분야별로 합쳐 기술하였다. 열전 중에서 김유신열전 3권을 첫머리에 놓았으며, 애국명장, 충신, 화랑, 유학자, 반역 열전 등으로 구성하였다. 『삼국사기』 열전은 다양한 분류에 의거하지 못했으나, 될 수 있는 대로 각 방면의 인물을 수록하고자 노력한 의도가 엿보이고 있다. 특히 고대사회의 이상적 인물상으로써 김유신의 위국충절의 정신을 강조한 것이 두드러진다.

『삼국사기』의 구성 중 열전 다음으로 우리의 관심을 끄는 것은 31개(則)의 논찬(論贊)이다. 이 사론(史論)은 김부식의 역사관과 역사철학 등을 살펴볼 수 있는 중요자료이다. 논찬의 실제 내용에 있어서는 합리성과 현실성을 존중하면서 형식주의를 비판하는 것들도 없지는 않으나, 전반적으로는 역시 그 내용이 '포폄(褒貶)'이라는 유교적 윤리평가로 일관되어 있고, 이러한 형식적인 윤리관에다가 중국 중심의 사대적(事大的) 사고방식이 거리낌 없이 노출되어 있음을 볼 수 있다. 그러나 사론의 내용을 더 깊게 분석해 보면, 역사적 사건에 대한 평가에 있어서와 같이 우리나라의 사실을 중국적 기준에 따르지 않고 우리의 독자성을 우선하고자 한 측면이 있었다.

이상이 『삼국사기』의 일반적인 구성내용이다. 『삼국사기』는 삼국을 대상으로 한 역사서이기 때문에, 고조선을 필두로 삼국 이전의 민족사는 배제되었다. 단지 『삼국사기』에서는 고조선, 부여, 발해, 가야의 역사가 부분적으로 축약되어 기록되었을 뿐이다. 그러므로 고려 이전의 민족사 체계가 제대로 파악되었다고 할 수 없다. 이것은 사실적 기술대상의 불균형이다. 그러나 『삼국사기』가 삼국 이외의 왕조사를 포괄할 때, 그것은 『삼국사기』일 수 없음 또한 부정할 수 없다. 이것이 『삼국사기』 구성의 특징이자 한계이다.

『삼국사기』의 사료로서의 이런 한계 속에서 단편적으로 나와 있는 가야에 관한 기사를 통해 『삼국사기』가 가야사 복원에 기여한 바를 밝혀 보았다. 『삼국사기』 편찬자들의 가야사에 관한 인식으로써 우선 처음 들 수 있는 것은 가야 제국에 관한 유래 및 멸망에 관한 사실을 명시함으로써, 가야 제국에는 삼국 못지 않은 변천사가 있었음을 암시했다는 점이다.

두 번째, 『삼국사기』 편찬자들의 가야사에 관한 인식으로 명시할 수 있는 것은 가야 제국은 여·제(麗濟)와 대등한 자주국임을 표현해 주고 있다는 점이다. 세 번째, 『삼국사기』 편찬자들은 가야 제국이 막강한 삼국 속에서 생존하기 위해 자주적인 군사제도와 군사력을 보유하고 있었음을 알려주고 있다. 네 번째, 『삼국사기』 가야에 관한 기록 속에는 가야의 문화가 가야 제국의 멸망 후에도 통일신라 문화에 계승 발전되어 민족문화의 토대가 되었음과 가야 제국이 멸망한 요인이 들어있다. 다섯 번째, 『삼국사기』에는 가야의 대표적인 3대 세력권 외에도 가야 제국사에 영향을 주었던 소국들이 존속했었음을 알려 주고 있는 단서들이 있기도 하다.

『삼국사기』에 본기와 지, 열전 등에 부분적으로 간략히 기술되어 있으면서도 여러 가지 내용의 시사점은 일연의 보완에 의해 가야의 중심세력권이 6개가 있었음을 제시하고 있는 오가야조(五伽耶條)로 나타났고, 그것을 구체화시킨 것이 「가락국기(駕洛國記)」이다. 그리하여 한국고대사는 삼국시대가 아니라 실제적인 내용면에서 사국시대(四國時代)로 설정할 수도 있다는 견해가 나올 수 있었던 것도 『삼국유사』 「왕력(王歷)」의 기술에 있었으며, 이러한 이론의 단서를 『삼국사기』가 제공했다는 측면에서 사서(史書)로서의 『삼국사기』는 재평가되어야 할 것이다.

## <부록> 『삼국사기』의 대표적인 가야사 원전

### 1. 신라본기 제1, 시조 혁거세거서간(始祖赫居世居西干) 19년

봄 정월에 변한(卞韓)이 나라를 바쳐 항복해 왔다.

### 2. 신라본기 제1, 시조 혁거세거서간 38년

봄 2월에, 호공(瓠公)을 보내 마한(馬韓)을 방문하였다. 마한왕이 호공을 꾸짖어 말하기를, "진한과 변한은 우리의 속국이거늘 근년에 와서 공물을 보내지 않으니 큰 나라를 섬기는 예의가 어찌 이와 같단 말인가."라고 하였다. 호공은 대답하기를, "우리나라는 두 분 성인께서 일어나시면서 부터 백성의 일이 정비되고 하늘의 시운이 화목하니, 창고는 가득 차고 백성들은 서로 존경하고 겸양하게 되었습니다. 그리하여 진한의 유민들로부터 변한, 낙랑, 왜인에 이르기까지 외경심을 품지 않음이 없는데도, 우리 왕께서는 겸허하게도 저를 보내어 방문의 예를 닦게 하시니, 오히려 예의에 넘치고 있습니다. 그런데도 대왕께서는 크게 화를 내시어 군사로 위협하시니, 이것이 무슨 까닭입니까."라고 하였다. 마한 왕은 분노하여 그를 죽이려 했으나, 좌우의 신하들이 간하여 말리자 그만 돌아가도록 놓아주었다. 이보다 앞서 중국 사람들이 진(秦)의 난리를 견디지 못해 동쪽으로 오는 경우가 많았는데, 대부분 마한의 동쪽에 자리를 잡고 진한과 더불어 섞여 살다가 이때 와서 점차 번성해졌기 때문에, 마한이 꺼려하여 이러한 질책이 있었던 것이다. 호공이라는 이는 그 혈족과 성씨가 자세하지 않은데, 본래 왜인으로서 처음에 박을 허리에 매고 바다를 건너왔기 때문에 호공이라고 불렀다.

### 3. 신라본기 제1, 탈해이사금(脫解尼師今)

탈해이사금[일설에는 토해(吐解)라고도 한다.]이 왕위에 오르니,

그때 나이가 62세였다. 성은 석(昔)이요, 왕비는 아효부인(阿孝夫人)이다. 탈해는 본래 다파나국(多婆那國)에서 난 사람이다. 그 나라는 왜국의 동북쪽 1천 리 거리에 있다. 처음에 그 나라 임금이 여국왕의 딸에게 장가들어 (그녀를) 아내로 삼았는데, 임신한 지 7년 만에 큰 알 한 개를 낳았다. 왕은 말했다. "사람으로서 알을 낳은 것은 상서롭지 못하니 버려야 한다." (그러나) 그녀는 차마 버리지 못해 비단에다 알을 싸서 보물과 함께 궤 속에 넣어, 바다에 띄워 가는대로 맡겨 두었다. (그것이) 처음에는 금관국(金官國)의 바닷가에 닿았으나 금관국 사람들이 그것을 괴이하게 여겨 거두지 않았다. 다시 진한(辰韓)의 아진포(阿珍浦) 어구에 닿으니, 때는 시조 혁거세 39년이었다. 이때 바닷가에 있던 노파가 줄로 당겨서 바닷가에 매어놓고 궤를 열어 보니 한 작은 아기가 있으므로 그 노파가 데려다 길렀다. 장성하자 신장이 9자나 되고, 풍채가 뛰어나고 명랑하며, 지식이 남보다 뛰어났다. 어떤 이가 말하기를, "이 아이는 성씨를 알 수 없거니와, 처음에 궤가 떠내려 왔을 때 까치 한 마리가 울면서 따라 날고 있었으므로 까치 작(鵲)자를 줄여 석(昔)씨라고 하는 것이 좋겠다. 또한 궤를 풀고 나왔으니 마땅히 탈해라고 이름하자."라고 하였다.

### 4. 신라본기 제1, 탈해이사금 21년

8월에, 아찬 길문(吉門)이 가야(伽耶)병과 황산나루 어구에서 싸워 천여 명을 사로잡았다. 이에 길문을 파진찬으로 삼아 공을 표창했다.

### 5. 신라본기 제1, 파사이사금(婆娑尼師今) 8년

8년 7월에, 영(令)을 내리기를, "짐이 부덕하여 나라를 가진 후, 서쪽으로는 백제와 인접하고 남쪽으로는 가야와 접하여, 덕으로 백성을 안정시키지 못하고 위엄으로 다른 나라를 두렵게 하기에 부족하다. 마땅히 성새와 보루를 수리하여 외적의 침입에 대비하라."고 하였다. 이 달에 가소·마두 두 성을 쌓았다.

### 6. 신라본기 제1, 파사이사금 15년

2월에, 가야병이 마두성(馬頭城)을 둘러싸니 아찬 길원을 보내어 기병 1천을 거느리고 격퇴시켰다.

### 7. 신라본기 제1, 파사이사금 17년

9월에, 가야인이 남쪽 변경을 침략하므로 가성주(加城主) 장세(長世)를 보내 막다가 적군에게 죽었다. 왕이 노하여 날랜 군사 5천과 함께 출전하여 이를 이기고 노획한 것이 매우 많았다.

### 8. 신라본기 제1, 파사이사금 18년

정월에 거병하여 가야를 치려고 하니, 그 국왕이 사신을 보내서 사죄하여 이에 그만두었다.

### 9. 신라본기 제1, 파사이사금 23년

추 8월에, 음즙벌국(音汁伐國)과 실직곡국(悉直谷國)이 국경을 두고 서로 다투다가 왕에게 와서 판결을 청하였다. 왕이 처리하기 난처하여 생각하기를, '금관국(金官國) 수로왕(首露王)이 연로하여 아는 것이 많을 것이다.' 하고 불러서 물었더니, 수로가 의견을 내어 다투던 땅을 음즙벌국에 붙이게 하였다. 이때 왕이 6부에 명하여 수로왕을 대접하게 하였다. 5부는 모두 이찬(伊湌)으로서 주인(主人)을 삼았는데, 오직 한지부(漢祇部)만은 직위가 낮은 자로써 주인(主人)이 되게 하였다. 수로가 성을 내어 그의 노(奴) 탐하리(耽下里)를 시켜 한지부의 주(主) 보제(保齊)를 죽이게 하고 돌아갔다. 그 노가 도망하여 음즙벌국의 주(主) 타추간(陁鄒干)의 집에 의탁하니, 왕이 사람을 시켜 그 노를 찾았으나 타추가 돌려보내지 않았다. 왕이 노하여 군사로써 음즙벌국을 치니, 그 주가 무리를 데리고 자진 항복하였다.

### 10. 신라본기 제1, 파사이사금 27년

8월에 마두성주(馬頭城主)에게 명하여 가야를 쳤다.

### 11. 신라본기 제1, 파사이사금 29년

하 5월에 큰 물이 났다. 백성들이 굶주리므로 10도에 사신을 보내서 창고를 열어 구제하였다. 군사를 보내어 비지국(比只國), 다벌국(多伐國), 초팔국(草八國)을 쳐서 이를 병합하였다.

### 12. 신라본기 제1, 지마이사금(祇摩尼師今) 4년

봄 2월에, 가야가 남쪽 변경을 노략하였다. 가을 7월에, 왕이 친히 가야를 칠새 보병과 기병을 거느리고 황산하를 지나니 가야 사람들이 수풀 속에 군사를 매복시키고 기다렸다. 왕은 이런 줄을 모르고 곧장 바로 가다가 복병이 튀어나와 여러 겹으로 둘러싸니, 왕이 군사를 지휘하여 맹렬히 싸워 포위를 뚫고 물러나왔다.

### 13. 신라본기 제1, 지마이사금 5년

추 8월에, 장수를 보내 가야를 치는데 왕이 정병(精兵) 1만을 거느리고 뒤를 이었다. 가야는 성을 닫고 굳게 지켰다. 마침 비가 오래 계속되므로 그만 돌아갔다.

### 14. 신라본기 제2, 나해이사금(奈解尼師今) 6년

2월에, 가야국이 화친을 청했다.

### 15. 신라본기 제2, 나해이사금 14년

추 7월에, 포상팔국(浦上八國)이 가라(加羅)를 침범해 왔으므로 가라 왕자(王子)가 구원을 청해 왔다. 왕이 태자 우로(于老)와 이벌찬 이음(利音)에게 명하여 6부병을 거느리고 가서 구원하여 팔국의 장군을 죽이고 6천 명을 포로로 잡아 돌아왔다.

## 16. 신라본기 제2, 나해이사금 17년

봄 3월에, 가야가 왕자를 보내어 볼모로 삼았다.

## 17. 신라본기 제3, 소지마립간(炤知麻立干) 3년

3월에, 고구려가 말갈과 함께 북쪽 경계에 침입하여 호명(狐鳴) 등 일곱 성(城)을 취하고 다시 미질부(彌秩夫)로 진군하므로, 아군은 백제와 가야의 구원병과 함께 길을 나누어 막았다. 적이 패해 달아나므로 이를 추격하여 니하(泥河)의 서쪽에서 깨뜨리고 천여 급을 목베었다.

## 18. 신라본기 제3, 소지마립간 18년

봄 2월에, 가야국이 흰 꿩을 보내왔는데, 꼬리의 길이가 다섯 자나 되었다.

## 19. 신라본기 제4, 지증왕(智證王) 15년

춘정월에, 아시촌(阿尸村)에 소경(小京)을 설치하였다.

## 20. 신라본기 제4, 법흥왕(法興王) 9년

춘3월에, 가야국왕(加耶國王)이 사신을 보내 청혼(請婚)하므로, 왕이 이찬(伊湌) 비조부(比助夫)의 누이동생을 보내었다.

## 21. 신라본기 제4, 법흥왕 11년

가을 9월에, 왕이 남쪽 국경으로 나가 순행하면서 땅을 넓혔는데, 가야국왕이 와서 만났다.

## 22. 신라본기 제4, 법흥왕 19년

금관국주(金官國主) 김구해(金仇亥)가 비(妃) 및 세 아들인 맏아들 노종(奴宗), 둘째 아들 무덕(武德), 셋째 아들 무력(武力)과 함께 국고의 보물을 가지고 와서 항복했다. 왕은 이들을 예로 대접하여 상등(上

等)의 위(位)를 주고 본국을 식읍(食邑)으로 삼게 하였다. 그 아들 무력(武力)은 벼슬하여 각간(角干)에까지 이르렀다.

## 23. 신라본기 제4, 진흥왕(眞興王) 12년

3월에, 왕이 순행하다가 낭성(娘城)에 이르러 우륵(于勒)과 그 제자 니문(尼文)이 음악을 잘 안다는 말을 듣고 특별히 그들을 불렀다. 왕은 하림궁(河臨宮)에 머물러 그들로 하여금 음악을 연주하게 했는데, 두 사람이 각각 새로운 노래를 지어 연주했다. 이보다 앞서 가야국의 가실왕(嘉悉王)이 십이현금(十二弦琴)을 만들었는데, 그것은 12달의 음률을 본딴 것이다. 우륵에게 명하여 그 악곡을 짓게 했는데, 그 나라가 어지러워지자 악기를 가지고 우리에게 의탁해왔다. 그 악기의 이름은 가야금(伽耶琴)이다.

## 24. 신라본기 제4, 진흥왕 13년

왕이 계고(階古)와 법지(法知), 만덕(萬德) 세 사람에게 명하여 우륵에게 음악을 배우게 했다. 우륵은 그 사람들의 재능을 헤아려 계고에게는 금(琴)을 가르쳤고, 법지에게는 노래를 가르쳤으며, 만덕에게는 춤을 가르쳐 주었다. 업(業)이 이루어지자 왕이 명하여 그들에게 연주하게 하였는데, "예전 낭성(娘城)에서 들었던 음악과 다름이 없다."고 말하고 그들에게 상을 후하게 주었다.

## 25. 신라본기 제4, 진흥왕 15년

추 7월에 명활성(明活城)을 수축하였다. 백제왕 명농(明穠)이 가량(加良)과 함께 와서 관산성(管山城)을 쳤다. (중략) 백제왕을 죽였다. (중략) 좌평(佐平) 네 명과 사졸(士卒) 2만9천6백 명을 목베니 말 한 필도 돌아가지 못했다.

## 26. 신라본기 제4, 진흥왕 23년

9월에 가야가 배반하므로 왕이 이사부를 시켜 이를 치게 하고 사다함으로 보좌역을 만들었다. 사다함이 기병 5천을 거느리고 먼저 달려가 전단문으로 들어가서 흰 기를 세우니, 온 성중이 두려워하여 어찌 할 줄을 몰랐다. 이사부가 군사를 인솔하고 닥치니 일시에 다 항복하였다.

## 27. 권32, 잡지1, 악, 가야금

우륵이 지은 12곡은 1. 하가라도(下加羅都) 2. 상가라도(上加羅都) 3. 보기(寶伎) 4. 달이(達已) 5. 사물(思勿) 6. 물혜(勿慧) 7. 하기물(下奇物) 8. 사자기(師子伎) 9. 거열(居烈) 10. 사팔혜(沙八兮) 11. 이혁(爾赦) 12. 상기물(上奇物)이다. 니문(泥文)이 지은 3곡은 1. 오(烏) 2. 서(鼠) 3. 순(鶉)[혁(赦)자는 알 수 없다.]이다.

## 28. 권34, 잡지3, 지리1, 고령군(高靈郡)

고령군은 본래 대가야국(大伽耶國)으로서, 시조 이진아시왕(伊珍阿豉王)[내진주지(內珍朱智)라고도 한다.]으로부터 도설지왕(道設智王)까지 무릇 16세 520년이다. 진흥대왕이 이를 침공하여 없애고 그 지역을 대가야군(大加耶郡)으로 하였다. 경덕왕이 고령군으로 개칭한 것인데, 지금도 그를 따른다.

## 29. 권34, 잡지3, 지리1, 고령군(古寧郡)

고령군은 원래 고령가야국인데 신라가 이를 빼앗아 고동람군[고릉현이라고도 한다]으로 만들었고, 경덕왕이 고령군으로 개칭한 것인데, 지금의 함녕군이다. 이 군에 속한 현이 셋인 바, 가선현은 원래의 가해현을 경덕왕이 개칭한 것인데 지금의 가은현이며, 관산현은 원래의 관현[관문현이라고도 한다.]을 경덕왕이 개칭한 것인데 지금의 문경현이며, 호계현은 원래의 호측현을 경덕왕이 개칭한 것인데 지금도 그대로 부른다.

## 30. 권34, 잡지4, 지리2, 함안군(咸安郡)

함안군은 법흥왕이 대군(大軍)으로써 아시랄국[아나가야라고도 한다]을 없애고 그 지역을 군으로 만들었으며, 경덕왕이 함안군으로 개칭한 것인데 지금도 그대로 부른다. 이 군에 속한 현이 둘인 바, 현무현은 원래의 소삼현을 경덕왕이 개칭한 것인데 지금의 소삼 부곡이며, 의령현은 원래의 장함현을 경덕왕이 개칭한 것인데 지금도 그대로 부른다.

## 31. 권34, 잡지3, 지리1, 김해소경(金海小京)

김해소경은 옛날 금관국[가락국 또는 가야라고도 한다]인데 그 나라 시조 수로왕으로부터 10대 되는 구해왕 때에 이르러 양 나라 중대통 4년-신라 법흥왕 19년에 백성들을 거느리고 항복하여 그 지역을 금관군으로 만들었으며, 문무왕 20년-영륭 원년에 소경이라 하였으며, 경덕왕이 김해경으로 개칭하였는데 지금의 금주이다.

## 32. 권41, 열전1, 김유신(金庾信)전(상)

김유신은 서울(慶州) 사람이었다. 그 12대조 수로는 어떠한 사람인지 알 수 없다. 후한 건무 18년 임인에, 수로가 귀봉이란 산에 올라서 가락의 아홉 마을을 바라보고 드디어 그곳으로 가서 나라를 세우고 국호를 가야라 하였다가 뒤에 금관국으로 개칭하였다. 그 자손이 계승하여 9대손 구해 혹은 구차휴라고 하는 이에까지 이르렀는데, 이가 유신에게 증조뻘이 된다. 신라 사람들이 자칭 소호 금천씨의 후손이라 하여 김으로 성을 삼았고 유신의 비문에도 '헌원의 후예요 소호의 직계'라 하였으니, 남가야 시조 수로는 신라와 동일 성씨이다.

유신의 할아버지는 무력이니, 신주 방면 행군 총관이 되어 일찍이 군사를 거느리고 백제의 왕과 그 장수 네 명을 사로잡고 1만여 명의 머리를 벤 일이 있다. 아버지는 서현이니, 벼슬이 소판, 대량주 도독, 안무 대량주 제군사에 이르렀다. 유신의 비문에 의하면, '아버지는 소판 김소연'이라 하였으니, 혹시 서현은 고친 이름이오 소연은 그의 자인지도 알 수 없고 의심스럽기 때문에, 두 가지를 그대로 적어둔다.

## 33. 권44, 열전4, 거칠부(居柒夫)전

진흥왕 12년 신미(辛未)에, 왕이 거칠부와 (중략) 등 여덟 장군에게 명하여 백제와 함께 고구려를 침공하였다. 백제인이 먼저 평양을 격파하자, 이를 틈타 거칠부 등이 죽령 이외 고현(高峴) 이내의 10군을 빼앗았다.

## 34. 권44, 열전4, 사다함(斯多含)전

사다함의 가계는 진골에 속하였으며, 나밀왕의 7대손이오, 아버지는 구리지 급찬이다. 그는 본시 문벌이 높은 귀족 출신으로 풍모가 청수하고 지개가 방정하여, 당시 사람들이 그를 화랑으로 추켜올리매 마지못하여 화랑 노릇을 하였는데, 그에 따르는 '도'가 무려 1천 명에 달하였고, 그들 전체의 환심을 끌었다.

진흥왕이 이찬 이사부에게 명령하여 가라[가야라고도 한다]국을 습격하였는데, 이때에 사다함의 나이가 15~6세로서 종군하기를 청하였다. 왕은 나이가 어리다 하여 처음에는 허락하지 않았으나, 그의 청하는 태도가 간절하고 뜻이 확고하므로 드디어 그를 임명하여 귀당 비장을 삼으니, 화랑도들이 그에게 따라나서는 자들도 많았다. 사다함이 가라국 국경에 이르러 총지휘하는 장수에게 요청하여 부하 군사들을 거느리고 먼저 전단량[전단량은 성문 이름이니, 가라말로 문을 양(돌)이라 하였다.]으로 들어갔다. 가라국 사람들은 뜻밖에 군사들이 갑자기 들이닥치니 이에 놀라 소동하여 막지 못하므로 사다함의 대군이 이틈을 타서 드디어 그 나라를 없애버렸다.

사다함의 군사가 돌아오매 왕이 그의 전공을 평정하여 가라 사람 3백 명을 주었으나, 그는 받는 즉시로 전부 놓아주어 한 명도 남기지 않았으며, 또 토지를 주었으나 굳이 사양하므로 왕이 받을 것을 강권하니, 사다함이 알천에 있는 척박한 땅을 달라고 하여 그것을 받았을 뿐이었다. 사다함이 처음에 무관랑과 함께 사생을 같이 하는 벗으로 약속하였는데, 무관이 병으로 죽게 되매 매우 섧게 울고 7일 만에 자기도 죽으니, 당시 나이가 17세였다.

## 35. 권48, 열전8, 물계자(勿稽子)전

물계자는 나해이사금 때 사람으로서 집안은 한미하였으나 인품이 쾌활하여 소년 시기부터 큰 뜻을 품었다. 당시 포상(개가)의 여덟 나라가 공모하여 아라국을 치니, 아라에서 사신을 보내어 원조해 줄 것을 청하였다.

이사금이 왕의 손자 나음을 시켜서 부근 고을과 6부의 군사를 거느리고 가서 그를 원조하여 여덟 나라의 군사를 부셔버렸다. 이 전쟁에서 물계자가 큰 공이 있었으나 왕의 손자에게 미움을 받았기 때문에, 그의 전공이 등록되지 못하였다. 어떤 사람이 물계자에게 말하기를, "그대의 공이 대단히 크면서 등록이 되지 않은 것을 원망하는가?" 하니, 물계자가 말하기를, "무슨 불평이 있겠는가?" 하였다. 어떤 사람이 또 말하기를, "왜 임금님께 알리지 않는가?" 하니, 물계자가 말하기를, "공을 자랑하고 이름을 구하는 것은 뜻있는 선비의 할 바가 아니라. 다만 자기의 뜻을 가다듬어 후일을 기다릴 따름이다." 하였다.

그 뒤 3년이 되던 해에 골포, 칠포, 고사포 등 세 나라 사람들이 갈화성에 와서 침공하므로 왕이 군사를 거느리고 나가 구원하여 세 나라의 군사를 크게 깨뜨렸는데, 물계자가 수십 여 명을 잡아서 죽였으나 공을 평정할 때에 역시 아무런 소득이 없었다. 물계자가 이에 그의 안해에게 말하기를, "일찍이 듣건대, 신하 된 도리는 위급한 것을 보면 목숨을 바쳐야 하고 어려운 고비를 당하면 자기의 몸을 잊어야 한다고 하였는데, 전일 포상 갈화의 싸움은 위급하고도 어려웠다고 할 수 있었건만 남에게 알려지도록 목숨과 몸을 바치지 못하였으니, 장차 무슨 면목으로 거리에 나다니겠는가?" 하고, 드디어 머리를 풀어헤치고 거문고를 가지고 사체산으로 들어가 돌아오지 아니하였다.

# 제 2 장

## 『삼국유사(三國遺事)』에 나타난 일연의 역사관과 가야사 사료 검토

## 1. 머리말

한국고대사를 연구하는데 있어서 기본이 되는 국내의 원전은 『삼국사기(三國史記)』와 『삼국유사(三國遺事)』이다. 그 중 『삼국사기』가 관찬사서(官撰史書)로서 중심이 되지만 이를 보완하는 사찬사서(私撰史書)로서 『삼국유사』의 가치도 그에 버금간다. 이에 그동안 역사계에서는 『삼국유사』에 관한 수많은 연구를 수행해 왔다. 그리고 『삼국유사』를 지은 일연(一然)에 관한 연구도 병행되어 실시되었다. 일연에 관한 기존의 연구 성과는 우선 일연비(一然碑)에 대한 것이 있고, 다음으로는 선승(禪僧)으로서 일연에 대한 연구, 일연과 고려대장경 보유작업(補遺作業)에 관련된 연구, 마지막으로 역사가로서의 측면을 고찰한 연구들이 있다.

필자는 한국의 전통문화를 이해하는데 있어서 일연과 그의 모든 저서들에 대한 연구가 그 바탕이 된다고 하는 점에서, 앞으로 이 분야에 대한 깊이 있는 통찰이 계속되어야 한다고 생각하고 있다. 특히 일연은 13세기 중, 후반기의 민족수난기를 살다간

승려이자 사상가이며 역사가로서 정신계의 큰 지도자였으며, 그가 지은 저서들은 민족문화의 보고들이다. 따라서 이에 관한 연구는 앞으로 더욱 경주되어야 한다고 믿는다.

본고에서는 지면관계상 이중에서 일연의 역사학과 관련 있는 분야를 천착하여 일연의 역사학 인식을 검토하고, 일연의 사상 중에서 역사학 관점이 차지하는 비중을 밝혀내보고자 한다. 일연의 저술들과 비문의 내용을 중시하여 그의 사상과 역사관을 추적하고 『삼국유사』에서 표현되는 다양한 사상조류의 배경을 그의 역사학적 시각에서 찾을 것이다. 일연의 생애가 중요한 것은 그가 역사가이기 이전에 승려라는 당위적 사실에도 기인하겠지만, 그가 생존했던 시기(1206~1289)가 민족사상의 일대 격변기에 위치한다는 것도 한 이유이다. 그중에서 일연과 역사학의 관계를 추구한다는 것은 민족사의 격동기에 한국전통문화의 계기적 발전을 위한 실험정신, 즉 기본인자의 내용면을 파악하는데 중축을 이루는 주제이기 때문이다. 특히 「왕력」편과 「기이」편(紀異篇) 전체 및 끝머리의 가락국기(駕洛國記)에 대한 분석은 일연의 역사의식과 국가 및 사회에 대한 관심과는 어떠한 관계에 있는지를 구체적으로 밝혀보고자 하는 것이다.

## 2. 일연의 생애와 저술활동

일연은 1206년(고려 21대 희종(熙宗) 2년) 최충헌이 집권하던 시기에 경주의 속현(屬縣)인 장산군(章山郡)에서 태어났다. 그의 출생지는 오늘날의 행정구역으로는 경산시 상대리 삼성산 기슭이다. 속성은 김(金)이었으며, 그의 처음 이름은 견명(見明)이고, 자(字)는 회연(晦然)이었다. 일연이라는 이름은 그의 만년에 쓴 것으로 보인다. 아버지 김언필(金彦弼)이 좌복야(左僕射)를 추증 받고 어머니 이씨가 낙랑군부인(樂浪郡夫人)으로 봉해진 것으로 보아, 집안은 이 지역 독서층(讀書層)이거나 또는 향리층(鄕吏層)에 속했던 것으로 파악된다.1)

그는 처음에는 단지 공부를 하기 위해 9세에 해양(海陽) 무량사(無量寺)에 가서 취학(就學)하였다가, 승려로서 정식 입문한 것은 14세에 설악산 진전사(陳田寺)의 대웅장로(大雄長老)에게서 구족계(具足戒)를 받은 때부터였다. 진전사를 통해 가지산문에 입산한 이후부터 일연은 불학에 정진하였으며, 선림(禪林)과 강원(講院)을 편력(遍歷)하며 수행의 연마(鍊磨)를 다하니, 모두들 '구산사선지수(九山四選之首)'라고 칭송하였다. 최고 고시인 선불장(選佛場)에서 상상과(上上科)에 합격한 22세 이후, 현풍(玄風) 비슬산(琵瑟山) 즉 포산(包山)의 보당암(寶幢庵), 묘문암(妙門庵), 무주암(無住庵)으로 이전하면서 오랫동안 심존선관(心存禪觀)을 수행했다. 32세에 활연유오(豁然有悟)하였고, 그 해에 삼중대사(三重大師)의 법위(法位)를 받고 계속하여 41세에 선사(禪師)가 되었다.2)

44세 되던 1249년에는 정안(鄭晏)이 결사(結社)한 남해의 정림사(定林寺)로 옮겨 이를 주재했다. 보각국존비(普覺國尊碑)에도 "기유년(己酉年)에 상국 정안이 남해의 개인집을 내놓고 정림사라 하여

---

1) 일연의 생애에 대한 기록으로는 그의 이적 5년 후인 1295년(충렬왕 21) 밀직사 閔漬가 왕명에 의해 지은 高麗國 華山 曹溪宗 麟角寺迦智山下普覺國尊碑 서가 있다. 이것이 오늘날 일연의 생애를 알 수 있는 유일한 기록이다.

2) 고려시대의 승과는 선중과 교종으로 구분해서 실시하였는데 선종법계는 대덕, 대사, 중대사, 삼중대사, 선사, 대선사이고, 교종법계는 대덕, 대사, 중대사, 삼중대사, 수좌, 승통이다.

스님을 청해 주지로 삼았다."[3]고 기록되어 있다. 정림사는 그의 일생에 있어서 매우 중요한 의미를 지니는 곳이다. 그가 최초로 주지생활을 한 곳일 뿐만 아니라, 당시 몽고의 침략을 받고 있던 고려조정이 전란 극복을 위해 시작한 대장경조판불사(大藏經彫版佛事)가 이루어졌을 것으로 믿어지는 장소이기 때문이다. 특히 이때 그는 정안의 대장경 간행에 적극적인 도움을 주었으리라 생각된다.[4] 이즈음에 정안이 일연을 초청한 연유는 잘 알 수 없다. 아무튼 이 시기 일연의 행적은 가지산문이 최씨 정권과 연결되는 계기를 만들었다는 점과 1251년에 완성된 대장경조판 중 남해분사(南海分司)에서의 작업에 일연과 그의 문도들이 참여한 것이 아닌가 하는 점들을 말해준다. 이 당시에 수선사(修禪社)와의 사상적 교류를 맺는 계기를 마련하였다는 점에서 의의가 깊다.[5]

54세에 대선사가 된 일연은 다시금 56세에 왕명을 받아 수도 송악으로 올라와 선월사(禪月社) 주지로 있으면서 목우화상(牧牛和尙) 지눌(知訥)의 법맥을 계승하였다. 그 후 3년 후인 59세에는 다시 남쪽으로 내려와 오어사(吾魚寺)에 머물며 인홍사(仁弘社)를 열고 불경을 강론하니 학도가 운집하며 성황을 이루었다. 63세 되던 원종 9년(1268)에 조지(朝旨)를 받아 선교명덕(禪敎名德) 100명이 모인 운해사(雲海寺) 대장낙성회(大藏落成會)를 열어 지도할 때 중심적 역할을 하게 되었다. 인홍사를 주재하기 11년 만에 그는 인흥사(仁興寺)로 중신(重新)하고, 또 포산(包山) 용천사(湧泉寺)를 중건하여

---

3) 「高麗國義興花山 曹溪宗 麟角寺迦智山下普覺國尊碑幷序」
"己酉鄭相國 晏拾南海私第爲社曰定林請師王之"

4) 申奭鎬,「르포-일연의 자취를 찾아」, 『WIN』 2, 중앙일보사, 1997, p.276.

5) 蔡尙植, 「일연-시대상황과 삶의 궤적」, 『한국문화와 역사인물탐구』, 한국정신문화연구원, 경산시청, 2001, p. 129.

불일사(佛日社)로 삼기도 했다.[6] 이 시기는 정치사적으로 최씨정권이 전면 붕괴되고 강화도 정부가 몽고에 항복함으로써 몽고와 화해의 분위기로 접어든 때이다. 이때 원종이 즉위하면서 선월사(禪月社)에 일연을 초청한 것은 정치적 차원에서 불교계를 재편하기 위한 조처의 일환이었다.

중앙정계와 직접 연결됨에 따라 이를 바탕으로 일연은 경상도의 여러 사찰에 주석하면서 가지산문(迦智山門)의 재건에 힘을 썼다. 1268년에 왕명에 의해 운해사에서 선교종의 명덕을 모아 대장낙성회를 주관한 것은 단적인 예이다. 특히 이 기간 중에 인흥사에 머물면서 『삼국유사』를 찬술하기 위한 예비 작업으로서 『역대연표(歷代年表)』를 간행한 점은 주목된다.[7]

득오(得悟)의 경지가 무애(無礙)하였을 72세에는 다시 칙조(勅詔)를 받아 운문사(雲門寺) 주지로 취임했다. 76세 되던 충렬왕 7년에는 동정(東征)으로 인해 경주에 온 왕의 부름을 받아 행재(行在)에 갔다. 이때 그는 뇌물로써 승직(僧職)을 구하거나 취처(娶妻)한 승려들의 타락상과 몽고의 병화로 불타버린 황룡사(皇龍寺)의 참혹한 모습을 직접 목격했다.[8] 이러한 그의 체험은 『삼국유사』에 나타나는 그의 역사의식에 많은 영향을 미쳤을 것임에 틀림없다.[9]

---

6) 「普覺國尊碑并序」
"朝旨集禪敎名德一百負大藏落成會於雲海寺
讀主盟書讀金文夜讀宗趣諸家所 師皆剖釋如流
精義人神故無不敬服師住仁弘寺十一年是社創……
宸書題額以賜之又於包山東 重葺湧泉寺爲佛日社"

7) 蔡尙植, 「앞의 논문」, 2001, p.130.

8) 『三國遺事』 卷3, 皇龍寺丈六尊 및 皇龍寺九層塔條.

9) 金相鉉, 「三國遺事에 나타난 一然의 佛敎史觀」, 『三國遺事硏究論選集』 (1), 백산자료원, 1986, p.242.

충렬왕은 일연이 77세 때(1282, 충렬왕 8년)인 해에 그를 궐하(闕下)로 맞이하고 대전(大殿)에서 선법문(禪法門)을 열어 설법을 청하기도 하면서 광명사(廣明寺)에 머물게 하였다. 그 이듬해에는 일연이 석문대덕(釋門大德)임을 공인하는 징표로 조정에서는 그를 국존(國尊)으로 책봉하고 원경충조(圓徑冲照)라는 호를 내렸다. 이때 그는 왕에게 선(禪)을 설(說)했고, 또 왕과 신하로부터 구의례(摳衣禮)를 받을 정도로 존경을 받았다 그러나 그는 본래 대궐의 생활을 즐겨하지 않았고, 또 노모의 봉양을 위해서라도 대궐에서 물러나야 했다.

79세 때인 1284년에 노모가 돌아가시자, 조정에서는 인각사(麟角寺)를 수즙(修葺)하고 전토 100여 경을 주어 일연으로 하여금 여기에 머물게 했다. 그가 여기에서 구산문도회(九山門都會)를 두 번이나 여니, 그 성황은 근고에 보기 드물었다고 한다. 일연은 80세가 넘는 나이가 되었어도 총명함이 조금도 쇠약하지 않았고, 후학의 교육에도 게으르지 않았다. 일연의 비문을 지은 민지(閔漬)는 그가 지덕(至德)과 진자(眞慈)를 갖추지 않았던들 어느 누구가 이와 같겠는가 하고 탄복해 마지않았다.[10] 그 후 그는 충렬왕 15년(1289) 7월에 인각사에서 돌아가니, 세수(世壽) 84세요, 법랍(法臘) 71세이었다. 시호는 보각(普角), 탑호(塔號)는 정조(精照)라고 하였다.

일연은 일생을 마칠 때까지 비록 자질이 영매(英邁)하기도 했지만 또한 박람강기(博覽强記)에 부지런하였다. 선도(禪道)에 정진하면서도 장경(藏經)의 편람(遍覽)에 힘썼다. 따라서 제가장소(諸家章疏)를 궁구하고 심지어 유가 경서 같은 외학(外學)도 널리 섭렵하

10) 「普覺國尊碑幷序」
"年及耄期聰明 不少衰敎人不倦非至德…眞慈孰能如是乎 龍劍之來也"

여 백가의 제설을 널리 통달하였다. 일연은 불도에 몸담은 이래로 50년간 법도(法道)에 있어서 항상 선두적 위치에 있었고, 때문에 그가 머물던 곳마다 모두들 다투어 따르며 경모(景慕)하면서 오직 그 문하에 참여하지 못하는 것을 부끄럽게 생각하였다고 비문은 전한다.[11] 이런 사료들은 일연이 당대의 석학임을 나타내 주는 것이다.

여하튼 일연은 국존이 된 이후 인각사에 머물면서 2회에 걸쳐 구산문도회를 개최하였는데, 이는 가지산문이 선종계 나아가서 전 불교계의 교권을 장악한 것임을 보여준다. 그리고 이 시기에 일연은 본격적으로 『삼국유사』를 찬술하기도 하였다. 일연은 선사이면서도 교학(教學)쪽에 많은 노력을 기울였다.[12] 「일연비문(一然碑文)」에 "선림(禪林)과 교회(教誨)를 모두 삼켰다."는 평가를 볼 때, 그는 수선(修禪)만을 고집하는 인물은 아니었다. 이는 「일연비음(一然碑陰)」에서 그를 가리켜 "화상의 문풍(門風)은 광대함을 모두 갖추어 헤아릴 수 없다."라고 표현한 것과 맥락이 닿는다. 그의 이와 같은 학문적 노력은 『삼국유사』에 인용된 수많은 서명을 통해서도 짐작되는 바이다.

그러나 현존하는 스님의 저술은 『삼국유사』 이외에 『중편조동오위(重編曹洞五位)』(고종 43년, 1256) 단 일종뿐이며, 일연 연구에 가장 긴요한 자료라고 볼 수 있는 비문조차 원본이 남아 있지

---

11) 「普覺國尊碑幷序」
"又於禪悅之餘再閱藏經窮究諸家章疎涉
儒書兼百家而隨方利物妙用縱橫凡五十年問爲
法道稱首隨所住處皆景慕惟而未參堂下爲耻"

12) 「普覺國尊碑幷序」
"禪說之餘再閱藏經窮究諸家章疏旁涉儒書
兼貫百家"

않아 일연 연구는 크게 진전되지 못하고 있는 실정이다. 남해 시절에 저술한 『중편조동오위』는 중국불교의 한 종파인 조동종(曹洞宗)의 교리를 설명하고 있다. 이 책이 국내에는 전해지지 않고 있었는데, 1970년대 중반 민영규 전 연세대 사학과 교수가 일본의 대학 도서관에서 발견해 그 존재가 세상에 알려졌다. 이 책의 서문에는 "쉰하나 되던 해 윤산(輪山) 길상암(吉祥庵)에 주석하면서 한가한 시간을 얻어 평소 꿈꾸어오던 일을 해낼 수 있었다."는 내용이 적혀 있다. 윤산은 남해의 옛 지명이고, 쉰하나면 일연이 정림사에 간 지 7년째 되던 해이다.13)

특히 일연이 『조동오위(曹洞五位)』를 중편하고 『조정사원(祖庭事苑)』과 『조파도(祖派圖)』를 편수한 것은 당시 대표적인 선사상으로 풍미하던 간화선(看話禪)을 중심축으로 하여 여러 갈래의 선사상을 융합하고 조화시키려는 의도로 이해된다. 이런 일연의 사상적인 경향은 그가 20대의 수학기를 지낸 비슬산(琵瑟山)의 사상적 경향과 관련되는 것이다. 역대로 다양한 불교신앙의 자취가 남아있던 비슬산에서 감수성이 예민한 20대의 수학기를 보낸 일연은 직접적이든 간접적이든 다양한 신앙경험을 할 수 있는 분위기 속에서 상기와 같은 저서들이 나올 수 있는 배경이 형성될 수 있었다.14)

일연의 남해시절에서 또 하나 빠뜨릴 수 없는 것은 일연과 대장경 간행과의 관련 여부이다. 그것은 일연과 정안(鄭晏)과의 관계를 통해서 알 수 있다. 정안은 일연이 수선사와 사상적 교류를 맺는 계기를 만들어 주었을 뿐만 아니라, 그가 대장경 조판에 참여하게

13) 申奭鎬, 「앞의 논문」, 1997, p.278.
14) 蔡尙植, 「一然의 生涯와 沙門像」, 『WIN』 2, 중앙일보사, 1997, p.255.

해준 인물이다. 일연은 1249년에 정안의 초정으로 남해 정림사의 주지직을 맡게 되는데, 이때의 남해행이 대장경 보유판 간행을 위한 목적하에 이루어진 것이다. 정안은 남해분사대장도감(南海分司大藏都監)이라는 기구를 관장하면서 고려대장경 판각작업을 이끌던 인물이었다. 그리고 일연은 『대장수지록(大藏須知錄)』이라는 저술을 남길 정도로 대장경에 대한 깊은 관심을 가지고 있었으며, 1268년에는 대대적으로 개최된 대장경 낙성법회를 주관하기도 하였다. 아울러 『삼국유사』에도 대장경 관련 기사가 상당수 수록되어 있음이 확인된다.15)

일연은 이때의 경험으로 판각과 인쇄에 대한 지식을 습득할 수 있었다. 이 지식이 그가 뒤에 『삼국유사』를 비롯한 저술작업을 하는데 큰 도움이 된 것은 물론이다. 다시 말하자면, 정안은 일연에게 저술가로서의 기반을 마련해 준 인물이다. 「보각국존비병서(普覺國尊碑并序)」에는 일연의 저서로서 『어록(語錄)』 2권과 『게송잡저(偈頌雜著)』 3권이 있으며, 편수한 책으로는 『중편조동오위』 2권, 『조도』 2권, 『대장수지록』 3권, 『제승법수(諸乘法數)』 7권, 『조정사원』 30권 그리고 『선문염송사원(禪門拈訟事苑)』 30권 등 100여 권이 세상에 나와 있다고 소개하고 있다.16)

다음에는 일연의 이들 저서 중의 하나인 『삼국유사』와 다른 사서들을 중심으로 하여 일연의 역사인식을 검토하고, 일연의 사상 중 역사학적 관점이 차지하는 비중을 고찰해 보고자 한다.

---

15) 金相永, 「一然禪師硏究 어디까지 왔나」, 『WIN』 2, p.271.

16) 「普覺國尊碑并序」
"師之所著有語錄二卷 偈頌雜著三卷 其所編修有
重編曹洞五位二卷 祖圖二卷 大藏須知錄三卷
諸乘法數七卷 祖庭事苑三十卷 禪門拈訟事苑三十卷
等 百餘卷行于世"

## 3. 일연의 역사학 인식 검토

### 1) 『삼국유사』와 타 역사서의 찬술 의의

『삼국유사』의 간행연대는 확실히 알 길이 없으나, 대체로 충렬왕 8년 전후 즉 서기 1281~1283년으로 보는 것이 통설이다. 이때의 일연의 나이는 70대 후반부터 84세에 입적하기까지 주로 만년이다. 『삼국유사』는 5권으로서, 그 구성은 왕력(王歷), 기이(紀異), 흥법(興法), 탑상(塔像), 의해(義解), 신주(神呪), 감통(感通), 피은(避隱), 효선(孝善) 등 9편목으로 되어 있다. 그렇다고 5권 9편 144항목으로 구성된 『삼국유사』가 삼국의 역사 전반에 관한 사서로 편찬된 것은 아니다.

우선 『삼국유사』에는 단군신화(檀君神話)를 비롯한 많은 신화와 전설이 수록되어 있다. 실로 『삼국유사』는 우리의 신화와 원형적 옛 전설의 모습을 알게 하는 유일한 책으로 가위 설화문학의 보고라 할 만하다. 게다가 이 땅 최고의 정형시가인 향가(鄕歌) 14수(首)가 실려 있어, 균여전(均如傳)에 전하는 11수와 함께 주옥같은 가치를 지니고 있으니, 국문학 관계로는 사서(史書) 이상의 귀한 보전(寶典)이 되고 있다. 수록한 향가의 수는 비록 많은 것이 못되지만 향가를 집대성한 책으로 알려진 삼대목(三代目)이 전하지 않는 지금, 『삼국유사』의 문학사적 가치는 실로 절대적이라 할 수 있을 것이다.

그밖에도 『삼국사기』에는 빠졌거나 또는 고의로 빼버린 많은 사실들이 수록되어 있다. 불교에 관한 풍부한 자료와 신앙, 사상, 민속, 일화 등 다방면에 걸친 내용은 모두가 귀중한 자료가 되고 있다. 물론 저자가 사관이 아닌 승려의 신분으로 이 같은 책을 저술함에 있어, 더러는 인용서(引用書)와 그 내용이 같지 않은 것도 있고, 잘못 전해져 오는 것을 그대로 수집하여 수록한 것도 없지 않지만, 이는 어디까지나 이 책 자체가 그 서명이 말하듯이 일사유문적(逸事遺聞的)인 것이기 때문에 따르는 불가피한 것이라 하겠다.17)

그러면 13세기에 저술된 『삼국유사』가 나오게 된 고려의 문화적 배경을 볼 것 같으면, 예종(睿宗) 이후로 유학을 숭상하였고 문학을 장려하여 궁중에 청연각(淸讌閣), 천장각(天章閣), 서적소(書籍所), 집현전(集賢殿) 등을 두었고, 또 한편으로는 간판(刊板)의 기술이 발전하고 그 교정이 성행하여 고려 때에 『책부원귀(冊府元龜)』나 『자치통감(資治通鑑)』 같은 큰 책들이 교감(校勘)되기도 하였다. 드디어 활자의 이용을 통하여 고종 21년(1234)에는 『상정예문(詳定禮文)』을 주자(鑄字)로서 간행하고, 고종 23년(1236)에는 재조대장경(再雕大藏經)이 기공된 후 완성을 보고 그 후에는 파한집(破閑集)이 간행되니, 이는 다 『삼국유사』 찬성(撰成) 전후에 속하는 일로, 그 당시 고려의 문화력(文化力)을 상징하여 주는 구체적인 사례들인 것이다.18)

이런 상황에서 활동한 일연은 고려사회가 이민족인 몽고의 복속하에 들어가게 되는 시점에 중앙정계 실력자의 후원에 힘입어 화려하게 각광받고 불승으로서는 최고 승직자의 길을 걷게 되었다. 그러나 이민족인 몽고에 복속된 현실이 가져온 백성들의 고통과 참담한 사회상황은 일연으로 하여금 사상적인 전환을 하지 않을 수 없게 하였고, 그 결과 그가 귀착한 세계는 현세구원적(現世救援的) 관음신앙(觀音信仰)의 표방과 백성의 삶을 역사서의

17) 이민수 옮김, 『삼국유사』 해제, 을유문화사, 1999.

18) 崔南善 편, 『三國遺事』 해제, 서문문화사, 1999, p.54.

형태로 승화시킨 『삼국유사』의 찬술로 나타난 것이다. 이것이 곧 시대상황이 빚어낸 역사가로서의 일연과 선승으로서의 일연이 만난 합치점이었다. 『삼국유사』는 13세기 후반의 민족적인 모순이 극대화되었을 때 나온 시대적 산물로써, 일연을 필두로 한 당시 불교계의 사상적인 흐름과 불교지식인들의 역사인식을 보여주는 것이라 할 수 있다.[19] 그리고 그들의 사상 중에서 역사학은 중요한 비중을 차지하고 있음을 알 수 있게 해주는 것이다.

『삼국유사』를 그 이름만으로 본다면, 신라, 고구려, 백제 삼국에 관한 정사(正史)에 기록되지 아니한 유사(遺事)를 기록하였다는 의미의 책제로 이해될 것이다. 그러나 그 내용을 보면, 거기에는 권두에 고조선(古朝鮮), 위만조선(衛滿朝鮮), 삼한(三韓), 이부사군(二府四郡), 낙랑국(樂浪國), 남북대방(南北帶方), 말갈(靺鞨), 발해(渤海), 오가야(五伽耶), 북부여(北夫餘), 동부여(東夫餘) 등을 취급하고, 특히 고조선과 부여, 고구려, 백제의 왕실 등이 모두 단군과 그 아들 동명왕(東明王)의 혈통에 속하는 것이라고 강조하였다.

「왕력」편에서는 삼국과 더불어 '낙(洛)'을 첨가하여 삼국 못지않게 가야가 중요함을 역설하고 있다. 그리고 삼한을 고조선의 유민으로 형성되었다고 하였다. 이것은 삼국의 원초 출발을 밝히려고 함과 그 혈통의 같음과 또 만주의 구강(舊疆)이 원래 우리에게 속하였던 것을 그때의 고려 사람과 후세의 동족에게 전하고자 하는 의도에서 나온 구상이다. 고려의 국명이 고구려를 답습한 것과 서경(西京, 평양)을 재건하여 거란(契丹)과 금(金)의 세력과 다투어가면서 북방진출을 꾀하여 상당한 성과를 얻은 것으로 보아, 고려의 북진사상(北進思想)과 그에 따르는 동족사상(同族思

19) 蔡相植, 「앞의 논문」, 2001, p.143.

想)의 고취를 추측할 수 있으니, 지식계층 사이의 이러한 사상이 『삼국유사』의 민족사 구성의 범위에도 이렇게 반영된 것이다.[20]

또한 일연이 『삼국유사』 전편을 통해 강조한 신이(神異)는 민족의 자주성(自主性)과 문화의 우위성(優位性)을 내세우고자 한 것이다. 이는 외세의 압박에 대항하여 그를 극복할 수 있는 새로운 힘의 원천이 자기전통이라는 강한 확신에서 나온 것이었다. 다시 말하면, 몽고와의 30여 년에 걸친 항쟁의 소용돌이에서 일반인들에게 민족자존의식과 현실구원적인 신념을 일깨워주기 위한 사상적인 흐름이 일연으로 하여금 『삼국유사』를 저술케 한 것으로 평가된다.

그러면 일연이 『삼국유사』를 찬술한 기반을 구체적으로 살펴보기로 하자. 충렬왕 4년(1278) 인흥사(仁興社)에서 간행한 것으로 현재 해인사 사간판(寺刊板)으로 소장된 『역대연표』가 이 문제에 관한 중요한 실마리를 던져주고 있다. 일연이 인흥사에 머문 시기에 만든 『역대연표』를 매개로 하여, 일연의 사상적 경향과 『삼국유사』의 찬술기반을 살펴볼 수 있다.

『역대연표』는 중국과 그 주변 민족에 의해 건설된 여러 나라의 역대 왕명과 연호(年號)를 정리하여 수록하였고, 그 말미에 신라, 고구려, 백제, 고려의 순서로 왕명과 재위연수(在位年數)를 밝히고 우리나라의 연호를 부기하고 있다. 『역대연표』를 『삼국유사』의 찬술을 위한 것으로 볼 수 있는 직접적인 근거는 없지만, 일반적인 연표의 성격과 『역대연표』의 내용을 고려할 때, 『역대연표』는 『삼국유사』의 선행 작업으로 이루어진 것이다. 본 자료의 작업기간은 우리나라의 역대 왕명과 그 재위연수를 기록한 부분을 참고한다면,

20) 孫晉泰, 「三國遺事의 社會史的 考察」, 『삼국유사연구논선집』(1), p.55.

충렬왕 즉위년(1274)에서 충렬왕 4년(1278) 사이임을 알 수 있다.

그리고 본 자료와 『삼국사기』 및 『삼국유사』와의 관계는 삼국의 역대 왕명과 재위연수를 기록한 부분에서 판명할 수 있다. 본 자료에서 삼국에 관한 부분은 『삼국사기』 연표의 기재방식을 따르고 있다. 이 사실을 『삼국유사』의 찬술과 관련지어 해석한다면, 본 자료는 『삼국유사』의 선행 작업으로써 삼국에 해당되는 부분은 일단 『삼국사기』를 저본으로 하여 정리한 것으로 헤아려진다. 이는 『역대연표』가 『삼국사기』 연표만을 따랐기 때문에 가야에 대한 일체의 언급이 없었던 사실과도 관련된다. 이에 비해 본 자료를 연표로 이용하여 찬술한 『삼국유사』에서는 「왕력」편의 독립항목으로 '가락국'을 설정한다든가, 또는 「가락국기」를 독립된 자료로 수록하여 보충하고 있다. 한편, 본 자료가 『삼국유사』를 찬술하기 위한 선행 작업이었다는 중요한 근거는 무엇보다도 『삼국유사』 「왕력」편의 기재양식이 일치한다는 점이다.

비록 삼국에 관한 연표 내용은 『삼국사기』를 따랐다고 하더라도 본 자료의 간행을 계기로 일연과 그의 문도들은 『역대연표』 측의 많은 자료를 입수·정리하고 『삼국사기』에서 소홀하게 다룬 내용을 보완하여 『삼국유사』의 찬술에 임했을 것으로 보인다.[21]

이어서 쉰다섯 살 되던 경신년에 일연은 남해 정림사에서 『중편조동오위』 2권을 완성하였다. 일연에게 있어 이 저작은 『삼국유사』와 더불어 쌍벽을 이룰 만큼 중요한 내용을 담고 있다. 책 이름은 일연의 비문에 저술목록으로만 잠깐 보일 뿐이고, 어떤 계기로 언제 지어졌는지에 관해서는 아무런 소식이 없다. 실물마저 전하지 않아 영원히 미궁에 빠질 뻔했던 이 의문은 다행히도

---

21) 蔡相植, 「앞의 논문」, 2001, pp.137~138.

그 중간본이 지난 1970년대 중반 일본 경도대학교 도서관에서 발견되어 해석의 실마리를 얻었다.[22)]

이 책의 서문에서 일연은 쉰하나 되던 해 윤산(輪山)의 길상암에 주석하여 한가한 시간을 얻자 평소 꿈꾸어오던 일을 했다고 적고 있다. 책은 그로부터 5년 후인 일연의 나이 55세에 완성하였다. 윤산은 지금 경상도 남해의 옛 이름이다. 44세에 남해로 갔던 일연의 거처는 본디 이 지역의 유지 정안이 마련해준 정림사였다. 그런데 모종의 정치적 사건에 휘말려 정안이 유배를 당하고 급기야 목숨까지 잃자, 그가 개인적으로 내놓았던 이 절 또한 같은 정치적 운명에 처하게 되었다. 일연이 한가한 시간을 얻었다고 말한 이면에는 이 사건과 결부되어 주지의 직분을 내놓고 작은 암자로 옮겼다는 뜻이 포함되어 있다. 그런데 '평소 꿈꾸어오던 일'이라는 구절이 의미심장하다. 비록 선종사(禪宗史)의 중요한 일면을 차지한다고 한들 자신의 산문(山門)과 상관없는 책을 편찬하고자 하는 그의 뜻은 깊은 의미가 있는 것이다.

『중편조동오위』를 완성한 다음해에, 그 비문에는 그 해의 사실을 다음과 같이 기록하고 있다.

> 중통(中統) 신유년, 임금의 부름을 받고 강화 서울로 가서 선월사(禪月寺)에 주석하고 개당(開堂)하여 멀리 목우화상(牧牛和尙)을 이었다.[23)]

---

22) 閔泳珪, 「一然重編曹洞五位重印序」, 『四川講壇』, 又半, 1994, p.84.

23) 「普覺國尊碑幷序」
"中統辛酉承詔赴京住 禪月社開堂逢 司牧牛和
尙 至元元年秋累請南還寓居魚社余幾仁弘社主
萬恢讓師主席學侶雲臻"

신유년이라면 바로 원종 2년이었다. 이 사료에서 주목하고자 하는 것은 '멀리 목우화상을 이었다'는 대목이다. 목우화상이라면 수선사(修禪社)의 개창자 지눌(知訥)이다.

13세기 들어 지눌은 퇴락해가는 고려불교를 일신하고자 청년 불자들을 중심으로 수선사를 만들고 결사운동을 벌였다. 거기에는 혜심(慧諶), 몽여(夢如)로 이어지는 괄목상대할 계승자들이 줄을 이었다. 수선사는 특히 대몽항쟁 기간 중 승병들을 조직하고 운용하는데 혁혁한 공을 세우기도 하는 등 당대 최고의 불교세력으로 발전하였다. 그들은 권력의 후원을 받아가면서 타락할 대로 타락한 고려불교를 혁신하였을 뿐만 아니라, 불교사적으로 중세 이후의 정신사(精神史)를 이끌어간 그룹이었다.

그런데 일연이 그 같은 목우화상 곧 지눌을 이었다는 것이다. 이는 제자가 되어 그 반열에 들었음을 의미한다. 그러나 지눌은 도윤(道允)이 강원도 영월의 법흥사에서 연 사자산문(獅子山門) 출신이니 일연의 산문과 부닥친다. 50대 초반에 일어난 이러한 일을 해석해 보는 일은 일연의 사상적 성향을 가름하는 중요한 열쇠가 된다.

13세기 이 시대의 시대상은 한 마디로 파탄과 혼란 그 자체였다. 나라의 체모는 흐트러지고 백성의 안위는 백척간두에 서있었거니와, 그것은 한두 가지 문제점을 개선하는 것으로 해결될 성질의 일이 아니었다. 모든 기존의 질서는 타의에 의해서든 자의에 의해서든 무너져버린 다음이었다. 새롭게 서야 할 질서, 그것을 일연은 불교 안에서 보았던 것이다.

선종의 형성과정에서 산문을 따지는 일은 중요했고 일정한 룰이 형성된 다음 그것은 관성적으로 이어지고 있었다. 그런데 혁신적 과업이 눈앞에 보이는 현실에서 그것은 어디까지나 방편에 불과할 뿐 본질(本質)은 아니었다. 본질의 문제 그 앞에서 일연은 기존의 방편(方便)을 부수고 있었다. 새로운 시대상을 창출한다는 명제 앞에서 다른 산문의 경전을 해석하는 일이나 다른 산문의 고승을 스승으로 삼는 일이 그리 큰 문제는 아니었다. 오히려 거기에 가르침의 본질이 있다면 가서 배워야 하고 그 업적을 널리 현창하여야 하는 일이다. 여기서 우리는 『중편조동오위』를 편찬하면서 '평소에 꿈꾸어오던 일'이라고 한 말의 맥락을 잡을 수 있다. 본질 앞에서 방편은 수정되어야만 한다. 이것이 '멀리 목우화상을 이었다'는 말의 함의(含意)인 것이다.[24]

이 시대의 현실적 과업으로서 현실구원적인 신념을 확립하는 것은 무조건 격식을 따르는 것이 아니라 본질을 추구하여 사회를 일신하는데 있었으며, 그런 신념을 일깨워주기 위한 방편으로 『삼국유사』와 더불어 『중편조동오위』를 찬술한 것이다. 편(偏), 정(正)에 각각 군(君), 신(臣)이 배대(配對)되어 군신의 예(例)에 따라 오위(五位)의 뜻을 설하기도 한 『조동오위』를 중편한 일연의 선사상(禪思想) 속에는 국가와 정치에 대한 의식이 작용할 가능성을 충분히 찾을 수 있다.

그러면 다음으로는 『삼국유사』 찬술에 영향을 준 사서(史書)와 인물을 검토해 보기로 한다. 일연과 같은 시대의 신진사인(新進士人) 이규보(李奎報 : 1168~1241)는 저 고구려 창국(創國)의 영웅 동명왕의 사적을 읊으면서 "천하로 하여금 우리나라가 본래 성인(聖人)의 도읍(都邑)임을 알게 하려 함이라."[25]고 강조한 사실을

24) 고운기, 『일연과 삼국유사의 시대』, 도서출판 월인, 2001, pp.31~35.
25) 『東國李相國全集』 卷3, 「東明王篇序」.

우리는 눈여겨볼 필요가 있다. 자국의 역사전통에 대한 강렬한 자부의식의 체현을 나타내려 한 것이다. 문신·무인을 막론하고 사회와 백성으로부터 유리된 독선적인 귀족정권의 파벌적인 체질과는 달리, 이들 고려후기의 신흥지식층은 보다 넓은 국가적 차원의 민족의식과 자기의 역사전통에 대한 긍정의 새로운 인식을 체득하고 있었던 것이다.

『삼국유사』는 곧 이러한 의식의 전승에서 빚어진 산물이었다. 그러나 그것은 단순한 전승에서가 아니라 흉포한 몽고를 상대로 한 30년 민족의 대항전 속에서 더욱 발전적으로 심화되고, 마침내 뿌리칠 수 없게 된 이민족의 압제라는 현실의 제약 아래서 신흥의 고려 조계종(曹溪宗)과 일체 관계에 있던 선승 일연의 손을 빌어 민족의 역사에 관한 일대 서사(敍事)를 낳게 한 것이었다고 생각한다.[26)]

이와 같이 일연의 『삼국유사』 찬술에는 이규보의 『동명왕편(東明王篇)』에서 역점을 두고 있는 자국사(自國史) 차원의 민족의식과 역사전통에 대한 긍정의 새로운 인식인 정체성과 주체성의 발로 즉 신진사류들의 의식과 영향이 전해져 있었던 것이다. 이와 같은 의식의 전파는 이승휴가 쓴 『제왕운기』에도 영향을 주었을 것이고, 여말선초의 여러 저서에도 파급되었을 것이다.

### 2) 「왕력」편(王歷篇)과 「기이」편(紀異篇)에 나타난 역사인식

『삼국유사』의 편목은 왕력(王歷) 이하 9개로 구성되어 있다. 왕력(王歷), 기이(紀異), 흥법(興法), 탑상(塔像), 의해(義解), 신주(神呪), 감

---

26) 金泰永, 「三國遺事에 보이는 一然의 歷史認識에 대하여」, 『삼국유사연구논선집』(1), 백산자료원, pp.183~185.

통(感通), 피은(避隱), 효선(孝善)이 그것이다.[27] 『삼국유사』의 전체적인 구성을 본다면, 연대기로서 「왕력」, 준역사서로서 「기이」, 불교문화사적 관점에서 당대인의 삶을 기록한 「흥법」 이하의 여러 편으로 삼대분해 볼 수 있다. 여기서 「왕력」은 『삼국유사』 전체의 기반이 되는 부분이고, 「기이」는 양적으로도 역사자료의 가치를 충분히 가지고 있다. 「왕력」은 신라 시조로부터 고려 태조에 이르기까지 삼국과 가락국, 후고구려, 후백제의 왕대력(王代歷)을 중국 역대 왕조의 그것과 비교하여 도시(圖示)한 것이다.

생각하기에 따라서는 서두의 「왕력」과 「기이」편은 당시 불교적 신이(神異)가 전개된 시간(時間)과 공간(空間)의 배경을 제시한 것으로 볼 수 있다. 물론 「왕력」편은 왕족의 신분과 지위계승, 혼인, 가족 및 친족제도 등 최상층 사회의 조직을 보여주는 유일한 당시의 고문서이다. 그래서 우리는 「왕력」편을 읽고 왕족의 혼인체계와 왕위의 계승원리를 이해할 수 있고, 여러 가지 학설을 거치기는 하였으나 신라의 왕위가 부계사회(父系社會)의 원리에 의하여 계승되었다는 것도 규명할 수 있었다.[28]

따라서 「왕력」편은 단순한 『삼국유사』의 부록이 아니라 일연이 의도적으로 하나의 편으로 편찬한 것이었다. 그리고 그것은 단순한 역(歷)이 아니라 구체적인 사실들을 적은 것이었다. 구체적인 사실들은 어느 한 자료에 전적으로 의존한 것이기보다는 일연이 여러 자료를 참고하여 필요하다고 생각한 사실들을 취사선택한 것이라고 봄이 오히려 타당하다. 그런데 그 선택의 기준

---

27) 『三國遺事』는 모두 5권으로 다음과 같은 체제로 되어 있다. 제1권 「왕력(王歷)」 제1, 紀異 제1, 제2권 紀異 제2, 제3권 興法 제3, 感通 제4, 제4권 義解 제5, 제5권 神呪 제6, 感通 제7, 避隱 제8, 孝善 제9

28) 金宅圭, 「三國遺事의 社會·民族誌的 價値」, 『삼국유사연구논선집』(1), pp.570~571.

은 왕조사관(王朝史觀)에 입각한 것이어서 국가와 국왕 중심의 사실들을 기록하게 되었다.

간단히 말해서, 왕의 이름과 부모(父母), 비(妃)에 관한 기사, 즉위한 연도, 치세의 횟수, 능의 위치 등 국왕과 관계되는 기사가 「왕력」편의 절대적인 비중을 차지하고 있다. 국호나 국도(國都) 및 축성(築城) 그리고 연호, 시대구분 등은 국가와 직접 관계되며, 결국은 국왕과도 연결되는 사항이다. 율령(律令)과 대외관계도 이에 준한다고 하겠다. 결국 「왕력」편은 강한 왕조사관에 입각해서 편찬된 것이라고 할 수 있다. 이러한 점에서 역시 국가와 국왕 중심으로 우리나라 고대사의 체계화를 시도한 「기이」편과 그 궤를 같이 하는 것이라고 할 수 있다. 다만, 「기이」편은 신이사(神異史)를 중심으로 편찬했으므로 현실적 역사적 사실을 중심으로 편찬한 「왕력」편과 서로 다르며 결국은 상호 보완관계에 있다고 할 수 있다.[29)]

「왕력」편이 『삼국유사』의 맨 처음에 나오는 것은 일연의 사상 중 국가와 정치의 근본에 대한 의식을 중시 여기는 역사학 인식의 핵심을 강조한 것에 기인한 발상이라고 할 수 있다. 「왕력」편의 기재방식을 보면, 표의 맨 상단에 중국 연대가 적혀 있다. 즉 중국의 국명과 왕명, 그 왕대의 연호명, 그 연호가 시작된 간지명(干支名) 그리고 그 연호가 지속된 연수(年數)가 적혀 있다. 「왕력」편의 본문에 해당되는 부분은 처음 4단으로 구분하여 신라, 고려(고구려), 백제, 가락국(가야)을 각기 배당하였다. 이것은 건국의 연대가 빠른 것부터 해서 늦은 것의 순서대로 배정한 것이다. 통일신라시대는 1단으로 되어 있는데, 여기에는 발해를 위한 단을 만들지 않았다. 후삼국시대가 되면 다시 3단으로 구분하여, 후고구려와 후백

29) 李基白, 「三國遺事 王歷篇의 檢討」, 『삼국유사연구논선집』(1), p.150.

제를 신라와 함께 각기 한 단에 배정하였다.

이와 같이 「왕력」은 크게 국가를 중심으로 짜여있음을 알 수 있다. 그리고 한 단을 이루는 한 국가의 기사는 국왕을 중심으로 짜여있다. 따라서 「왕력」편의 기재방식은 한 마디로 왕조 중심으로 되어 있다고 할 수 있다.

「왕력」편에 기재된 구체적인 사항을 보면, 우선 한 행을 메우는 대자(大字)로 적은 것들이 주목된다. 그러한 것으로는 첫 번째의 각 단을 표시하는 신라, 고려, 백제, 가락국, 후고구려, 후백제 등의 국명이다. 다음으로는 각 나라의 왕명이 있는데, 이것은 '제일혁거세(第一赫居世)', '제이남해차차웅(第二南解次次雄)', '제삼노례(第三弩禮) 혹은 노니질금(弩尼叱今)' 하는 식으로 대수(代數)가 반드시 적혀 있다. 그 다음으로는 건원(建元), 개국(開國), 대창(大昌), 홍제(鴻濟), 대화(大和)라는 신라의 연호가 있다.[30] 고구려와 백제에도 연호가 있는데, 그것이 하나도 적혀있지 않은 것은 『삼국사기』의 연표와 같다. 그리고 나라가 망했을 때의 '국제(國除)'라는 기록과 이와 대등한 고려의 후삼국 통일을 표시한 '통삼(統三)'이라는 기록이 있다. 이같이 대자(大字)로 적힌 사항들은 모두 왕조 중심으로 엮어진 연표에서 골격이 되는 사실들이며, 여기에 이 「왕력」편의 특징이 잘 나타나 있다고 하겠다.

대자로 적힌 사항들 중에서 가장 중요한 것은 왕명(王名)이라 하겠는데, 왕들에 대하여는 많은 부가적인 설명이 첨가되어 있다. 그리고는 그 왕의 부와 모, 비를 적고 있다. 모와 비의 경우

30) 建元은 법흥왕 때에 처음으로 쓴 신라의 연호이다. 開國의 연호는 뒤이어 진흥왕 때 쓰인 것이다. 이 밖에는 후고구려의 궁예가 虎(武)泰라는 연호를 설치했다고 하였으나 大字로 적어 넣지 않았다.

에는 그 이름을 물론 적었지만, 또한 이름과 성도 기입하였다. 이 왕모와 왕비에 관한 기록은 신라에 있어서는 퍽 충실한 편이나, 고구려나 백제의 경우에는 극히 소홀하다. 이어 왕이 즉위한 해(간지)와 치세의 연수를 적고 있다. 그리고 때로는 왕릉의 위치를 적어 놓기도 하였다. 이 같이 역대의 국왕과 직접적으로 관계되는 기록들이 「왕력」편 내용의 절대적인 부분을 차지하고 있는데, 이로써 이 편의 특징을 짐작할 수 있다.[31]

다음으로는 「왕력」편을 저술하는데 일연이 사용한 자료가 무엇이었는가를 살펴보아야 하겠다. 이에 대하여는 이미 최남선의 견해가 제시되어 있다. 일찍이 최남선은 「왕력」이란 것이 대개 최치원의 『제왕연대력(帝王年代歷)』을 절작(節酌)하여 만들고 편명도 이 책이름을 간단히 하여 사용했을 것이라고 하였다.[32] 『제왕연대력』은 분명히 연표이었을 것으로 생각되므로 이러한 추측은 무시할 수 없을 것이다. 그러나 이 견해는 막연한 추측일 뿐, 이를 뒷받침해줄 만한 논거는 거의 없다.

『제왕연대력』에 대해서는 『삼국사기』의 사론(史論) 중에 "신라 말의 명유(名儒) 최치원은 『제왕연대력』을 지을 때 모두 모왕(某王)이라 칭하고 거서간(居西干) 등의 칭호는 말하지 아니하였다. 혹시 그 말이 야비하여 족히 칭할만한 것이 못 된다는 뜻일까?"[33]라고 한 것이 유일한 언급이다. 김부식은 이 책을 보았겠지만 "신라의 사실을 기록함에 있어 방언(方言)을 그대로 두는 것도 좋을 것"이라고 하면서, 최치원이 모왕이라고 한 것을 그대로

---

31) 李基白, 「앞의 논문」, 1986, pp.146~147.

32) 崔南善, 「三國遺事解題」, 『新訂三國遺事』, 民衆書館, 1927, p.23.

33) 『三國史記』 卷4, 新羅本紀, 智證麻立干 元年條. "羅末名儒崔致遠 作帝王年代曆 皆稱某王 不言居西干等 豈以其言鄙野不足稱也"

따르지 않았다. 『삼국유사』 제2 남해왕조에는 앞에서 인용한 바 『삼국사기』의 사론을 그대로 옮겨놓고 있다.

『제왕연대력』이 전해지지 않는 현재로서는 이 책의 체제나 성격을 구체적으로 알 수 없다. 다만, 이것이 왕호(王號)와 세기 그리고 각 시대의 대사(大事)들을 기록한 연대기적인 책이었을 것임은 그 책이름으로 보아 짐작되는 일이다. 그런데 최치원이 이 책에서 거서간 등의 칭호 대신 모두 모왕이라는 칭호로 통일했던 것만은 확실하고 이것은 중요한 특징이기도 하다. 그런데 「왕력」에는 차차웅(次次雄), 니질금(尼叱今), 마립간(麻立干) 등의 칭호를 그대로 사용하고 있다. 「왕력」에서 거서간 등의 칭호를 그대로 사용했음은 「왕력」이 『제왕연대력』의 축소판이 아니라는 사실을 알게 해주는 첫 번째의 근거이다.

또한 「왕력」에서는 1013년에 완성된 『책부원귀』가 인용되고 신라왕력 원성왕(元聖王) 조(條)에 "陵在鵠寺 今崇福寺也 有致遠所撰碑"라는 구절이 있는 것 등을 주목할 필요가 있다. 「왕력」을 『제왕연대력』의 축약 정도로 생각할 수 없게 해주는 또 하나의 중요한 근거가 되기 때문이다. 그리고 「왕력」에는 고려시대에 사용된 지명이 보인다. 금주(金州)와 동주(東州) 등이 그것이다. 이 또한 「왕력」이 『제왕연대력』을 축소한 것이 아니라, 고려 이후에 쓰여진 것을 알게 해준다.

이상에서 지적한 것을 염두에 둘 때, 「왕력」이 『제왕연대력』을 크게 의지하였거나 아니면 그것을 축약한 것이라는 종래의 견해는 그 설득력이 약하다고 할 수밖에 없다. 『제왕연대력』이 전해지지 않는 현재로서는 「왕력」과의 관련성을 논하기가 어려울 뿐만 아니라, 이 같은 노력은 별 의미도 없다고 생각한다.[34]

지금껏 우리는 일연이 『제왕연대력』과 같은 어떤 하나의 연표에 전적으로 의존하여 부록과 같이 「왕력」편을 작성했을 것이라는 고정관념에 너무 집착해온 것이 아닌가 한다. 『제왕연대력』 같은 연표류뿐만 아니라 여러 자료를 참고해서 일연 자신이 「왕력」편을 새로 작성했을 가능성이 대단히 큰 것이다.

「왕력」편에서 문제가 되는 것은 상이한 기록이 많이 있다는 점이다. 예를 들면, 재위연수를 산출하는 방법의 차이, 신라에서 시호(諡號)를 사용한 시기나 마립간(麻立干)이라는 칭호를 사용한 시기의 차이, 백제 무강왕(武康王)의 존부(存否)에 관한 차이 등은 결코 우연한 착오만으로 돌리기에는 문제가 있다. 분명 「왕력」과 「제편(諸篇)」 사이의 괴리는 『삼국유사』의 일관성을 의심하게 해준다. 이 같은 사실은 「왕력」이 일연 등 여러 사람에 의해 쓰였거나 뒷사람들이 추가하는 과정에서 잘못 기입하는 등 여러 가능성을 제시해주기 때문에 더 구체적인 연구를 수행해야 할 것이다.

「왕력」편은 『삼국유사』 전체 중에서 특이한 성격을 지닌 부분이다. 다른 여덟 편이 문장으로 되어 있는데 비해서 「왕력」편은 연표로 되어 있는 것이다.

결국 「왕력」편은 『삼국유사』의 정당한 한 편(篇)이자 전체를 이해시킬 수 있는 총론으로서, 이 편에 대한 연구는 일연의 사상 중 역사학적 인식이 차지하는 중요성을 알 수 있게 해주는 민족사의 시공간(視空間)의 압축표(壓縮表)임을 나타낸 것이다.

이번에는 「기이」편에 관해서 알아보도록 하겠다. 「기이」편은 고조선부터 후삼국까지 우리 민족사의 주요한 왕조의 흥망과 그에 주

---

34) 金相鉉, 「三國遺事 王歷篇 檢討」, 『삼국유사연구논선집』(1), pp.325~326.

동적 역할을 한 인물들에 대한 내용을 담고 있다. 3의 「흥법」편에서 9의 「효선」편까지는 모두 불교의 홍포(弘布)와 승려의 행적에 관한 기록이다. 이러한 『삼국유사』의 체제를 고려해 본다면, 「왕력」편과 「기이」편은 우리 민족역사에 관한 기록이고, 「흥법」편 이하의 제편(諸篇)은 모두 불교의 승려에 관한 기록이니, 그 체제는 사관의 손으로 쓴 정사체의 『삼국사기』와는 근본적으로 다르다.

『삼국유사』는 불교 승려에 관계된 기록 이외에 민족역사에 관계된 기록인 「기이」편이 권두에 실려 있다. 이것은 일연이 『삼국유사』의 저술목적을 단적으로 나타낸 것이라 할 수 있다. 또한 『삼국유사』는 인용범위가 중국측 기록보다는 본국의 고문서와 민간기록을 많이 이용하여 민족기원의 원형 보존에 주력한 경향이 나타나고, 논지의 전개에 있어서도 의문처에는 반드시 소주(小註)를 달아 그 출전(出典)을 인증(引證)하는 등 다분히 자기의 주관적인 논단을 배제한 객관적인 선택을 취하고 있다.[35] 따라서 「왕력(王歷)」과 「기이편(紀異篇)」은 그러한 불교적 신이(新異)가 전개된 시간과 공간의 배경을 제시한 것으로도 볼 수 있겠다.

『삼국유사』 전체 중에서 내용의 양을 보면, 「왕력」과 「기이」가 거의 절반을 차지하고 있다. 즉, 『삼국유사』 전편에 담긴 내용은 국가사회에 관한 것과 종교사회에 관한 것이 대등한 비중을 차지하고 있다. 이렇게 볼 때, 「왕력」과 「기이」 두 편이 나라와 권력에 대한 기술이라면, 「기이」의 일부와 권3 · 4 · 5의 흥법 이하의 여러 편은 백성의 생활과 문화에 대한 기록이라 할 수 있다. 더구나 양자는 혼융(渾融)의 일원적인 사안(史眼)으로 파악되고 있음이 특징이라 할 만하다.

---

35) 李載浩, 「三國遺事에 나타난 民族自主意識」, 『삼국유사연구논선집』(1), p.502.

「기이」편은 다소 불교적인 번안이 있기는 하나, 삼국시대 각 왕조의 특색과 사회에 대한 기술이다. 일견 전부가 불교적인 설화로 생각되는 흥법 이하의 7편도 자세히 읽어보면 불교적으로 번안 혹은 윤색되기 이전의 우리 상고사회의 생활과 문화를 살필 수 있도록 기술되어 있다.[36] 그러므로 「기이」편에서는 한국 고대사의 정치, 경제, 군사, 외교에 관한 자료를 찾아낼 수 있고, 그 이하의 편에서는 상고시대의 문화와 사회에 관한 사료를 많이 볼 수 있다.

「기이」편은 우선 신이(神異)한 일들을 적어 놓았다. 고구려와 백제 · 신라 삼국의 시조가 신이하게 출현했다고 해서 하등 이상한 일이 아니라는 것이다. 이로써 「기이」라는 편명이 곧 '신이를 기록한다.'는 뜻이라는 것이 명백하다.[37] 그리고 그 신이한 일들을 일정한 체계 속에서 서술하였는데, 그 체계란 국가의 체계와 국왕의 체계였다. 말할 것도 없이, 서문에서 밝힌 취지는 대체로 「기이」편 전체를 관통하고 있다. 그 전형적인 예가 고조선조(古朝鮮條)라 할 수 있다.

고조선조는 단군(檀君)의 건국신화(建國神話)이다. 일연 자신은 이것이 신이의 이야기라고 해서 역사에서 제외될 수 없다고 주장하였다. 그 주장이 이것을 그대로 믿을 수가 있다고 한 뜻이든 혹은 다른 뜻이든 간에 신이의 세계인 것에는 변함이 없다. 이 단군신화가 문장으로 된 『삼국유사』의 첫 편인 「기이」의 첫 조항으로 되어 있는데, 고조선의 시조 이외에 북부여나 동부여를 비롯해서 고구려와 백제 · 신라 등의 건국신화도 모두 단군의 경우와 그 궤

36) 金宅圭, 「三國遺事의 社會 · 民族誌的 價値」, 『삼국유사 연구논선집』(1), p.566.
37) 李基白, 「三國遺事의 史學史的 意義」, 『창작과 비평』, 1976 가을호, p.42.

를 같이하고 있다. 그러므로 "삼국의 시조가 모두 신이한데서 나왔다는 것이 무엇이 괴이하겠는가."38)라고 한 바와 같이, 삼국을 위시한 모든 건국신화는 전하는 대로 기록하였음을 알 수 있다.

이밖에는 신이한 일이라고 할 수 없는 대목들도 있다. 이서국조(伊西國條)와 오가야조(五伽耶條)는 신이사(神異事)가 아닌 일반적인 역사기록으로 일관하고 있음을 볼 수 있다. 그것은 일연이 「기이」편에서 우리나라 고대사의 체계를 갖추고자 한 의도에서 기인한 일이라고 생각한다. 즉 「기이」편은 그저 무슨 일이건 신이한 일이라면 그리고 그것이 『삼국사기』에 빠졌다면 무조건 모아놓은 그런 잡다한 내용구성이 아니다. 일연은 그가 구상한 고대사의 체계에 합치하는 신이사와 기타 사실들을 모두 수록하고자 하였던 것이다.

그러나 일연이 「기이」편에서 역점을 두어 저술한 분야는 『삼국사기』가 유교적(儒敎的)인 합리주의의 역사서술방식에 의하여 우리나라 상고시대의 신화적 전설을 주관적으로 생략 혹은 개서한 것에 대하여, 자신은 어디까지나 신정시대(神政時代)의 신화와 전설을 원형 그대로 보존 기술했음을 강조한 쪽이었다. 이와 같은 건국의 신화적 전설을 원형 그대로 보존 전승시키려는 그의 노력은 김부식(1075~1151)보다 약 90여 년 이후의 일이다. 일연보다 약 40여 년 이전에는 이규보도 그의 명저 『동명왕편』에서 김부식 등이 수사관(修史官)의 처지에서 수사의 원칙에 입각하여 동명왕의 건국설화를 자의로 삭제 개서한 것을 비판하고는 자기는 이러한 건국신적(建國神跡)을 원형 그대로 기술한다고 하였다.

---

38) 『三國遺事』 紀異 第1, "然則三國之始祖 皆發乎神異 何足怪哉 此紀異之所以漸諸篇也 意在斯焉"

무엇보다도 「기이」편의 맨 첫머리에, 단군왕검이 중국의 상고시대 요제(堯帝)와 거의 같은 시기에 건국했다는 사실을 중국측 기록인 『위서(魏書)』와 본국측 기록인 『고기(古記)』를 다같이 인용하여 밝혔다. 특히 『고기』를 인용한 부분에서는 단군의 건국신화를 원형 그대로 상세히 기술하였는데, 단군은 요제가 즉위한지 오십 년 만에 평양성에 도읍을 정하고 비로소 국호를 조선(朝鮮)이라 일컬었다고 했으니, 이는 우리나라의 건국기원이 중국과 같이 오래되었음을 내세운 것이다. 그리고 서문(敍文)에서는 고려인으로서의 주체성과 기술자(記述者)로서의 객관적인 태도를 명백히 하였다. 한 마디로 우리의 역사와 문화를 중국과 대등한 위치에 두고 서술하고 있는 것이다. 이것은 단순히 「기이」편에 대한 저자의 의도라고만 볼 일이 아니다. 『삼국유사』 전편에 흐르고 있는 우리 고유의 생활양식이나 가치관에 대한 일연의 의식이며 기술 태도라고 생각해도 무방할 것이다.

그러면 일연은 「기이」편에서 어떠한 체계를 구상하고 있었는가. 그것은 고조선(단군조선)으로부터 신라말기와 후삼국에 이르기까지의 국가사(國家史)를 엮는 것이었다고 생각한다. 『삼국유사』의 책이름에 '삼국'이 붙은 것은 고구려 · 백제 · 신라의 삼국에 관한 기사가 서술의 대종을 이루고 있기 때문이었을 것이다. 그러나 이 기록은 삼국에 국한된 것이 아니다. 실로 단군의 고조선 이래의 역사를 모두 포함하고 있다. 「기이」편에 수록된 국가사의 범위를 살펴보면, 맨 처음의 고조선을 필두로 그 다음에 위만조선, 마한, 진한, 변한, 발해, 오가야, 북부여, 동부여, 고구려, 신라, 백제, 가락국 등으로, 각국의 건국시말을 차례로 기술하였다. 특히 신라에 대해서는 시조 혁거세왕으로부터 말왕 경순왕에 이르기까지의 사실을 그 중요한 부분만 간추려서 차례대로 기술하였다.

일연은 「기이」편에서 우리의 역사범위 내에 삼한과 삼국, 가야는 물론이고 북부여와 동부여, 발해, 말갈까지도 포함시켜 그 민족적 한계를 훨씬 넓혔으며, 특히 낙랑국이라는 조항을 설정하여 고대 한(漢)의 낙랑군 땅에 낙랑국이 존재하였던 것을 입증하고자 하였다. 북방대조에서도 그것이 전한대(前漢代)에는 한의 대방군에 속했으나 후에 국(國)으로 잠칭(潛稱) 독립하였고, 삼한은 고조선의 유민으로 형성되었다고 하였다. 이것은 삼국의 원초출발을 밝히려 함과 그 혈통이 공동함과 발전의 계기성, 또 만주의 구강(舊疆)이 원래 우리에 속하였던 것임을 당시의 고려 사람과 후세의 동족에게 전하고자 하는 의도에서 나온 구상이었다.

「기이」편의 편차(編次)에 이러한 범위를 설정한 것은 저자의 의도가 단군을 우리 민족의 건국시조로 삼고, 남북의 여러 부족국가와 고구려·백제·신라 등 세 왕국을 모두 단군의 후예인 동일민족이란 개념과 발전의 전개도를 총괄한 것이라 인정된다. 이것이 『삼국유사』의 하나의 중요한 특징을 이루고 있다는 것은 다 아는 사실이다.

최초의 국가인 고조선을 건국한 단군은 천손(天孫)이었다. 고대의 여러 나라를 건국한 제왕들이 천제(天帝)의 자손으로 되어 있는 예는 『삼국유사』에 허다하게 나오고 있다. 가령 북부여를 건국한 해모수(解慕漱)는 천제의 아들로 되어 있다.[39] 고구려의 시조 고주몽(高朱蒙)도 또한 스스로 천제의 아들이라 칭하였다고 한다.[40] 이것은 일연이 한국사의 기원을 천(天)과 직결시켜 생각해

---

39) 『三國遺事』 北扶餘. “古記云 前漢書宣帝神爵三年壬戌四月八日 天帝降于訖升 骨城 乘五龍車 立都稱王, 國號北扶餘, 自稱名 解慕漱”

온 전통적인 역사관을 존중하여 그 전승을 보존하고자 한 것이라고 할 수 있다. 그리고 이렇게 함으로써 한국사를 자주적인 입장에서 이해하고자 한 것이었다.[41]

그런데 『삼국유사』의 역사서술 범위의 한 특징으로는 국가에 있어서는 고조선(단국조선) 이래 후삼국까지 다루고 있으나 국왕은 거의 전적으로 신라의 왕을 중심으로 기록하였다는 사실이다.[42] 그리고 개창국의 시조들뿐만 아니라 그 수성(守成)의 군왕 나아가서 일반서민의 일에 이르기까지 서술대상의 다양한 층위를 보이고 있으나, 「기이」에서 「효선」에 이르는 전편의 서사는 기본적으로 신이(神異)의 바탕위에서 전개하고 있다. 승(僧)·속(俗)을 막론하고 소박하나마 민족의식에 충만하였던 이들 고려후기의 신흥계층에게 있어서, 자국의 역사 속의 신이에 대한 이해와 인식이 거의 공통적이었다는 사실은 무엇을 말하는 것일까? 이들은 이 신이한 사실들이야말로 자국의 역사를 전개시켜온 큰 추진력이었다고 인식하였음에 틀림없을 것 같다. 그리고 이러한 인식은 보다 더 외세의 압제에 대한 민족적인 저항의식의 소산이었을 것으로 보인다. 현실의 합리적인 물리력으로서는 감당하기 어려운 강포한 외세에 대한 민족적 저항의식과 극복하고자 하는 강렬한 욕구는 이들로 하여금 자국의 역사속의 신이한 힘에 대한 새로운 인식에 도달케 한 것이라고 생각한다.

또한 「기이」편에는 우리 문화의 모태를 보려는 외교문화에 물들지 않은 한국의 기층문화를 기술하고 있다. 일연은 특히 우리

---

40) 『三國遺事』 高句麗. "我是天帝子河伯孫 今日逃遁 追者垂及 奈何"

41) 李基白, 「三國遺事 紀異篇의 考察」, 『삼국유사연구논선집』(1), p.127~128.

42) 백제의 무왕이 유일한 예외이다. 고구려, 백제, 후백제의 건국주들에 관한 이야기는 이를 국왕이 아니라 국가의 역사에 넣어야 할 것이다.

의 언어문화에 깊은 애착을 가지고 기술한 듯하다. 강역(疆域)과 민족의 형성을 기술한 내용에서 언어권(言語圈)을 유추할 수 있는 것이다. 민족의 강역과 혈통에 못지않은 자생적 문화에 대한 애착이라 할 것이다. 오늘날 구체적으로 신라의 언어와 문자를 알 수 있는 자료로는 『삼국유사』 소재 14편의 향가와 곳곳에 실린 인명 · 지명 · 들명 등의 향찰(鄕札) 그리고 승 균여(均如)의 보현십원가(普賢十願歌), 그 밖의 몇몇 지리지뿐임을 생각할 때, 일연의 모국어에 대한 애정에 새삼 놀라와진다.

「왕력」편이 『삼국유사』 전체를 이해시킬 수 있는 총론으로서 민족사의 시공간의 골격임을 상징하는 연대기라고 한다면, 「기이」편은 고조선과 삼국 및 기타 왕조들의 특색과 사회와 문화에 대한 기술로서 민족사 전개의 구체적인 사실들을 묘사한 각론에 해당하는 역사서라고 할 수 있다. 이 「기이」편은 양적으로도 역사자료의 가치를 충분히 가지고 있지만, 기술방식이나 역사관에서 『삼국사기』와 다른 질적인 측면이 우리의 관심을 더욱 끈다. 그 서문에서 밝힌 바, 우리에게 근원이 되는 나라와 왕들을 비롯하여 기이한 이야기처럼 들릴지 모르는 신이를 굳이 수록하겠다는 것, 그래서 단군신화가 처음으로 사서상에 기록되었다는 사실만으로도 더 이상 강조할 필요 없는 가치를 가지고 있다.

여기에서 더욱 눈여겨 볼 사실은 조목조목을 한 왕과 그 왕대의 특징적 사건 하나를 묶는 식으로 기술해 나간 점이다.[43] 그것은 『삼국유사』가 정식 역사서의 굴레를 뒤집어쓰고 있지 않았기 때문에 가능했지만, 한 왕대에 여러 가지 복잡한 사건이 얽혀 있다고는 하여도 그것을 특징적인 사건 하나로 집약하여 정

---

43) 예를 들어 "김알지탈해왕대", "내물왕김제상", "효수왕대죽지랑"과 같은 것이다.

리해주는 이러한 방식은 사건의 흐름을 일목요연하게 짚어보게 하고 저자의 분명한 역사관 또한 찾아볼 수 있으니, 다행스러운 일이 아닐 수 없다.[44]

어쨌든 일연이 『삼국유사』 「기이」편에서 지적하였듯이, 제왕이 일어날 때 받게 되는 '부명(符命)과 도록(圖籙)'을 지배적 권력을 정당화, 합리화시켜 주는 카리스마라는 주장이 있고, 카리스마의 변혁적 기능과 사명을 준거로 역사를 인식함으로써 고려사회의 자기모순과 외세의 침입으로부터 겪는 현실적 고뇌를 극복할 수 있는 새로운 힘을 지닌 카리스마를 기대하는 역사인식의 원리는 일연의 의식에 전제되어 있었다. 당시 현실의 상황으로부터 받는 압력을 일연이 이와 같은 자기준거적 전략을 통해 극복하고 새로운 가능성의 지평을 탐색하려는 의도가 「기이」편에 흐르고 있는 것이다.

### 3) 「가락국기(駕洛國記)」와 금관성파사석탑조(金官城婆娑石塔條) 등에 나타난 역사인식

「가락국기」는 『삼국사기』보다 약 70년 전인 고려 문종 30년(1075)에 당시 금주지사(金州知事) 김양감(金良鑑)이 왕명에 의하여 엮은 비문(碑文)이다.[45] 이 비문은 수로왕 사묘(祠廟)에 전승하는 소전(所傳) 등 '향전(鄕傳)'에 주로 의거하여 엮었기 때문에, 수식(修飾)된 부분이 많다. 그러나 이것 이외의 사료가 현존하지 않고 있는 오늘날에 있어서는 가장 신빙할 수 있는 것이므로 신중하게 다룬다면 거기에서 많은 역사적인 사실들을 이끌어낼 수 있다.

---

44) 고운기, 『일연과 삼국유사의 시대』, 도서출판 월인, 2001, p.42.
45) 洪淳昶, 「金官國의 世系에 대하여」, 『三國遺事研究』 上, 영남대학교출판부, 1983, p.37.

「가락국기」가 일연이 아닌 김양감에 의해 찬술된 것을 수록한 것임은 다음과 같은 근거에 의해서도 추론할 수 있다. 우선 「가락국기」의 순서가 후백제 다음인데도 그 제목은 서명으로 되어 있다는 점을 들 수 있다. 또 다른 하나는 그 분량이 지나치게 많다는 점인데, 「기이」편 전체와 비교하여 확실히 균형을 상실하고 있다. 수로왕설화 이외에도 거등왕(居登王)으로부터 구형왕(仇衡王)에 이르기까지 상세히 기술하고 있는데, 이는 일연이 장산군(章山郡 : 慶北 慶山郡) 출신으로 그 지방의 운문사나 인각사 주지로 있으면서 각종 신사료(新史料)를 입수할 수 있었기 때문으로 생각되며, 여기에 그 자신의 향토애와 역사의식이 강하게 작용하였을 것 같다.

반면에, 『삼국사기』에는 가야의 역사와 왕계(王系)가 생략되어 있다. 그 요인은 김부식 이하 편찬자들이 가야를 신라에 통합된 하나의 지방 부족국가로 간주하였기 때문에, 의도적이라기보다는 일정한 주관을 가지고 그에 맞는 사료를 선택하고 또 그에 맞도록 개필하는 과정에서 산략(刪略)하였다는 데에서 찾을 수 있다.

「기이」편에 수록된 각국, 즉 고조선(왕검조선), 위만조선, 마한 이부(馬韓二府), 칩십이국, 낙랑국, 북남대방, 발해, 오가야, 북부여, 동부여, 고구려, 변한, 백제, 진한, 신라시조 혁거세 왕의 각조는 고대의 우리 민족의 거주권(居住圈)과 문화권(文化圈)을 망라한 것이다. 특히 북방뿐만 아니라 남으로 가야제국을 의식하여 「가락국기」를 요약 전개하였음은 그의 뚜렷한 강역관 및 역사의식의 표현으로 생각된다. 요약하면, 여기에는 일연의 한민족에 대한 민족관과 강역관이 관류(貫流)하고 있다고 할 수 있다.[46] 일연이 그

---

46) 金宅圭, 「앞의 논문」, 1986, p.558.

린 민족과 한문화의 판도는 고조선을 중심으로 고대국가 형성기까지의 한문화(韓文化)의 원사(原史), 원문화(原文化)에 유의하여, 북으로는 흑룡강 유역에서 만리장성의 동북쪽에까지 미친 동북아세아의 여러 문화[47]에서, 남으로는 가락국을 남한(南限)으로 일본문화까지 내다보고 있다. 일연은 「왕력」과 「기이」에서 삼국의 원초 출발과 그 혈통의 공동함 및 만주의 구강이 원래 우리의 것임을 밝혔다면, 「가락국기」에서는 우리 역사 무대의 남쪽 하한선과 영향선을 명시하였던 것이다. 이 점은 『역대연표』나 『삼국사기』의 내용상의 한계를 극복하고자 한 역사인식에서 발로한 것으로, 일연과 그의 문도들은 우리측의 많은 자료를 입수하여 정리하고, 특히 양 사서에서 빠진 내용을 독립된 항목으로 편성하여 「왕력」편에 가락국을 설정한다든가 또는 「가락국기」를 독립된 자료로 수록하여 보충하였던 것이다.

「가락국기」는 문학을 통한 민족의 주체성 확립과도 연관이 있다. 그 처음 부분에는 적어도 가락의 백성들이 어떻게 천신맞이를 하였는가에 대하여 말하고 있는데, 그 천신맞이에 어울릴 노래가 구지가(龜旨歌)이다.[48] 가락국에서 천신맞이를 할 때 부른 가락이 곧 구지가인 것이다.

이에 관한 내용을 살펴보면, 촌인 2, 3백 인이 동작(動作), 도무(蹈舞)와 아울러 주사(呪詞)로 엮어진 구지가를 불러 발원을 해서 마침내 대왕을 맞이하기에 이르렀으니, 이가 바로 수로왕이었

---

47) 『三國遺事』 紀異 第1, 靺鞨 渤海. “黑水 沃沮 按東坡指掌圖 辰韓之北 有南北黑水… 指掌圖 黑水在長城北 沃沮在長城南”

48) 『三國遺事』 卷第2, 駕洛國記. “儞等須掘峯頂撮土 歌之云龜何龜何 首其現也 若不現也 燔灼而喫也 以之蹈舞 則是迎大王歡喜踴躍之也 九干等如其言 咸忻而歌舞 未幾 仰而觀之 唯紫繩自天垂而着地”

다. 이 때 2, 3백인의 집단은 "歡喜踊躍 咸忻而歌舞"라고 한 구절처럼, 다들 기뻐서 춤을 추며 노래하였다. 이 '앙신군가(仰神君歌)'인 구지가는 너무나 유명하여 국문학사상에서도 많이 거론되는 이야기다. 이 가요는 웅대한 민족인 한 집단부족의 일대 서사문학이라고 할 수 있다.

따라서 한국 상고시대의 다른 여러 사회에도 천신맞이 굿이 있었고 거기에 가락이 수반되었다고 할 때, 그 가락은 이 구지가에서 멀지 않았으리라고 추정해볼 수 있다. 그러나 천신맞이 굿에서의 가락은 한두 마디의 짧은 노래로 불렸으리라 생각되지 않는다. 보다 더 장편의 노래로 불렸을 것이다.

천신맞이 굿은 신이 그의 출현을 알리는 신탁(神託)이라 보고 있다. 구지가는 그 신탁의 일부이다. 신탁대로 백성들이 시행함으로써 비로소 신은 그들 앞에 모습을 드러내었다. 신탁에서 신의 출현까지로 일단락되는 얘기에서, 구지가는 시종 결정적인 구실을 다하고 있다. 얘기의 서두가 그 노래로 시작되어 있을 뿐 아니라, 결말인 신의 출현 또한 그 노래로 이루어져 있다. 이러한 사실은 그 노래가 단독으로 불린 것이 아니라, 그 줄거리를 이야기와 함께 노래로 한 것임을 암시해 주고 있다. 노래 없이는 얘기 줄거리가 이루어질 수 없다 함은 노래가 얘기 줄거리 속에 별도로 첨가된 것이 아니라, 처음부터 그 얘기 줄거리 속에 내재된 부분이 있다는 것을 의미한다. 구지가는 얘기 줄거리로 엮어져 있다. 이것은 구지가가 노래로 불렸을 때 구지가만 따로 노래로 불린 것이 아니라는 가능성에 대해 시사해 주고 있다. 구지가가 노래로 불렸다는 것은 의심할 여지가 없다.

구지가는 신맞이 굿의 핵이다. 구지가를 부르는 것은 장차 나타날 신이 자신의 출현의 전제조건으로 스스로 요구한 것이다. 따라서 구지가가 얘기 줄거리와 함께 노래로 불렸다는 것은 천신맞이 굿에서 구지가에 내포하고 있는 신의 얘기가 구송(口誦) 되었다는 것을 의미한다. 이것이 바로 상고시대 천신맞이 굿에 수반되었던 가(歌)의 모습이다. 그것은 결코 단편적인 노래 그 자체로서 불린 것만을 의미하지 않는다. 삼국시대의 제례에 수반된 가무(歌舞)도 이 「가락국기」의 가무와 크게 다르지 않다. 제천의식에서 구송된 신화는 무엇보다도 구전문학의 한 장르인 것이다. 상고대의 어느 한 때에 신화가 비롯되면서 우리 문학의 출발점을 이루는데 구지가가 기여하여 민족문화의 창조적 원천으로 살아 움직이게 되었다.49)

구지가에서 천신맞이의 특징적인 또 다른 사실은 가락의 국민들이 구지봉(龜旨峯)에 모여 합심하여 수로왕을 맞는다는 점이다. 절대다수의 지지를 얻는다는 것은 두말할 나위 없이 중론(衆論)의 형성을 의미한다는 것이다. 구지가상의 백성들의 환성은 신의 뜻에 대한 민의의 대변이라 하겠다. 이러한 민의는 신이 내린 무한한 힘을 갖추어서 쇠라도 녹인다고 수로부인조(水路夫人條)에 기록되어 있다.

대체적으로 문학의 전범을 중국에서 배워오고 그것을 답습하는데 그치는 당시의 풍토에서, 구지가 같은 우리의 고유한 이야기를 우리의 눈으로 바라보고 형상화한다는 것은 매우 중요한 변화였다. 이는 일연이 구지가라는 민족문학을 통하여 민족의 주체성과 정체성을 확립하려고 시도하였음을 알게 해주는 일이다.

단, 『삼국유사』 「왕력」이나 「가락국기」를 사료로 취급하고자

49) 윤석효, 『신편가야사』, 혜안, 1997, pp.119~120.

할 때는 다음과 같은 점에 주의를 요한다. 「왕력」편 중에는 가락국 왕력이 들어있고, 「기이」편 끝부분에는 「가락국기」를 수록해 놓았다. 그런데 가락국 왕력과 「가락국기」의 내용을 비교 검토해 보면, 이 두 기록사이에는 서로 다른 내용이 있음을 발견하게 된다.[50] 이것은 『삼국유사』의 편찬과정에서 보강·첨입 혹은 축약한 사례가 적지 않기 때문에, 이런 내용들이 존재하고 있는 것이다. 그 가운데는 단순히 연대를 지시하는 간지 등을 첨가한 경우도 있고, 혹은 일연 당대의 전승이나 견문 그리고 자신의 지식에 근거한 고증 따위가 다 포함될 수 있다. 그밖에도 판각이나 그것을 다시 복각하는 과정에서 파생한 결함도 없지는 않을 것이다. 그러므로 일연에 관한 연구자들은 가락국 왕력과 「가락국기」의 독특한 내용을 직접 사료로 취급하고자 할 경우에는 전후의 문맥을 통하여 사실을 파악하고, 기록에 차이가 있을 때는 그것이 오인의 결과인지 자료의 상이함 때문인지를 가려낼 수 있도록 주의를 기울여야 한다.

이러한 시각에서 「가락국기」를 통한 일연의 역사인식을 구체적으로 검토해 보기로 하겠다. 일연은 「가락국기」를 『삼국유사』에 첨가하여, 「왕력」을 통해서 삼국뿐만 아니라 가락이 함께 존재하였음을 밝힘과 동시에, 구체적인 가락국 즉 가야국의 역사전개를 밝힐 것을 기도하였다. 우선 「가락국기」에 가락국 즉 금관가야(金官伽耶)의 초기 정치제도의 일단을 고찰해 볼 수 있는 자료가 전하고 있기에, 이를 통해서 단편적이나마 가야국의 중앙정

50) 제2대 거등왕의 경우 「왕력」에서는 "기묘(199)에 즉위하여 55년 동안 다스렸다."고 했다. 가락국기에서는 "건안 4년 기묘(199) 3월 13일, 왕위에 올라 나라를 다스리기 39년인 가평 5년 계유(253) 9월 17일에 세상을 떠났다."고 했다. 이런 양편의 기록상의 차이가 몇 군데서 파악된다.

치조직을 살펴보도록 하겠다.

> 하루는 수로왕이 신하들에게 말하기를, "구간(九干)들이 다 백료(百僚)의 장이거늘 직위와 명칭이 모두 소인(小人)이나 농부의 이름이니 고귀한 관의 이름이 되지 못한다. 만일 외국 사람이 듣는다면 반드시 웃음거리가 될 것이다."라고 하였다. 이리하여 아도(我刀)를 고쳐 아궁(我躬)이라 하고, 여도(汝刀)를 여해(汝諧), 피도(彼刀)를 오상(五常)이라 하고, 유수(留水)와 유천(留天)의 이름은 윗글자를 그대로 두고 아랫 글자만 고쳐서 유공(留功) 유덕(留德)이라 하고, 신천(神天)을 고쳐서 신도(神道), 오천(五天)을 고쳐서 오능(五能)이라 했다. 신귀(新鬼)의 음은 바꾸지 않고 그 훈만 신귀(臣貴)라고 고쳤다. 계림의 직제를 취해서 각간(角干) 아질간(阿叱干) 급간(級干)의 품계를 두고, 그 아래의 관리는 주나라의 법과 한나라의 제도를 나누어 정하니, 이것은 옛것을 고쳐서 새것을 취하고 관직을 나누어 설치하는 방법이다.[51]

위 사료에서 구간은 신라의 육촌장(六村長)과 같은 초기 가락국을 형성하는 씨족장(氏族長)으로 이해되어 왔다. 이러한 구간의 명칭 변개는 이들 아홉 씨족집단이 수로왕을 중심으로 국가를 형성하면서 나타난 정치적 변혁의 결과였을 것이다. 특히 구간의 구명(舊名)이 '소인야부지호(宵人(小人)野夫之號)'여서 이를 고친다는 것은 가야사회 내에서의 지배신분계층의 확고한 형성을 반영한다고 할 것이다.

그런데 위 구간의 명칭을 단순히 9씨족장의 명칭이라기보다는 금관국의 국가발전에 따른 '간(干)' 계층내에서의 일정한 관위질

---

51) 『三國遺事』 제2권, 紀異 제2, 駕洛國記.

서의 형성을 반영하는 것으로 볼 수 있다. 먼저 구간의 옛 이름을 보면, 그 어미가 '도(刀)'인 예가 넷이고 '천(天)'인 예가 셋이며 수(水)와 귀(鬼)인 예가 각각 하나로 나타나고 있다. 즉 금관가야의 관위체계는 '도'와 '천'의 어미를 갖는 관명이 중심을 이루어, 5위인 유수간(留水干)을 기준으로 상위의 도간류(刀干類)와 하위의 천간류(天干類)로 대별될 수 있음을 고찰할 수 있다.

그렇지만 명칭 변화 이후의 구간의 이름이 그 이전의 명칭과 어떤 기준에서 달라졌는지는 확실히 알 수 없다. 단지 위 사료에서 유수간(留水干)과 유천간(留天干) 및 신귀간(神鬼干) 세 직명만을 특별히 표출한 것은 어쩌면 이 과정에서 도간류와 천간류 두 계층의 관위질서가 아도~오상, 유공~유덕, 신도~신귀의 3계층 혹은 4계층으로 분화, 발전한 것을 의미하는 것이 아닌가 생각되기도 한다. 어쨌든 구간의 존재는 금관국이 일찍부터 독자적인 정치조직을 마련하였을 가능성을 시사해주는 것이며, 더욱이 이러한 구간 명칭의 변개는 금관국의 정치제도의 정비·발전을 보여주는 것이라 할 것이다.

한편, 위 사료에서 주목할 점은 신라의 직제를 취해서 각간과 아질간·급간의 품계를 두었다는 기록이다. 그러면 신라와 가야의 신분제가 어떠한 관계에 있었기에 「가락국기」에 이렇게 표현되어 있었을까?

그것은 첫째, 금관국 구형왕(仇衡王) 구(舅)의 관직과 입강(入降)에 즈음해서 구형왕이 신라에 파견한 사자 동기탈지이질금(同氣脫知爾叱今)의 관직인이 신라의 그것과 다른 점, 둘째, 『삼국사기』 신라본기, 법흥왕 19년조에 김구해(구형왕)의 항복 후 아들 무력(武力)이 각간이 되었다는 기록 등으로 미루어 볼 때, 「가락국기」에 나타난 금관국의 신분제도는 신라에 병합되었던 532년 이후에 신라의 신분제도 안에 편제되면서 그 이전의 신분제도까지도 소급하여 개작한 것으로 보인다. 물론 병합될 당시의 금관국의 지배층은 이미 신라의 신분제도에 편입될 수 있을 정도의 계층분화를 이루고 있었을 것이다.

다음으로 「가락국기」를 통해서 가야국 즉 금관국의 중앙관직에 대해 살펴보기로 한다. 「가락국기」 건국신화에 의하면, 구지봉에는 9명의 대표 즉 구간(九干)들이 모여 김수로왕의 천강(天降)을 지켜보면서 후일 그를 국왕으로 선출하였다. 이로 미루어 볼 때, 당시 구간의 모임은 간(干) 계층이 평의기구로 국왕을 선출하는 기능을 가졌음을 알 수 있다. 구간이 중심이 되어 김수로를 맞이하는 「가락국기」의 이와 같은 묘사는 금관국에 회의에 따라 중론을 결정하는 가장 전통적인 방식이 있었음을 입증하는 것이다. 그러나 비록 기록에는 나타나 있지 않지만, 이런 평의기구도 점차 국왕의 세습권이 확립되어감에 따라 그들은 국왕을 선출할 수 없게 되었을 것이며, 더욱이 아래에서 보는 바와 같이 국가의 관료조직과 행정기구가 정비되어 감에 따라 국가의 중요정책 결정에만 참여하는 비상설적인 평의기구로 되어갔던 것으로 보인다.

그리고 「가락국기」에는 천부경(泉府卿)과 종정감(宗正監), 사농경(司農卿) 등 세 중앙관청장에 관한 기사가 실려 있다. 물론 이러한 중국식 관제가 있었으리라고 생각되지 않으나, 낙랑군과 변한 지역과의 빈번한 교류를 고려하면 상당히 일찍부터 중국식 관제가 응용되었을 가능성도 배제할 수 없다. 「가락국기」에 언급된 주·한의 제도를 도입했다는 기록은 그러한 상황의 반영이 아닐

까? 어쨌든 이 가운데 천부경과 사농경은 모두 뒷날의 호조(戶曹) 또는 호부(戶部)에 해당하는 중앙관서의 장으로, 이러한 재정관계를 맡은 중앙관청의 장이 한 명이 아니라 두 명이 존재하고 있었다는 것은 당시의 중앙관료기구가 매우 세분화되어 있었다는 것을 암시해준다. 이러한 사실로 미루어보면, 그 밖의 중앙관료기구도 매우 세분되어 있었던 것으로 생각된다. 왕실계통의 일을 맡아보는 관청의 장인 종정감과 왕실 창고였던 내고(內庫)까지 있었던 사실 등을 통해 이를 확인할 수 있다. 이렇게 볼 때, 가락국(금관국)은 국가와 왕실의 재정이 분리되어 있었을 정도로 중앙관료기구가 정비 세분화 되어 있었던 것은 사실이라고 하겠다. 이러한 중앙관제의 정비와 세분화는 왕권이 확립된 상태에서 가능하였던 것이다.52)

금관국은 중앙관료기구의 세분화와 더불어 군사기구도 정비되어 있었던 것으로 보인다. 이 점은 수로왕이 수도를 건설할 때 무기고를 마련하고 탈해를 추격할 때 수군(水軍)과 병선(兵船)을 동원한 사실에서53) 짐작할 수 있다.

그러면 「가락국기」에 담겨져 있는 상기와 같은 사실들은 무엇을 의미할까? 「왕력」에서 이미 삼국과 대등한 국가로 설정된 가락국(금관국)은 중앙정치조직과 중앙관료기구 및 군사제도를 갖춘 한 국가로서 삼국과 더불어 사국시대(四國時代)를 이루었음을 일연은 밝히고 있는 것이다. 그리하여 민족사의 기원과 폭이 유원(悠遠)하고 장대(長大)하였으며 발전의 체계 또한 강조함으로써,

52) 윤석효, 『앞의 책』, 1997, p.81.

53) 『三國遺事』 제2권, 紀異 第2, 駕洛國記. “王竊恐滯留謀亂 急發舟師五百艘叟而追之 解奔入鷄林之界 舟師盡還”

몽고의 침략과 같은 현실적인 시련과 생존의 위협에도 능히 이길 수 있는 저력과 사상을 지닌 민족과 국가임을 국민 앞에 확신시켜주고 이를 위해 「왕력」과 더불어 「가락국기」를 『삼국유사』에 포함시켰던 것이다. 일연의 이러한 가야사 복원은 한국 고대사회 발전사의 체계를 올바로 세워 민족의 활로를 찾고자 했다는 면에서, 그의 역사인식은 높게 평가할 만하다.

이와 같이 「왕력」편과 「기이」편 전체는 일연의 역사의식의 축약된 산물이며 그의 국가 및 사회에 대한 관심을 보여주는 구체적인 편목에 해당된다. 또한 「가락국기」를 통하여 왕력의 '낙(洛)'을 구체적으로 설명함과 동시에 『삼국사기』에서 소홀히 다룬 가야사를 보완하려고 하는 일연의 집필의도를 이 사료에서도 우리는 확인할 수 있다. 특히 일연이 「기이」편 첫머리에서 고조선을 기록하여 민족사의 출발점을 밝힌 것도 의의가 있지만 「기이」편 끝에 가락국기를 포함시켜 가야사를 구체화하고 민족사의 강역 확대와 발전사의 체계를 세운 그의 의식은 괄목할 만한 것이다.

일연이 가야사를 구체화시켜 민족사의 강역범위를 밝힌 자료로는 『삼국유사』 「오가야」조와 「본존사략」 등을 들 수 있겠다. 그 내용은 다음과 같다.

> 「가락국기」의 찬(贊)을 살펴보면, '자주색 끈 한 가닥이 하늘에서 내려와 여섯 개의 둥근 알을 내려주었는데, 다섯 개는 각 읍으로 돌아가고, 한 개는 이 성에 있어서 이 한 개가 수로왕(首露王)이 되고, 나머지 다섯 개가 저마다 오가야의 주(主)가 되었다.'고 했으니, 금관(金官)이 다섯의 수에 들어가지 않은 것은 당연하다. 그런데도 본조사략(本朝史略)에는 금관까지 그 수에 넣고 창녕을 더 기록했으니 잘못이다. 오가야는 아라(阿羅)[라(羅)를 야(耶)로도 쓴다.]가야(伽

倻), 고령가야(高寧伽倻)[지금의 함녕], 대가야(大伽倻)[지금의 고령], 성산가야(星山伽倻)[지금의 경산(京山)이니 혹은 벽진(碧珍)이라고도 한다.], 소가야(小伽倻)[지금의 고성]이다. 또 본조사략에 일렀는데, 태조(太祖) 천복(天福) 5년 경자(940년)에 오가야의 이름을 고치니, 하나는 금관[김해부(金海府)가 되었다.]이요, 둘은 고령(古寧)[가리현(加利縣)이 되었다.]이요, 셋은 비화(非火)[지금의 창녕이라는 것은 아마 고령의 잘못인 것 같다.]요, 나머지 둘은 아라와 성산[앞의 주해와 같이, 성산은 벽진가야라고도 한다.]이다.[54]

라고 하였다. 이 사료는 대개 3세기 중반부터 6세기 중반까지의 사정을 알려주고 있기 때문에, 이를 통해 각 시기별로 유동적으로 존재한 가야 여러 나라의 분포양상의 윤곽을 파악할 수 있다.

다음으로는 『삼국유사』 「탑상(塔像)」, 파사석탑조(婆娑石塔條)를 통하여 일연의 역사의식을 보기로 한다. 일연은 이 사료를 기록하여 한국불교의 전래설로서 남방전래 문제를 제시하고, 가야는 성립시부터 불교와 인연이 깊은 국가임을 강조하고 있다. 파사석탑조에는

금관 호계사에 있는 파사석탑은 옛날 이 고을이 금관국으로 되었을 때에 시조 임금인 수로왕의 왕비, 이름은 황옥이라고 하는 허 황후가 동한 건무 24년 무신(48년)에 서방 아유타국으로부터 이 탑을 싣고 왔다. (중략) 수로왕이 그를 아내로 맞아서 함께 나라를 다스린지 1백 50여 년이나 되었지만, 이 당시 이 땅에는 아직 절을 세우고 불법을 신봉하는 일이 없었으니, 대체로 상교가 들어오지 못하여 이 땅 사람들이 믿지를 않았던 것이다. 그러므로 본기에도 절을 세웠다는 기사가 없고, 제8대 질지왕 2년 임진(452년)에 이 땅에 절을 설치

---

54) 『三國遺事』 卷1, 紀異 第1, 五伽倻條.

하고 도왕후사를 세워[아도와 눌지왕 때요, 법흥왕 이전이다.] 지금까지 여기서 복을 받고 겸하여 남쪽 왜국까지 진압하였으니, 이 나라 본기에 자세히 적혔다. 탑은 4면이 모가 나고 5층이요, 그 조각은 매우 신통하며, 돌은 약간 붉은 무늬가 있고, 그 성질이 조금 연하여 이 지방 물건이 아니다. 본초에서 말하는 닭의 벼슬 피를 떨어뜨려 시험한다는 것이 바로 이것이다. 금관국을 또한 가락국이라고도 불러, 본기에 자세히 적혔다. 찬미하는 시에 이르기를, '액막이 탑 실은 배 비단 돛도 가볍게 풍랑이 잠자도록 신령님께 비나이다. 공연히 황옥공주 모셔왔으리오. 천고에 두고 왜적을 막음일세.'라고 하였다.

라고 적고 있다. 허왕후는 이 탑과 함께 금수능라(錦繡綾羅) 의상필단(衣裳疋段) 금은주옥(金銀珠玉) 경구복완기(瓊玖服玩器) 등 많은 물건들을 혼수품으로 가지고 왔다. 이 탑은 허왕후가 인도사람이라는 물적 증거가 된다는 점에서 중요한 자료가 된다. 또한 이 탑은 불교가 가야국으로 직접 전래되었다는 불교전래설 즉 남방불교 전래설을 뒷받침하고 있으며, 가야는 성립직후부터 불교가 중심적인 역할을 하였음을 말해주고 있다. 그 시기도 고구려의 북방불교가 들어와 공인된 시기인 372년보다 이르다. 이처럼 파사석탑조를 『삼국유사』에 수록한 것은 어산불영조와 더불어 일연이 『삼국사기』의 불교전래설과 그 시기를 바로잡고 가야에서 불교가 차지하는 비중이 삼국 못지않은 국가임을 인식시키려고 한 것이다.

## 4. 일연의 사상과 역사학 관점

일연의 사상은 비문에 열거되어 있는 것을 볼 것 같으면, 그의 선사상(禪思想)은 당시 유행하던 간화선(看話禪)을 적극 수용하고 있다는 점, 가지산문(迦智山門) 출신인 그가 사굴산문 계통의 지눌 선사상에 영향을 받고 있다는 점, 그리고 선사상뿐 아니라 교학불교(敎學佛敎)와 그 이외의 학문에도 대단한 조예가 있었다는 점 등을 유추할 수 있다.

일연이 선승(禪僧)으로서 간화선에 깊이 심취하였음은 분명하지만, 비문에서 일연을 가리켜, "수선(修禪)하는 여가에 다시 대장경을 읽고 제가(諸家)의 장소(章疏)를 깊이 연구하였으며, 한편 유서(儒書)를 섭렵하고 아울러 백가서(百家書)에도 관통하였다. 이에 의해 방편에 따라 사물을 이롭게 하고 종횡으로 묘용(妙用, 방편의 뜻)을 발휘한 지 50년이나 되었다."는 표현이라든가, "선림(禪林)과 교회(敎誨)를 모두 삼켰다."는 평가를 볼 때, 그는 수선만을 고집하는 인물은 아니었던 것 같다. 이는 비문의 음기에서 일연을 가리켜, "화상(和尙)의 문풍(門風)은 광대함을 모두 갖추어 헤아릴 수 없다."라고 표현한 것과도 맥락이 닿는다. 이상과 같이 비문을 통하여서 볼 때, 일연은 탁월한 안목을 지닌 사상가이자 역사가임을 알 수 있고 『삼국유사』를 통하여 이를 확인시켜 주고 있다.

역사란 인간의 온간 업(業)들이 모여서 빚어지는 것이다. 어제의 인간 행위가 원인이 되어 오늘의 결과로 나타나고, 오늘의 행위는 또한 내일의 원인이 된다. 인간의 현재적 행위란 과거 역사의 짐을 짊어지면서 그것을 새로운 업인(業因)으로 전환하여 미래의 좋은 결과를 기대한다. 새로운 업인으로 전환하기 위해서는 과거의 업장(業障)을 소멸해야 하고, 의지적이고 자각적인 행위에 의해 공덕을 닦아야 한다. 이것이 수복멸죄(修福滅罪)인데, 일연은 이와 같은 기능을 하는 수복멸죄지처(修福滅罪之處)인 사원(寺院)에서 생활하였던 인물이다. 따라서 그의 저서에는 역사성이 있게 마련이다.

이런 시각에서 일연은 『삼국유사』를 찬술하였다. 당시의 내외적 조건은 사서 편찬의 필요성을 더욱 요구하였다. 외적 조건이란 외침에 의한 민족의식의 자각에서 유도된 자기질서의 보존을 위해 민족의 연원적 독자성을 명시하는 것이며, 한편으로는 모화사상(慕華思想)에 대한 도전을 지적할 수 있다. 이와 함께 내적 조건은 보다 근본적이며 또한 직접적인 조건이 된다. 그것은 곧 일연이 불승임에 주목해야 한다는 것이다. 한국불교의 대승적 정신을 전통적으로 계승한 그는 위국호법(爲國護法)의 내외합일적(內外合一的) 정신에 입각하여 역사를 서술하였다. 그는 그 당시 그리고 그 상황 아래서 한국불교가 자기 자신을 실현한 양태로서 위국호법이야말로 대승불교 이념인 '상구보리 하화중생(上求菩提下化衆生)'의 한국적 토착이며 그 구현이라고 생각하였던 것이다.

이상의 내외적 두 조건으로 일연의 『삼국유사』 찬술의 대강은 보다 균형적인 새로운 이해로 바뀌어야 할 것이다.[55] 여기에다 불교에서 보는 역사의 내용(內用)인 '업(業)'설이 그로 하여금 『삼국유사』나 『중편조동오위』 같은 저서들을 기술하는 계기가 되어, 일반 백성들로 하여금 역사학이야말로 현재에 있어서 중요한 학문임을 인식시키려고 하였을 것이다. 우리는 일연이 『삼국유사』 저작의도의 초점을 한민족의 주체적 가치관과 신념의 두 곳에 두고 있음을 알 수 있다. 『삼국유사』가 표현하는 이런 것들 중에서 두드러진 것은 민족기원론과 강역관 및 문화관 그리고 발전사의 체계라고 생각한다.

『삼국사기』를 비롯한 정사에서 비합리적이라고 하여 사상(捨

---

55) 李楠永, 「三國遺事와 僧一然과의 關係考察」, 『삼국유사연구논선집』(1), p.174.

象)한 민족의 고토(故土)와 천(天)에 혈맥이 닿는 자민족의 독자적 정통성과 문학, 예술까지 포함한 모든 면에서 독자적 세계를 형성해 온 한문화(韓文化)의 독자성을 강조하고 있기 때문이다.[56) ] 이러한 의도에서 『삼국유사』는 한국의 민족문화 형성기부터 중세문화에 이르기까지 한민족의 문화능력을 총괄적으로 고찰할 수 있고, 또 어느 정도 체계화 할 수 있는 민족지적(民族誌的) 자료(資料)가 집대성되어 있다고 할 것이다.

『삼국유사』는 현실의 세계와 불교신앙의 세계, 국가정치와 서민의 생활 그리고 이들을 중심으로 하는 천지자연의 혼연일체의 조화 속에서 자국의 역사가 전개되어오고 있었다는 사실을 역설하여 전한다. 또한 그 역사 전통의 유구성과 신성함에 대한 새로운 인식을 통하여 시대적인 난파(難破)의 현실을 극복할 수 있는 새로운 힘을 찾아내고자 한다. 그래서 권력의 독선과 야만인 이민족의 횡포에 저항하는 전통적인 자주와 인간의 회복을 역설하고 있는 것이다. 『삼국유사』는 그러한 전통의 원형을 그대로 전하기 위하여 원형 그대로 소박한 표현을 많이 빌려쓰고 있다. 이것이 사서(史書)로 편찬된 글이 아니면서도 오히려 정사(正史)가 외면해 버린 여러 사실들-단군기, 여러 동족국가들, 가락국기 그리고 향가 등을 널리 채록한 사실이라든가 그밖에도 이 책에 실은 모든 사실들을 뒷받침하기 위한 그 세밀한 인증(引證)도 바로 새로운 힘의 원천으로서의 전통의 원형을 그대로 전하기 위한 각고의 노력에서 나왔으리라 생각되는 것이다.[57)]

특히 『삼국유사』에 나타난 민족 자주의식은 「기이」편 등에 나

56) 金宅圭, 「앞의 논문」, 1986, pp.543~544.
57) 金泰永, 「앞의 논문」, 1986, p.193.

타난다. 그 구체적인 사실은 옛날부터 건국의 시조는 존엄의 상징어인 '천자(天子)'란 칭호를 사용하고, 또 '천자'의 죽음에 대해 '붕(崩)'자를 쓴 용례를 서슴없이 서술한 점 등을 들 수 있다. 이것은 우리 민족의 역사는 중국에 종속되지 않는 자주적인 역사이며, 우리나라의 군주도 중국의 제왕과 동등한 지위에 놓여있었음을 과시하는 것이다. 이러한 면에서 살펴본다면, 우리 민족이 몽고민족에게 쓰라린 침략을 당하던 시기를 살았던 일연에게는 이 저서를 통하여 우리의 민족혼을 일깨우려는 민족 자주의식이 강렬히 작용하였다고 하겠다.58)

일연의 역사기술에서 또 하나 눈여겨볼 점은 민서(民庶)의 문화에 대한 것이다.59) 『삼국유사』 전편에서 특히 노래와 설화를 통하여 그는 신라의 귀족생활과 민서의 문화를 대등하게 처리하려고 노력하였다. 이것은 그가 의식했든 못했든 사회계층에 대한 예리한 관찰이며 인간애의 표현이라 할 수 있을 것이다. 그러면서도 일연은 귀족문화와 민서문화를 대립시키지는 않았다. 하나의 문화 속에서 혼연하게 융합된 생활 사실로서 인간의 본성으로 양자를 파악하고 있는 것이다.

이처럼 13세기의 난세를 살았던 일연은 한 승려로서 뿐만 아니라 한 문인으로서 더 나아가서는 한 역사가로서, 당시의 현실적 고난을 극복할 수 있는 길은 '업(業)'설에 바탕을 둔 올바른 역사학 정립이라 판단하고 『삼국유사』를 비롯한 여러 저서를 남겼던 것이다. 이것은 그의 입장에서 위국호법을 주장하는 한국적

---

58) 李載浩, 「앞의 논문」, 1986, p.509.

59) 「기이」편 2는 각 왕조를 그리되 특히 서민생활이라는 처지에서 정치나 행정을 비판하는 의지가 바탕에 깔려 있다. 홍법 이하부터 권5, 효선 제9까지는 백성의 생활에 중심을 두고 전편을 기술하려는 저자의 의도가 농후하다.

대승불교 이념을 실현하는 방법이기도 하였다. 이러한 관점에서 선림과 교회에 통달하였다는 일연의 광대한 문풍 중 역사학은 현실을 타개하고 민족사의 방향을 올바로 정립할 수 있는 기본적인 학문이었던 것이다.

## 5. 맺음말

「보각국존비병서」에는 일연의 저서로서 『어록』 2권과 『게송잡저』 3권이 있으며, 편수한 책으로는 『중편조동오위』 2권, 『조도』 2권, 『대장수지록』 3권, 『제승법수』 7권, 『조정사원』 30권 그리고 『선문염송사원』 30권 등 100여 권이 세상에 나와 있음을 소개하고 있다. 이 글에서는 일연의 이들 저서 중의 하나인 『삼국유사』와 다른 사서들을 중심으로 일연의 역사인식을 검토하고 일연의 사상 중 역사학 관점이 차지하는 비중을 고찰해 보았다.

『삼국유사』의 간행연대는 확실히 알 길이 없으나 대체로 충렬왕 8년 전후, 즉 1281~1283년으로 보는 것이 통설이다. 이 서적은 13세기 후반, 민족적 시련이 극대화 되었을 때 나온 시대적 산물로서, 일연을 필두로 한 당시 불교계의 사상적인 흐름과 불교지식인들의 역사인식을 보여주고 있다. 『삼국유사』의 찬술을 위한 것으로 볼 수 있는 직접적인 근거는 없지만 일반적인 연표의 성격과 『역대연표』의 내용을 고려할 때, 『역대연표』는 『삼국유사』의 선행 작업으로 이루어진 것이다. 본 자료가 『삼국유사』를 찬술하기 위한 선행 작업이었다는 중요한 근거는 무엇보다도 『삼국유사』 「왕력」편의 기재양식이 일치한다는 점이다.

이어서 쉰다섯 살 되던 경신년에 일연은 남해 정림사에서 『중편조동오위』 2권을 완성하였다. 일연에게 있어 이 저작은 『삼국유사』와 더불어 쌍벽을 이룰 만큼 중요한 내용을 담고 있다. 이 시대의 현실적 과업으로서 현실구원적인 신념을 확립하는 것은 무조건 격식을 따르는 것이 아니라 본질을 추구하여 사회를 일신하는데 있으며, 그런 신념을 일깨워주기 위한 방편으로 『삼국유사』와 더불어 『중편조동오위』를 찬술한 것이다. 편(偏)·정(正)에 각각 군(君)·신(臣)이 배대(配對)되어 군신의 예에 따라 오위(五位)의 뜻을 설하기도 한 『조동오위』를 중편한 일연의 선사상 속에서는 국가와 정치에 대한 의식이 작용할 가능성을 충분히 찾을 수 있다. 또한 일연의 『삼국유사』 찬술에는 이규보의 『동명왕편』에서 역점을 두고 있는 자국사 차원의 민족의식과 역사전통에 대한 긍정의 새로운 인식인 정체성과 주체성의 발로 즉 신진사류의 의식과 영향이 전해져 있었다. 이와 같은 의식의 전파는 이승휴가 쓴 『제왕운기』에 영향을 주었을 것이고, 여말선초의 여러 저서에도 파급되었을 것이다.

『삼국유사』의 전체적인 구성을 본다면, 연대기로서 「왕력(王曆)」과 준역사서로서 「기이(紀異)」 그리고 불교문화사적 관점에서 당대인의 삶을 기록한 흥법(興法) 이하의 여러 편으로 삼대분해 볼 수 있다. 「왕력」은 신라시조에서부터 고려 태조에 이르기까지 삼국 및 가락국, 후고구려, 후백제 등의 왕대력을 중국 역대왕조의 그것과 대비하여 도시한 것이다.

「왕력」편이 『삼국유사』의 맨 처음에 나오는 것은 일연의 사상 중 국가와 정치의 근본에 대한 의식을 중시여기는 역사학 인식의 핵심을 강조한 것에 기인한 발상이다. 「왕력」편은 『삼국유사』

전체에서 특이한 성격을 지닌 부분이다. 다른 여덟 편이 문장으로 되어 있는데 대해서 「왕력」편은 연표(年表)로 되어 있는 것이다. 결국 「왕력」편은 『삼국유사』의 정당한 한 편이자 『삼국유사』 전체를 이해시킬 수 있는 총론으로서, 「왕력」편에 대한 연구는 그의 사상 중 역사학이 차지하는 중요성을 알 수 있게 해주는 민족사의 시공간의 압축표임을 나타낸 것이다.

『삼국유사』에는 불교 승려에 관계된 기록 이외에 민족 역사에 관계된 기록인 「기이」편이 권두에 실려 있다. 이것은 일연이 『삼국유사』를 저술한 목적을 단적으로 보여주는 것이라 할 수 있다. 이 「왕력」과 「기이」편은 불교적 신이(神異)가 전개된 시간과 공간의 배경을 제시한 것이다. 일연이 「기이」편에서 역점을 두어 저술한 분야는 김부식 등이 저술한 『삼국사기』가 유교적인 합리주의의 역사서술방식에 의하여 우리나라 상고시대의 신화적 전설을 주관적으로 생략 개서한 것에 대하여, 자신은 어디까지나 신정시대(神政時代)의 신화와 전설을 원형 그대로 보존 기술했음을 강조한 쪽이었다. 이것은 단순히 「기이」편에 대한 저자의 의도라고만 볼 일이 아니다. 『삼국유사』 전편에 흐르고 있는 우리 고유의 생활양식이나 가치관에 대한 일연의 의식이며 기술 태도라고 생각해도 무방할 것이다.

「기이」편에 수록된 범위에 대하여 살펴본다면, 맨 처음 고조선(단군조선)을 필두로 그 다음에 위만조선, 마한, 진한, 변한, 발해, 오가야, 북부여, 고구려, 신라, 백제, 가락국, 낙랑국 등의 건국시말을 차례대로 기술했으며, 특히 신라에 대해서는 시조 혁거세왕으로부터 말왕 경순왕에 이르기까지의 사실을 그 중요한 부분만 간추려 차례대로 기술하고 있다. 「기이」편의 편차에 이러한 범위를 설정한 것은 저자의 의도가 단군을 우리 민족의 건국시조로 삼고 남북의 여러 부족국가와 고구려, 신라, 백제 등 세 왕국을 모두 단군의 후예인 동일민족이란 개념으로 정립하고 그 역사 발전의 전개도를 총괄하고자 한 것이라 인정된다.

「왕력」편이 『삼국유사』 전체를 이해시킬 수 있는 총론으로서 민족사의 시공간의 골격임을 상징하는 연대기라고 한다면, 「기이」편은 고조선과 삼국 및 기타 왕조들의 특색과 사회와 문화에 대한 기술로써 민족사 전개의 구체적인 사실들을 묘사한 각론에 해당하는 역사서라고 말할 수 있다.

어쨌든 일연이 『삼국유사』 「기이」편 서(序)에서 지적하듯이, 제왕이 일어날 때 받게 되는 '부명(符命)과 도록(圖籙)'은 지배자의 권력을 정당화 합리화시켜 주는 카리스마라고 주장할 때, 카리스마의 변혁적 기능과 사명을 통해 역사를 인식함으로써 고려사회의 자기모순과 외세의 침입으로부터 겪은 현실적 고뇌를 극복할 수 있는 새로운 힘을 지닌 카리스마를 기대하는 역사인식의 원리는 그의 의식의 전제가 되었다. 일연이 살았던 당시 현실의 상황으로부터 받는 압력을 일연이 이와 같은 자기준거적 전략을 통해 극복하고 새로운 가능성의 지평을 탐색하려는 의도가 「기이」편에 흐르고 있는 것이다.

「가락국기」에는 일연의 한민족에 대한 민족관과 강역관이 관통하고 있다. 일연이 그린 민족과 한문화의 판도는 고조선을 중심으로 고대국가 형성기까지의 한문화의 원사(原史), 원문화(原文化)에 유의하여, 북으로는 흑룡강 유역에서 만리장성의 동북쪽에까지 미친 동북아세아의 여러 문화에서 남으로는 가락국을 남한(南限)으로 하면서 일본문화까지 내다보고 있다. 일연은 「왕력」과

「기이」에서 삼국의 원초출발을 밝히고 그 혈통의 공동함과 만주의 구강(舊疆)이 원래 우리의 것임을 밝혔다면, 「가락국기」에서는 우리 역사 무대의 남쪽 하한선 및 영향선을 명시한 것이다. 또 하나 일연이 「기이」편 끝에 「가락국기」를 넣은 것은 문학을 통한 민족의 주체성 확립과도 연관이 있다. 그것은 곧 「가락국기」의 처음 부분이 적어도 가락의 백성들이 어떻게 천신맞이를 하였는가에 대하여 말하고 있다. 그 천신맞이에 어울릴 노래가 구지가(龜旨歌)인 것이다.

가락국의 김수로왕을 영입하기 위한 '구지가'에서 엿볼 수 있는 또 다른 한 가지는 가락의 국민들이 구지봉에 모여 합심하여 수로왕을 맞았다는 점이다. 절대다수의 지지를 얻는다는 것은 두말 할 나위 없이 중론의 형성을 의미한다는 것이다. 구지봉상의 백성들의 환성은 신의 뜻에 대한 민의의 대변이었다. 이러한 민의는 신이 내린 무한한 힘을 갖추어서 쇠라도 녹인다고 수로부인조(水路夫人條)에 기록되어 있다.

대체적으로 문학의 전범을 중국에서 배워오고 그것을 답습하는데 그치는 당시의 풍토에서 「가락국기」에 나오는 구지가 같은 우리의 고유한 이야기를 우리의 눈으로 바라보고 형상화 한다는 것은 매우 중요한 변화였다. 이는 일연이 구지가라는 민족문학을 통하여 민족의 주체성과 정체성을 확립하려고 시도하였음을 알게 해주는 일이다.

일연은 「왕력」을 통해 삼국뿐만 아니라 가락(駕洛)이 함께 존재하였으며, 동시에 「가락국기」를 통해 구체적인 가락국 즉 가야국의 역사편를 밝힐 것을 기도하고 있다. 우선 「가락국기」에 가락국 즉 금관가야의 초기 정치제도의 일단을 고찰해볼 수 있는 자료가 전하고 있어, 이것을 통해서 단편적으로나마 가야국의 중앙정치조직을 살펴볼 수 있다. 특히 구간(九干)의 존재는 금관국이 일찍부터 독자적인 정치조직을 마련하였을 가능성을 시사해 주는 것이며, 더욱이 이러한 구간 명칭의 변개는 금관국의 정치제도의 정비와 발전을 보여주는 것이라 할 것이다.

다음으로 「가락국기」를 통해서 가야국 즉 금관국의 중앙관직을 살펴볼 수 있다. 「가락국기」에는 천부경(泉府卿), 종정감(宗正監), 사농경(司農卿) 등 세 중앙관청장과 내고(內庫)에 관한 기사가 실려 있다. 이것은 금관국에 중앙관료기구가 세분화 되어 있음을 말한다. 또한 수로왕이 수도를 건설할 때 무기고를 마련하고 탈해를 추격할 때 수군과 병선을 동원한 사실에서도 금관국에 중앙관료기구와 더불어 군사기구도 존속했음을 확인할 수 있다.

「가락국기」에 담겨져 있는 상기와 같은 사실들을 통하여 「왕력」에서 삼국와 대등한 국가로 설정된 가락국(금관국)이 중앙정치조직과 중앙관료기구 및 군사제도를 갖춘 한 국가로서 삼국과 더불어 사국시대(四國時代)를 이루었음을 일연은 밝히고 있는 것이다.[60] 그리하여 민족사의 기원과 폭이 유원하고 장대하였으며 발전의 체계 또한 강조하여, 몽고의 침략과 같은 현실적인 시련과 생존의 위협에도 능히 이길 수 있는 저력과 사상 및 난세의 돌파력을 지닌 민족과 국가임을 백성 앞에 확신시켜 주고 이를 위해 「왕력」과 더불어 「가락국기」를 『삼국유사』에 포함시켰던 것이다.

이와 같이 「왕력」편과 「기이」편 전체는 일연의 역사의식의 축약된 산물이며 그의 국가 및 사회에 대한 관심을 보여주는 구체적인 편목에 해당된다. 일연이 「기이」편 첫머리에서 고조선을 기

60) 윤석효, 『신편가야사』, 도서출판 혜안, 1997, pp.80~81.

록하여 민족사의 출발점을 밝힌 것도 의의가 있지만, 「기이」편 끝에 「가락국기」를 포함시켜 가야사를 구체화 시켜 민족사의 강역 확대와 발전사의 체계를 세워 민족의 활로를 찾았다는 면에서 그의 역사인식은 높게 평가할 만하다.

일연이 가야사를 구체화 시켜 민족사의 강역범위와 가야 여러 나라의 분포를 밝힌 자료로는 『삼국유사』의 「오가야조」와 「본존사략」 등을 들 수 있다. 이 사료들을 통해 각 시기별로 유동적으로 존재한 가야 여러 나라의 분포양상의 윤곽을 파악할 수 있다.

『삼국유사』 탑상편 파사석탑(婆娑石塔)조는 불교전래면에서 남방불교 전래설을 뒷받침하고 있으며, 가야는 성립시부터 불교와 인연이 있음을 나타내준다. 그 시기도 고구려의 북방불교가 들어와 공인된 시기인 372년보다 이른 시기이다. 이 파사석탑조는 어산불영조와 더불어 일연이 『삼국사기』의 불교전래설과 그 시기를 바로잡고 가야에서 불교가 차지하는 비중이 삼국 못지않은 국가임을 인식시키려고 한 근거였다.

13세기의 난세를 살았던 일연은 한 승려로서 뿐만 아니라 한 문인으로서 더 나아가서는 한 역사가로서, 이 시대의 현실적 고난을 극복할 수 있는 길이 '업(業)'설에 바탕을 둔 올바른 역사학 정립이라 판단하고 『삼국유사』와 『중편조동오위』 등 여러 저서를 남겼던 것이다. 이것은 그의 입장에서 위국호법(爲國護法)을 주장하는 한국적 대승불교 이념을 실현하는 방법이기도 하였다. 이러한 관점에서 선림(禪林)과 교회(敎誨)에 통달하였다는 일연의 광대한 문풍(門風) 중 역사학은 현실을 타개하고 민족사의 방향을 올바로 정립할 수 있는 기본적인 학문이었던 것이다.

일연은 선승으로서 불교적인 세계관을 갖고 현실에 임하였고 그 방편으로서의 역사학을 그는 민족의 양심과 정의가 나올 수 있는 기억력 그리고 현실 돌파력을 구현할 수 있는 힘을 지닌 학문으로 인식하였다. 그러므로 일연에게 있어서 역사서의 편찬은 생존을 위한 사상 확립에 필수적인 산물이었다. 이는 일연이 지니고 있었던 불교민족문화 사관(史觀)의 경향에서 우러나왔음을 인지해야 할 것이다.

## <부록>『삼국유사』의 대표적인 가야사 원전

### (1) 권1, 왕력(王歷) 1

가락국. 가야라고도 하는데, 지금의 금주이다.

수로왕

임인 3월에 알에서 나서 이 달에 즉위하여 158년간 나라를 다스렸다. 금알 속에서 났으므로 성을 김씨라 하니, 개황력에 실렸다.

제2 거등왕

수로의 아들이니, 어머니는 허황후이다. 기묘년에 왕위에 올라 55년 동안 나라를 다스렸다. 성은 김씨이다.

제3 마품왕

아버지는 거등왕이요, 어머니는 천부경 신보의 딸 모정부인이다. 기묘년에 왕위에 올라 32년 동안 나라를 다스렸다.

제4 거질미왕

금물왕이라고도 한다. 아버지는 마품이요, 어머니는 호구이다. 신해년에 왕위에 올라 55년 동안 나라를 다스렸다.

제5 이품왕

아버지는 거질미왕이요, 어머니는 아지이다. 병오년에 왕위에 올라 60년 동안 나라를 다스렸다.

제6 좌지왕

김토왕이라고도 한다. 아버지는 이품이요, 어머니는 정신이다. 정미년에 왕위에 올라 14년 동안 나라를 다스렸다.

제7 취희왕

김희라고도 한다. 아버지는 좌지왕이요, 어머니는 복수이다. 신유년에 왕위에 올라 30년 동안 나라를 다스렸다.

### 제8 질지왕

김질이라고도 한다. 아버지는 취희요, 어머니는 인덕이다. 신묘년에 왕위에 올라 36년 동안 나라를 다스렸다.

### 제9 겸지왕

아버지는 질지왕이요. 어머니는 방원이다. 임신년에 왕위에 올라 29년 동안 나라를 다스렸다.

### 제10 구형왕

겸지의 아들이고, 어머니는 ㅁ녀이다. 신축년에 왕위에 올라 43년 동안 나라를 다스렸다.

증대통 4년 임자에 국토를 바치고 신라에 항복하였다. 수로왕 임인년으로부터 임자년까지 도합 490년이다.

## (2) 권2, 기이(紀異) 2, 가락국기(駕洛國記)

### 수로왕

천지가 개벽한 뒤로 이 나라의 이름이 없었고, 또한 군신(君臣)의 칭호도 없었다. 이에 아도간(我刀干) 여도간(汝刀干) 피도간(彼刀干) 오도간(五刀干) 유수간(留水干) 유천간(留天干) 신천간(神天干) 오천간(五天干) 신귀간(神鬼干) 등 9간(干)이 있어, 이들 추장이 백성을 통솔하였으니, 무릇 백호(百戶)에 7만 5천 인이었다. 산야(山野)에 도읍하고 우물을 파 마시고 밭을 일구어 먹었다.

후한(後漢)의 세조(世祖) 광무제(光武帝) 건무(建武) 28년 임인 3월에, 북쪽 구지(龜旨)<이것은 산봉(山峰)의 이름인데, 십붕(十朋)이 엎드린 형상이므로 이름한 것이다.>에서 무엇이 이상한 소리로 부르는 기척이 났다. 군중 이삼백 명이 모여들었다. 사람의 소리가 나는 듯 하나 그 형상은 보이지 않고 소리만 나면서 "여기에 사람이 있느냐?"라고 하였다. 9간 등이 "우리들이 있습니다." 하니, 또 "내가 있는 데가 어디냐?"하였다. "구지(龜旨)입니다." 하니, 또 "황천이 나에게 명하여 이곳에 나라를 세우고 임금이 되라 하시므로 여기에 왔으니, 너희는 이 봉우리의 흙을 파서 모으면서 노래하되, 「거북아 거북아 머리를 나타내라. 나타내지 않으면 구어 먹으리라.」하고 춤을 추면, 이것이 대왕을 맞이하면서 기뻐 날뛰는 것이라." 하였다. 구간 등이 그 말대로 즐거이 노래하며 춤추다가 얼마 후 우러러보니 하늘에서 자색 줄이 늘어져 땅에 닿았다. 줄 끝을 찾아보니 붉은 보에 금합(金合)을 싼 것이 있었다. 그 합을 열어보니, 알 여섯 개가 있고 태양처럼 황금빛으로 빛났다. 여러 사람들이 모두 놀라 기뻐하면서 백번 절하고, 다시 싸가지고 아도간(我刀干)의 집으로 돌아갔다.

그 후 열두 시간이 지난 이튿날 평명(平明)에, 무리들이 다시 함께 모여 합을 열었더니, 여섯 알이 동자(童子)로 화하였는데, 용모가 매우 깨끗하였다. 이내 평상 위에 앉히고 무리들이 절을 하며 축하하고 극진히 위하였다.

그들은 나날이 장성하여 10여 주야가 지났다. 신장이 9척이니 은(殷)의 천을(天乙)과 같고, 그 얼굴이 용과 같으니 한(漢)의 고조(高祖)와 같고, 눈썹이 여덟 빛깔이니 당요(唐堯)와 같고, 눈동자가 겹이니 우순(虞舜)과 같았다.

그달 보름날에 즉위하였다. 처음으로 나타났다고 하여 이름을 수로(首露)라 하고 혹은 수릉(首陵)<이는 죽은 뒤의 시호(諡號)이다.>이라 하고 나라를 대가락(大駕洛) 또는 가야국(伽耶國)이라고도 일컬으니 곧 여섯 가야의 하나이다. 나머지 5인은 각각 돌아가서 오가야(五伽耶)의 주(主)가 되었다. 나라의 경계는 동쪽이 황산강(黃山江), 서남쪽이 창해(滄海), 서북쪽이 지리산(地理山), 동북쪽이 가야산(伽耶山), 남쪽이 나라의 끝이 되었다.

왕이 임시 대궐을 짓게 하고 들었으나, 다만 질박하고 검소함을 바랄 뿐으로 집 이엉도 자르지 않고 흙으로 된 섬돌은 석 자 높이밖에 안되었다.

2년 계묘 춘정월에 왕이 가로되,

"내가 서울 자리를 잡아야 하겠다." 하고, 곧 임시로 지은 대궐 남쪽 신답평(新畓坪)<이는 예로부터 묵밭인데, 새로 경작한 때문에 그렇게 말하는 것이다. 답(畓)은 속자이다.>으로 거둥하여 사방의 산악을 바라보고 좌우를 돌아보면서 말하기를, "이 땅이 요엽(蓼葉)과 같이 협소하나 산천이 청수하고 범상치 않으니 16나한이 머물 만한 데다. 하물며 하나에서 셋이 생기고 셋에서 일곱이 생기는 일곱 성인이 머물만한 데가 원래 여기인가 싶다. 강토(疆土)를 개척한다면 장차 좋겠구나."

하고, 주위 일천오백 보 되는 나성(羅城)과 궁궐 전각, 여러 청사(廳舍), 무기고, 곡식창고의 자리로 정한 뒤에 환궁하였다. 국내의 장정 역부들과 공장(工匠)들을 두루 징용하여 그달 20일부터 견고한 성터(金陽)를 막기 시작하여 3월 10일에 이르러 역사를 마쳤다. 궁궐과 옥사(屋舍)는 농한기를 이용하여 건축하니, 그해 10월에 시작하여 갑진(44) 2월에 낙성하였다. 길일을 택하여 새 대궐로 들어가 만기(萬機)를 다스리고 서무(庶務)에 근면하였다.

완하국(琓夏國) 함달왕(含達王)의 부인이 홀연히 임신하여 달이 차서 알을 낳았는데, 화하여 사람으로 되매 이름을 탈해(脫解)라 하였다. 그는 바다를 건너 왔는데 신장이 3척이요 머리둘레가 1척이었다. 누가 반갑다는 듯이 대궐을 찾아와서 왕에게 말하기를,

"내가 왕의 지위를 뺏으려고 일부러 왔다."

하니, 왕이 대답하기를,

"하늘이 나를 명하여 즉위케 하여 장차 국내를 편안히 하고 하민을 안도케 함인지라, 감히 천명을 저버리고 왕위를 내놓을 것이 못되며 또 우리나라와 백성을 너에게 맡길 수도 없다."

하였다. 탈해가 말하기를,

"그렇다면 술법으로 다투어 보겠느냐."

하니, 왕이

"좋다."

하였다. 잠시 동안에 탈해가 화하여 매가 되니 왕은 화하여 독수리가 되었다. 탈해가 또 화하여 참새가 되니 왕은 새매로 화하였다. 바

로 이럴 즈음에 순식간도 못지나 탈해가 본래의 몸으로 화하자, 왕도 또한 제모양을 회복하였다. 탈해가 이에 항복해 가로되,

"내가 술법을 다투는 데 있어 독수리에 대한 매, 새매에 대한 참새가 되었으나 죽음을 면한 것은 대개 성인이 죽이기를 싫어하는 인덕(仁德)으로 해서 그러함이 아니오리까. 제가 왕과 더불어 위를 다툼은 진실로 안 될 일이라고 생각합니다."

하고 선뜻 작별을 하고 나가서 부근 교외의 나룻목에 이르러, 중국선(中國船)이 닿는 물길을 따라 가려고 하였다. 왕은 그가 머물러서 난리를 꾸밀까 염려하여 급히 수군 배 5백 척을 발하여 쫓으니, 탈해가 계림(鷄林) 땅 지경으로 달아나므로 수군들이 모두 돌아왔다. 그런데 사적 기록들은 신라의 그것과는 많이 다르다.

건무 24년 무신(48) 7월 27일에, 구간 등이 조알할 때에 아뢰기를,

"대왕이 강림하신 이래로 아직 좋은 배필을 얻지 못하셨으니, 신등이 둔 처녀 중에서 제일 얌전한 자를 뽑아 궁중에 들여 배필로 삼으시기를 청합니다."

하였다. 왕이 가로되,

"내가 여기 내려온 것은 하늘의 명령이요 나의 배필로 왕후가 되는 것도 또한 하늘의 명령이니, 그대들은 염려치 말라."

하고, 드디어 유천간(留天干)에게 명하여 경주(輕舟)와 준마(駿馬)를 가지고 망산도(望山島)에 가서 기다리게 하고, 또 신귀간(神鬼干)에게 명하여 승점(乘岾)<망산도는 서울 남쪽의 섬이요, 승점은 서울 턱 아래에 있는 나라이다.>으로 가도록 하였다. 갑자기 바다 서남쪽 구석으로부터 붉은 비단 돛을 달고 붉은 기를 휘날리는 배가 북쪽을 향하고 있었다. 유천간 등이 먼저 망산도에서 횃불을 드니, 그 배에서는 앞을 다투어 하륙하여 빨리 달려왔다. 신귀가 바라보고 대궐로 달려와서 아뢰었다.

왕이 듣고 기뻐하면서 뒤미처 구간 등을 보내어 찬란하게 꾸민 배로써 이를 맞이하여 되잡아 궐내로 모시고 들어가려 하니, 왕후가 말하되,

"내가 너희들을 평생에 처음 본 터인데, 어찌 경솔히 따라가랴."

하였다. 유천등이 돌아와 왕후의 말을 전달하니, 왕이 그 말을 옳게 여겨 유사(有司)를 거느리고 거둥하여 대궐로부터 서남쪽 60보쯤 되는 산 가장자리에 가서 장막을 치고 기다렸다. 왕후는 산 바깥쪽 별포나룻목에 배를 잡아매고 상륙하여 높은 언덕에 올라 쉬었던 바, 입었던 비단바지를 벗어 폐백으로 삼아 산신령에게 바쳤다.

그 나라에서 시종(侍從)하여 온 잉신(媵臣)이 2인이니 이름은 신보(申輔)와 조광(趙匡)이고, 그 아내 두 사람의 이름은 모정(慕貞)과 모량(慕良)이다. 따로 노비가 도합 20여 인인데, 싸가지고 온 금수능라(錦繡綾羅), 의상필단(衣裳疋段), 금은주옥(金銀珠玉), 경구복완기(瓊玖服玩器)는 이루 헤아릴 수 없었다.

왕후가 점점 행재소(行在所)에 가까이 오자, 왕이 나가 맞이하여 함께 장막으로 들어왔다. 잉신 이하의 여러 사람은 뜰아래에서 뵙고 곧 물러갔다. 왕은 유사에게 명하여 잉신 부처(夫妻)를 인도케 하되, 각 사람을 각 방에 두고 그 이하 노비는 한 방에 대여섯 명씩 두어 지극히 호사스런 음식을 주고 무늬 놓은 요석과 채색 자리에 자게하며 의복과 필단, 보화들을 주고는 바로 군인들을 추려 모아서 이들을 호위하게 하였다.

이에 왕과 왕후는 함께 침전에 드니, 왕후가 왕께 조용히 말하되,

"나는 본래 아유타국(阿踰陁國)의 공주인데, 성은 허씨(許氏)요 이름은 황옥(黃玉)이며 나이는 열여섯입니다. 금년 5월에 본국에 있을 때, 부왕이 황후로 더불어 저에게 말씀하시기를, '어젯밤 꿈에 함께 상제(上帝)를 뵈오니, 상제의 말씀이 가락국왕(駕洛國王) 수로(首露)는 하늘이 내려 보내어 등극케 하였으니 신성(神聖)한 이는 오직 그 분일까 한다. 그런데 그가 새로 나라를 다스리나 아직 배필을 정하지 못하였으니 그대들은 공주를 보내어 그 배필을 삼게 하라 하시고, 말을 마치자 하늘로 올라갔다. 꿈을 깬 후에도 상제의 말씀이 오히려 귀에 쟁쟁할 뿐이다. 너는 이 자리에서 곧 부모를 하직하고 그에게로 가라.'고 하셨습니다. 그래서 저는 바다를 건너 멀리 남해(蒸棗)가서 찾기도 하고 방향을 바꾸어 멀리 동해(蟠桃)로도 가보았습니다. 그러

다가 이제 보잘 것 없는 얼굴로 외람되이 용안(龍顔)을 가까이 하게 되었습니다."

하였다. 왕이 대답하되,

"나는 태어나면서부터 자못 신성(神聖)하여 미리 공주가 멀리서 올 것을 짐작하고, 아래 신하들로부터 왕비를 들이라는 청이 있었으나 기어코 듣지 않았다. 이제 현숙(賢淑)한 그대가 저절로 왔으니, 이 몸으로는 다행이다."

하고, 드디어 동침하여 이틀 밤 하루 낮을 지냈다. 이에 드디어 공주가 타고 온 배를 돌려보낼 때, 뱃사공 합 15인에게 각각 쌀 10석과 베 30필을 주어 본국으로 돌아가게 하였다.

8월 1일에 본궁으로 환가(還駕)할 때, 왕후로 더불어 연(輦)을 타고 잉신 부처도 다 수레를 타고 중국에서 수입한 잡물들을 모두 수레에 싣고서 서서히 대궐로 들어오니, 때는 오정(午正)이 되려 하였다. 왕후는 중궁(中宮)에 자리를 잡고, 잉신 부처와 사속(私屬)들에게는 빈방 두 칸을 주어 나누어 들게 하고, 나머지 종자(從者)는 빈관(賓館) 한 채의 20여 칸에 사람 수를 작성하여 구별해서 안치케 하고, 날마다 풍부한 음식을 주며, 싣고 온 보물들은 내고(內庫)에 두어 왕후의 사철 비용으로 삼게 하였다.

하루는 왕이 신하에게 이르되,

"구간들이 모두 백료(百僚)의 장(長)이지만, 그 직위와 명칭이 다 미천한 사람들의 이름이요 결코 존귀한 벼슬의 칭호는 아니니, 만일 외국(外國)에 전해 듣는다면 반드시 웃음거리가 될 것이다."

하고, 드디어 아도(我刀)를 아궁(我躬)으로, 여도(汝刀)를 여해(汝諧)로, 피도(彼刀)를 피장(彼藏)으로, 오방(五方)을 오상(五常)으로 고치고, 유수(留水)와 유천(留天)의 이름은 윗글자는 그냥 두고 아래 글자만 고치어 유공(留功)과 유덕(留德)으로 하고, 신천(神天)은 신도(神道)로, 오천(五天)은 오능(五能)으로 고치고, 신귀(神鬼)의 음은 그대로 두고 그 훈(뜻)만을 고쳐 신귀(臣貴)라 하고, 계림(鷄林)의 직제(職制)를 취하여 각간(角干), 아질간(阿叱干), 급간(級干)의 위품

(位品)을 두고, 그 아래의 관료는 주(周)의 규례와 한(漢)의 제도로써 정하니, 이것이 옛것을 고쳐 새것을 마련한다는 것이며 설관분직(設官分職)하는 도리이었다.

이에 나라와 집안이 질서 있게 되고 인민(人民)을 자식과 같이 사랑하니, 그 교화(敎化)는 엄숙치 아니하여도 위엄이 서고 그 정치는 엄하지 아니하여도 다스려졌다. 왕이 왕후로 더불어 삶이 마치 하늘이 땅을, 해가 달을, 양(陽)이 음(陰)을 가진 것과 같고 그 공(功)은 도산(塗山)이 하(夏)를 돕고 당원(唐媛)이 교씨(嬌氏)를 일으킴과 같았다.

그해 웅비(熊羆)를 얻는 몽조(夢兆)가 있더니, 태자 거등공(居登公)을 낳았다. 후한 영제 중평(中平) 6년 기사(189) 3월 1일에 왕후가 돌아가니, 나이가 1백 57세였다. 나라사람들은 마치 땅이 무너진 듯이 통탄하면서 구지봉 동북 언덕에 장사하였다. 그가 백성을 자식처럼 사랑하던 은혜를 기념하기 위하여, 왕후가 처음 도착하여 닻을 내렸던 도두촌(渡頭村)을 주포촌(主浦村)이라 하고, 비단바지를 벗었던 높은 언덕을 능현(綾峴)이라 하고, 붉은 기를 달고 들어온 바닷가를 기출변(旗出邊)이라 하였다.

잉신(媵臣)으로 온 천부경 신보와 종정감 조광 등은 이 나라에 온 지 30년 만에 각각 두 딸을 낳았고, 부처들이 다 일이 년을 지나 세상을 떠났다. 그 나머지 노비들은 온 지 칠팔 년이 되도록 자녀의 생산이 없었고, 다만 고향을 그리는 시름만 품고 지내다가 다 고향 쪽으로 머리를 두고 죽으니, 그들이 살던 빈 관은 텅 비어버렸다.

왕은 매양 고침(孤枕)에 의지하여 비탄(悲嘆)함이 많았다. 10년을 지낸 헌제 입안 4년 기묘(199) 3월 23일에 돌아가니, 나이가 1백 58세였다. 나라사람들은 마치 하늘이 무너진 듯이 서러워하여 왕후가 돌아가던 날보다 더하였다. 드디어 대궐의 동북 평지에 높이 1장(丈), 둘레 3백 보 되는 빈궁(殯宮)<능묘>을 지어 장사지내니, 수릉왕묘(首陵王廟)라 하였다.

그 아들 거등왕(居登王)으로부터 구대손 구형(仇衡)까지 이 묘(廟)에 배향(配享)하고, 매년 정월 3일과 7일, 5월 5일, 8월 5일과 15일에 성대하고도 깨끗한 제사가 서로 이어져 끊어지지 않았다.

(중략)

**거등왕(居登王)**

아버지는 수로왕이요, 어머니는 허왕후이니, 입안(立安) 4년 기묘 3월 13일에 즉위하여 39년 동안 나라를 다스리다가, 가평(嘉平) 5년 계유 9월 17일에 붕(崩)하였다. 왕비는 천부경 신보의 딸 모정(慕貞)이니, 태자 마품(麻品)을 낳았다. 개황력(開皇曆)에 "성은 김씨니, 곧 세조가 금란(金卵)에서 나왔기 까닭에 금(金)으로 성을 삼았다."고 하였다.

**마품왕(麻品王)**

일명 마품(馬品)이며, 김씨이다. 가평(嘉平) 5년 계유에 즉위하여 39년 동안 나라를 다스리다가 영평(永平) 원년 신해 1월 29일에 붕하였다. 왕비는 종정감 조광의 손녀 호구(好仇)니, 태자 거질미(居叱彌)를 낳았다.

**거질미왕(居叱彌王)**

일명 금물(今勿)이며, 김씨이다. 영평 원년에 즉위하여 56년 동안 나라를 다스리다가 영화(永和) 2년 병오 7월 8일에 붕하였다. 왕비는 아궁아간(阿躬阿干)의 손녀 아지(阿志)이니, 태자 이시품(伊尸品)을 낳았다.

**이시품왕(伊尸品王)**

김씨이다. 영화 2년에 즉위하여 62년 동안 나라를 다스리다가 의희(義熙) 3년 정미 4월 10일에 붕하였다. 왕비는 사농경(司農卿) 극충(克忠)의 딸 정신(貞信)이니, 태자 좌지(坐知)를 낳았다.

**좌지왕(坐知王)**

일명 김질(金叱)이다. 의희 3년에 즉위하여 부리던 하인 계집(傭女)에게 장가들어 그녀의 친정 패거리들로써 벼슬을 시키니 나라 안이 소란해졌다. 계림국(鷄林國)이 꾀를 내어 이 나라를 치려고 하였다. 박원도(朴元道)라는 신하가 있어 왕에게 간하되,

"변변치 못한 풀이라도 또한 우충(羽虫)을 포섭하거든, 하물며 사람에 있어서랴. 하늘이 없어지고 땅이 꺼진다면, 사람이 어느 곳에서 보전하겠습니까."

하였다. 또 복사(卜士)가 점을 쳐서 해괘(解卦)를 얻었다. 점사(占辭)에 "풀리면서 후회할 것이요, 친구가 이르러 이야말로 성실하다고 하였으니, 왕께서는 역괘(易卦)를 교훈으로 삼겠습니까."

하였다. 왕은 사례하면서

"옳다."

하고, 용녀(傭女)를 물리쳐서 하산도(荷山島)에 귀양 보내고, 정치를 고쳐 행하여 길이 백성을 편안케 하였다. 15년 동안 다스리다가 영초(永初) 2년 신유 5월 12일에 붕하였다. 왕비는 도녕대아간(道寧大阿干)의 딸 복수(福壽)니, 아들 취희(吹希)를 낳았다.

### 취희왕(吹希王)

일명 질가(叱嘉)이며, 김씨이다. 영초 2년에 즉위하여 31년 동안 다스리다가 원가 28년 신묘 2월 3일에 붕하였다. 왕비는 진사각간(進思角干)의 딸 인덕(仁德)이니, 왕자 질지(銍知)를 낳았다.

### 질지왕(銍知王)

일명 김질왕(金銍王)이라 한다. 원가 28년에 즉위하여 이듬해에 시조왕과 허황옥 왕후를 위하여 처음에 세조와 합어(合御)하던 곳에서 명복을 빌려고 왕후사(王后寺)란 절을 짓고, 전토 10결을 바쳐 충당케 하였다. 42년 동안 다스리다가 영명 10년 임신 10월 4일에 붕하였다. 왕비는 김상사간(金相沙干)의 딸 방원(邦媛)이니, 왕자 겸지(鉗知)를 낳았다.

### 겸지왕(鉗知王)

일명 김겸왕(金鉗王)이라 한다. 영명 10년에 즉위하였고, 30년 동안 나라를 다스리다가 정광 2년 신축 4월 7일에 붕하였다. 왕비는 출충각간(出忠角干)의 딸 숙(淑)이니, 왕자 구형(仇衡)을 낳았다.

구형왕(仇衡王)

김씨이다. 정광 2년에 즉위하여 42년 동안 나라를 다스리다가 보정 2년 임오 9월에 신라 제24대 임금 진흥왕이 군사를 일으켜 쳐들어오므로, 왕이 친히 군졸을 부리었으나 저편은 많고 이쪽은 적어서 맞서 싸울 수 없었다. 그리하여 동기(同氣) 탈지이질금(脫知爾叱今)을 서울에 보내어 머물게 하고 왕자 상손(上孫) 졸지공(卒支公) 등을 신라에 보내어 항복하였다. 왕비는 분질수이질(分叱水爾叱)의 딸 계화(桂花)로 세 아들을 낳았으니, 첫째는 세종각간(世宗角干), 둘째는 무도각간(茂刀角干), 셋째는 무득각간(茂得角干)이다. 개황록에는 '양(梁) 중대통 4년 임자에 신라에 항복하였다.'고 하였다.

논평(論評)하여 말하되, 삼국사(三國史)에 의하면 구형은 양 중대통 4년 임자에 땅을 바쳐 신라에 항복하였다 하니, 그러한 즉 수로가 처음 즉위한 동한(東漢) 건무 18년 임인(42)으로부터 구형의 말년 임자에 이르기까지 4백 90년을 계출(計出)할 수 있다. 만일 이 기록으로써 고증한다면, 땅을 바친 것이 원위(元魏) 보정 2년 임오가 되니, 곧 30년이 더하여 모두 5백 20년이다. 두 기록을 다 실어둔다.

### (3) 권1, 기이 1, 오가야(五伽倻)조

「가락국기(駕洛國記)」의 찬(贊)에 의하면, 자색 끈 한 가닥이 내려와 여섯 개의 둥근 알을 내려주었는데, 그 중 다섯은 각 읍으로 돌아가고 하나는 이 성(城)에 있어서 수로왕이 되고 나머지 다섯은 각각 오가야(五伽耶)의 주(主)가 되었다 하니, 금관(金官)이 다섯 수에 들지 않은 것은 당연하다. 그런데 본조사략(本朝史略)에는 금관까지 그 수에 넣고 창녕(昌寧)을 더 기록하였으니, 잘못이다.

아라(阿羅 : 라(羅)는 야(耶)라고도 쓴다.)伽耶(가야)<지금 咸安(함안)>, 고령가야(古寧伽耶)<지금 함녕(咸寧)>, 대가야(大伽耶)<지금 고령(高靈)>, 성산가야(星山伽耶)<지금 경산(京山) 혹은 벽진(碧珍)이라고도 한다.>, 소가야(小伽耶)<지금 고성(固城)이라 하였고, 또 본조사략에는 태조 천복(天福) 5년 경자에 오가야의 이름을 고치니 하나

는 금관 김해부(金海府)가 되었다.>, 둘은 고령(古寧)<가리현(加利縣)이 되었다.>, 셋은 비화(非火)<지금 창녕(昌寧)이니 아마 고령(高靈)의 잘못인 듯하다.>, 나머지 둘은 아라(阿羅)와 성산(星山)이라 하였다.<위의 주와 같다. 성산은 벽진가야(碧珍伽耶)라고도 한다.>

### (4) 권3, 탑상(塔像) 4, 금관성파사석탑(金官城婆娑石塔)조

금관(金官)에 있는 호계사(虎溪寺)의 파사석탑은 옛날 이 고을이 금관국일 때 세조 수로왕의 비 허황후 황옥이 동한 건무 24년 갑신에 서역 아유타국에서 싣고 온 것이다. 처음에 공주가 양친(兩親)의 명을 받들어 바다를 건너 장차 동쪽으로 향하려 하다가, 파신(波神)의 노(怒)함을 만나 견디지 못하고 돌아와 부왕께 아뢰자, 부왕이 이 탑을 싣고 가게 하였다. 그제야 무사히 항해하여 남쪽 해안에 도착하였다. 배는 붉은 비단 돛과 붉은 깃발, 주옥(珠玉)의 아름다움이 있었다. 닿은 곳은 지금의 주포(主浦)였다. 처음 언덕 위에서 비단바지를 벗던 곳을 능현(綾峴)이라 하고, 붉은 깃발이 처음 들어온 해안을 기출변(旗出邊)이라 하였다.

수로왕이 맞아들여 함께 나라를 다스린 것은 150여 년이었다. 그러나 그때 해동에는 절을 세우고 불법을 신봉하는 일이 없었으니, 대개 불교가 전래되지 아니하였으므로 이 지방 사람들이 믿지 않았던 것이다. 그러므로 가락국 본기(本記)에도 절을 세웠다는 기사가 없었다. 제8대 질지왕 2년 임진에 이르러 그곳에 절을 세우고, 또 왕후사(王后寺)를 창설하여 지금까지 복을 빌고 있다.

탑은 사면으로 모가 나고 5층이며, 조각이 매우 기묘하다. 돌은 조금 붉은 빛의 반점이 있다. 질도 좋아 우리나라의 유(類)가 아니다. 본초(本草)에 이른바 닭벼슬의 피를 떨어뜨려 시험한다 한 것이 이것이다. 금관국은 또 가락국이라 하니 본기에 자세히 실려 있다.

찬(讚)하는 시에 이르기를,

"액막이 탑을 실은 배 깃발도 가볍게 날린다. 풍랑이 잠자도록 신령께 비나이다. 어찌 황옥만을 도와 해안에 도착하였으랴, 천고에 남왜(南倭)의 노략을 막고자 함이로다."

하였다.

### (5) 권3, 탑상 4, 어산불영(魚山佛影)조

고기(古記)에 이르되, 만어사(萬魚寺)는 옛날의 자성산(慈成山) 또는 아야사산(阿耶斯山)<마야사(摩耶斯)라고 해야 하니, 곧 고기(魚)라는 말이다>인데, 그 옆에 가라국(呵羅國)이 있었다. 옛날에 하늘에서 알이 바닷가에 내려와 사람이 되어 나라를 다스렸으니, 곧 수로왕이다. 이때에 경내(境內)에 옥지(玉池)가 있어 못 속에 독룡(毒龍)이 살고 있었다. 만어산(萬魚山)에 다섯 나라녀(羅囉女)가 있어 서로 왕래하여 교통하므로 번개와 비를 때때로 내려 4년 동안에 오곡이 되지 않았다. 왕이 주술로 금하려 하였으나 능히 금치 못하여 머리를 조아리며 부처에 청하여 설법(說法)한 후에야 나찰녀(羅刹女)가 오계(五戒)를 받아 그 뒤에는 재해가 없어졌다. 그러므로 동해의 어룡(魚龍)이 마침내 구렁에 가득 찬 돌로 변하여 각각 종경(鐘磬) 소리가 났다고 하였다.<이상은 고기의 기록이다>

### (6) 권5, 피은(避隱) 8, 물계자(勿稽子)전

제10대 내해왕(奈解王) 즉위 17년 임진에, 보라국(保羅國)·고자국(古自國)·사물국(史勿國) 등 8국이 힘을 합하여 변경을 침범하였다. 왕이 태자 내음과 장군 일벌(一伐) 등에게 명하여 군사를 거느리고 이를 막게 하니, 8국이 모두 항복하였다. 이때에 물계자(勿稽子)의 군공이 으뜸이었다. 그러나 태자에게 미움을 받아 그 공을 포상하지 않았다. 누가 물계자에게 이르되,

"이번 싸움의 공은 오직 그대뿐인데, 그대에게 상이 미치지 않으니 그대는 태자의 미워함을 원망하는가."

하였다. 계자가

"나라임금이 위에 계시는데, 어찌 인신(人臣)으로서 원망하랴."

하였다. 그 사람이

"왕께 아룀이 좋을 것이다."

하니, 계자가

"공을 취하려고 이름을 다투고 나를 나타내려고 남을 덮는 것은 뜻있는 선비의 할 바가 아니다. 오직 힘써 때를 기다릴 뿐이다."

하였다.

10년 을미에, 골포국(骨浦國)<지금의 합포(合浦)>등 세 나라 왕이 각각 군사를 이끌고 갈화(竭火)<아마도 굴불(屈弗)인 듯하니, 지금의 울주(蔚州)이다.>를 공격하였다. 왕이 친히 군사를 영솔하고 막으니, 세 나라가 모두 패하였다. 계자가 획득한 적의 머리가 수십 급이었으나, 사람들이 계자의 공을 말하지 않았다. 계자가 그 처에게 이르되,

"내가 듣건대, 임금을 섬기는 도리는 위태함을 만나면 목숨을 바치고 어려운 고비를 당하여는 몸을 잊어버려 절조와 의리를 지켜 생사를 돌보지 않는 것을 충성이라고 하였다. 보라(保羅)<발라(發羅)인 듯 하며, 지금의 나주(羅州)>와 갈화(竭火)의 싸움이야말로 진실로 국난(國難)이요 임금의 위태함이었으나, 내가 아직 몸을 잊고서 목숨을 다하는 용맹을 가져본 적이 없었으니, 이것은 불충이 심한 것이다. 이미 불충으로 임금을 섬기고 누를 선인(先人)에게 끼쳤으니, 어찌 효라고 하겠는가. 이미 충과 효의 도리를 잃었으니, 무슨 낯으로 다시 시중(市中)에 나설 수 있겠는가?"

하고, 곧 머리를 풀어헤치고 거문고를 메고서 사체산(師彘山)<현재 어느 지역인지 모름>으로 들어갔다. 대나무의 곧은 성질이 병통임을 슬퍼하고 그것에 비유하여 노래를 짓고, 개골물 소리에 의하여 거문고를 타고 곡조를 지으며 숨어 살면서 다시 세상에 나오지 않았다.

# 제 3 장

## 『일본서기(日本書紀)』 속에 내재된 가야사의 실체

## 1. 머리말

가야사를 연구하는데 있어서 국내의 기본적인 사서는 『삼국사기(三國史記)』와 『삼국유사(三國遺事)』이다. 그러나 이 두 사서는 가야사에 관한 사실을 체계 있게 상세히 다루지 않고 부분적으로 간략히 압축하여 전하고 있다. 그러므로 가야사를 고찰할 때마다 사료의 영세함에 따르는 많은 제약을 받게 되고, 이를 탈피하기 위해 가야사 연구자들은 보조적인 자료로서 『일본서기(日本書紀)』를 활용하게 된다.

『일본서기』는 일본고대사 연구에 필요불가결한 기본사료이자 가야사 연구와 한일관계교섭사 연구에 비판적으로 검토해야 할 중요한 사서 중의 하나이다. 『일본서기』의 가야사 사료를 그 성립된 여건을 고려하여 분석 비판하고자 노력하고, 또 편사자의 입장과 편사 당시의 객관적, 현실적 여건을 감안하여 이를 조심스럽게 다루어 나간다면, 이 사료집은 역사적 가치를 충분히 회복하여 사용할 수 있다.

본고에서는 『일본서기』에 나타난 가야사 관계사료를 냉철히 비판하여 그 속에 담겨진 진실한 내용을 중심으로 가야사 복원을 시도해보고자 한다. 이어서 사서로서의 가치를 평가하여, '가야사 연구면'에서의 사서로서의 『일본서기』의 비중을 파악해볼 것이다. 아울러 『삼국사기』와 『삼국유사』 그리고 『일본서기』에 기록된 가야사 사료가 제각기 가야사 인식면에서 차이점이 있으리라 생각하고, 『일본서기』가 갖는 사서로서의 특징을 고찰해볼 것이다.

## 2. 신대상(神代上)부터 현종천황기(顯宗天皇紀)까지의 가야 관계사 사료 검토

『일본서기』 신대상(神代上)에서 가야사 관계 사료는 다음과 같은 것이 있다.

(1)-1 소전오존(素戔嗚尊)이 곧 한서(韓鋤)칼로 머리를 베고 배를 베었다. 그 꼬리를 벨 때, 칼날에 조금 이가 빠졌다. 그래서 꼬리를 갈라보니 하나의 칼이 있었다. 초치검(草薙劒)이라 한다. 이 칼은 옛날에 소전오존이 가지고 있었으나, 지금은 미장국(尾張國)에 있다. 소전오존이 뱀을 벤 칼은 지금 길비신부(吉備神部)가 있는 곳에 있다. 출운(出雲)의 파천(簸川) 상류의 산이 이것이다.[1)]

(1)-2 소전오존이 행상이 무상하였다. 그러므로 여러 신이 많은 공물(供物)을 과하여 벌하고 쫓아내었다. 때에 소전오존은

1) 『日本書紀』 권 제1, 神代上 第8段 1書(3).

아들 오십맹신(五十猛神)을 데리고 신라국(新羅國)에 내려서 증호무리(曾戶茂梨)라는 곳에 있었다. 그리고서 '이 땅은 내가 있고 싶지 않다.'라고 말하며 진흙으로 배를 만들어 타고 동쪽으로 가 출운의 파천 상류에 있는 조상봉(鳥上峯)으로 갔다. (중략) 처음에 오십맹신이 하늘에서 내려올 때에 많은 나무종자를 가지고 왔다. 그러나 한지(韓地)에 심지 않고 다 가지고 돌아왔다. 축자(筑紫)를 비롯하여 모든 대팔주국(大八洲國)에 심어서 푸른 산이 안 되는 곳이 없었다. 이 때문에 오십맹명(五十猛命)을 유공의 신(神)이라 한다. 즉 기이국(紀伊國)에 있는 대신(大神)이 바로 이 신이다.[2)]

(1)-3 소전오존이 '한향(韓鄕)의 성에는 금은이 있다.' (중략) 소전오존의 아들을 오십맹명이라 한다. 딸 대옥진희명(大屋津姬命)과 다음 고진희명(柧津姬命), 이 삼신(三神)은 나무씨를 잘 뿌렸다. 그리고나서 기이국으로 건너왔다. 연후에 소전오존이 웅성봉(熊成峯)에 있다가 드디어 근국(根國)으로 들어갔다.[3)]

(1)-1과 (1)-2는 소전오존이 대가야에서 신라를 거쳐 출운에 이르렀던 사실을 통한 민족의 이동경로를, (1)-3은 소전오존이 기이국을 거쳐 웅성봉과 근국에 이르는 진출과정을 구체적으로 나타내는 사료이다. 이 사료들이 의미하는 바는 천손족(天孫族)의 인솔자의 하나인 소전오존이 우두머리가 되는 일본열도에로의 이주민집단이 그때까지 거주한 모국이 가야인 것을 나타내고 있다. 그들은 모국인 가야를 떠났으면서도 정든 고국에 대한 애모는 그치지 아니하였다. 그러므로 그들은 왜지에로 이주하면서도 항상

2) 『日本書紀』 권 제1, 神代上 제8단 1서(4).

3) 『日本書紀』 권 제1, 神代上 제8단 1서(5).

고국에 가장 가까운 지역에 정착할 것을 원했고 또 실제로 그렇게 했던 것이다. 그러한 위치중의 하나가 출운지역과 축자지역이었음을 상기의 사료들은 의미하고 있다. 또한 『일본서기』 신대상 제팔단의 위에 언급한 사료들 중에 나타난 용어인 '한서(韓鋤)'(かぅやと), '한지(韓地)'(カラワニ), '한향(韓鄕)'(カラワニ) 등에서는 '가야'라는 문자와 깊은 관련이 있는 동의어임을 알 수 있다.

『일본서기』에서 가야사 사료로서 등장하는 두 번째의 것은 숭신천황(崇神天皇) 65년 추 7월조이다.

> (2) 65년 추 7월에, 임나국(任那國)이 소나갈질지(蘇那曷叱知)를 보내어 조공하였다. 임나는 축자국(筑紫國)에서 이천여 리 떨어진 거리에 있다. 북은 바다를 격(隔)하고 계림(鷄林)의 서남에 있다.4)

(2)에서는 『일본서기(日本書紀)』에 '임나국(任那國)'이라는 이름으로 가야가 처음으로 등장하는데, 여기서는 가야(伽耶) 또는 가라(加羅)라 하지 아니하고 임나(任那)라고 특기한 것이 주목할 만하다.

이 사료는 숭신천황(崇神天皇) 때 임나국과의 관계와 위치를 또한 처음으로 밝히고 있다. 대외관계의 기원으로 임나를 최초의 조공국(朝貢國)으로 비정하는 (2)는 그 이유가 무엇인가에 그동안 의문을 제기해 왔다. 이 문제에 대해 통설적인 견해를 제시했다고 볼 수 있는 말송보화(末松保和)는 한반도와의 관계가 임나를 중심으로 전개된 것이 역사적인 사실이기 때문에, 최초의 천황인

---

4) 『日本書紀』 권 제5, 崇神天皇 65년 秋7월조.

숭신천황대에 최초의 조공국으로 임나가 설정된 것이라고 하였다.

『삼국지(三國志)』 위서(魏書) 동이전(東夷傳) 변진(弁辰)조에는 왜(倭)가 일찍부터 철을 구하기 위해서 변진지역 즉 가야지역과 교섭하고 있었던 것으로 되어 있다. 또한 『한서(漢書)』 지리지(地理志)에는 왜가 이미 기원전 1세기경부터 한반도를 통해서 중국과 교통한 것으로 서술되어 있다. 따라서 3세기 후반으로 비정되는 숭신천왕 이전부터 이미 일본열도와 한반도가 교류하고 있었던 것은 부정할 수 없는 사실이라고 생각된다. 그러므로 이 시점에서 처음으로 한반도와 교섭했다는 『일본서기』의 서술 내용은 모순이라고 볼 수밖에 없다.

그리고 다음의 『신찬성씨록(新撰姓氏錄)』 길전연조(吉田連條)에 보이는 것처럼, 숭신천황 때 이미 왜에서 임나에 염수진(鹽垂津)을 파견해서 주재시켰다는 기록과[5] 임나에서 최초의 조공사(朝貢使)가 내일(來日)했을 때 이미 숭신천황이 붕(崩)했다는 수인기(垂仁紀) 기사의 내용은 일본측 기록 자체 내에서도 모순을 드러내고 있음을 알 수 있다. 그러므로 (2)의 사료는 『일본서기』 편찬의 서술태도를 반영한 것이지 역사적 사실을 반영했다고는 볼 수 없다.[6]

다음의 기사는 임나의 위치를 나타내는 몇 안 되는 자료 가운데 하나라는 점에서 주목받아 왔다. "임나는 축자국으로부터 2천여 리 떨어져 있고 북쪽이 바다로 가로막혀 있으며 계림의 서남에 있다."라는 위치 설명이 그것이다. 여기에서 소나갈질지가 어떠한 신분의 인물이며 무슨 목적으로 일본에 왔는지 그 이유에 대해서는 아무런 언급이 없다.

---

5) 『新撰姓氏錄』 吉田連條

6) 김현구, 박현숙, 유재병, 이재석, 『일본서기 한국관계기사연구』 (1), 일지사, pp.22~23.

이와 같은 위치의 내용에 주목해 문정창(文定昌), 최재석(崔在錫), 이병선(李炳銑) 등은 임나의 대마도설을 제기하기도 했다. 이런 대마도설에 대한 논의를 위해서는 광개토대왕릉비문의 임나가라(任那加羅)라는 표현을 다시 지적하지 않을 수 없고, 더불어 임나가 한반도내에 있었음은 자명한 역사적 사실인 것이다. 따라서 이 기사를 바탕으로 임나를 한반도 밖의 대마도로 비정하는 것은 타당하지 않다.

『일본서기』에 나타난 세 번째 가야사 사료는 수인천황(垂仁天皇) 시세조(是歲條)이다.

> (3) 숭신천황 때에 이마에 뿔이 난 사람이 배 한 척을 타고 월국(越國)의 사반포(笥飯浦)에 정박하였다. 고로 그곳을 각녹(角鹿)이라 한다. "어느 나라 사람인가?"라고 물으니, "의부가라국(意富加羅國)의 왕자 이름을 도노아아라사등(都怒我阿羅斯等), 다른 이름을 간사기아리질지간기(干斯岐阿利叱智干岐)라 한다. (중략) 혈문(穴門)에서 출운국(出雲國)을 경유하여 여기에 왔다."라고 말하였다. 이때 천황이 붕(崩)하여서 여기에 머무르며 수인천황을 섬겨 3년이 되었다. 천황이 도노아아라사등에게 "그대의 나라에 돌아가고 싶은가?"라고 물었다. 대답하여 "몹시 돌아가고 싶습니다."라고 하였다. 천황은 아라사등에게 조(詔)하여 "그대가 길을 잃지 않고 빨리 왔으면 선황(先皇)께도 뵈었을 것이다. 그러니 그대의 나라 이름을 어간성(御間城) 천황의 이름을 따서 나라이름으로 하라."고 하였다. 그리고 붉은 비단을 아라사등에게 주어 본국으로 돌려보냈다. 고로 그 국호를 미마나국(彌摩那國)이라 함은 이것이 연유가 된 것이다.[7]

7) 이 사료는 『日本書紀』 垂仁天皇 是歲條 본문 기사와 그 분주에 기재된 설화적인 기사이다.

세주(細註)의 일서(一書)에 의하면, 숭신대(崇神代)에 대가라국(大加羅國)의 왕자인 '도노아아라사등(都怒我阿羅斯等)'이라고도 하고 또는 '간사기아리질지간기(干斯岐阿利叱智干岐)'라고도 부르는 자가 일본국에 성황(聖皇)이 있다는 소문을 듣고 귀화해 왔다는 것이다. 그런데 왕자인 '간사기아리질지간기'가 귀국할 때 그에게 숭신의 화명(和名)인 어간성(御間城, ミマキ)이라는 이름을 주어서 그의 나라를 임나(任那, ミマナ)라는 국명으로 부르게 하였다는 것이다.

'임나'를 일본에서는 예로부터 'ミマナ'라고 읽고 있다. 임나의 우리말의 원음이 무엇이었는지, 왜 한자로 표기할 때에 임나(任那)라는 문자로 표시하였으며, 또 어찌해서 일본에서는 상고시대부터 이를 'ミマナ'로 발음하게 되었는지는 현재로서는 전혀 알 수 없고, 또 그 원의(原意)도 정확하게 파악할 수 없다. 다만 지명이나 국명에 대한 부회설명(附會說明)은 그러한 지명이 먼저 있고 그 뒤에 그에 대해서 설화가 부회되는 것이 상식이다. 그러므로 일본의 건국자는 가야에서 건너간 왕이라고 주장하는 유력하고 확실한 근거로 숭신천황의 화명(和名)이 어간성입언오십경식천황(御間城入彦五十瓊殖天皇, ミマキイリビユイニユノヌメラミコト)이라고 하는데, 여기의 'ミマギ'는 임나의 'ミマナ'에서 따온 것이므로 숭신은 가야에서 나서 살다가 일본으로 건너가서 일본(大和政府)의 천황이 되었다고 보아야 한다는 주장이 나오게 되는 것이다.[8] 그리고 『일본서기』의 이 시기의 기사는 사실성이 전혀 없는 것임은 더 말할 필요가 없다.

한국측의 용례를 통해 볼 때, 임나라는 명칭은 숭신천황의 이

---

8) 李鐘恒, 「記·紀를 통해서 본 일본고대사상 기야의 위상에 관한 연구」, 『伽倻文化』 제 호, 재단법인 가야문화연구원, 1991, pp.39~40. 崇神이 任那出身으로 渡日建國한 자라는 주장을 한 대표적인 학자의 한 사람이 騎馬民族說을 江上波夫이다.

름에서 나온 것이 아니라 이전부터 한반도에 실재한 가야제국(伽耶諸國) 가운데 일국(一國)을 가리키는 협의의 의미로 쓰였음에 의심의 여지가 없다. 그런데 일찍부터 한반도에 '미마나'라는 호칭이 존재하고 있었음을 시사하는 내용이 『신찬성씨록』에 보인다. 『신찬성씨록』 미정잡성(未定雜姓) 우경조(右京條)에는 "三間名(미마나)公 彌麻奈國主 牟留知王之後者 不見"이라는 내용이 보이는데,[9] 한인(韓人)들이 '미마나(三間名)'라는 이름을 붙였다고는 생각되지 않으므로 '미마나(三間名)'라는 이름은 일본에서 붙였다고 할 수밖에 없다. 그렇지만 '미마나(彌麻奈)국주'의 '미마(彌麻)'는 '미마(彌馬)'이므로 '미마나(彌麻奈)' 즉 '미마나(彌馬那)'가 '임나'의 별명으로 한반도에서 사용되었음이 입증된다는 것이다.

결국 한반도에 '임나'라는 표기가 있었고 그것이 '미마나'로 불렸던 것이 사실이라면, 그것은 고령가야인 '미오야마국(彌烏邪馬國)'에서 왔거나, 금관가야인 '임해(臨海)'에서 왔을 가능성이 크다. 그리고 이것이 사실이라면, 그 유래는 협의의 임나가 고령가야를 의미하였는가, 금관가야를 의미하였는가에 따라서 결정될 수밖에 없다고 생각된다.[10]

(3)은 이외에도 가야 제국의 세력이 한반도 남단에서 대마도를 거쳐 북구주지역을 지나 혈문(산구현 지역)을 돌아서 출운에 이르는 왜지이주(倭地移住) 관계를 나타내주는 기사라는 점에서도 유의해볼 필요가 있다.[11]

---

9) 『新撰姓氏錄』 未定雜姓 右京條.

10) 김현구, 박현숙 외 공저, 『앞의 책』, 2002, p.34.

11) 윤석효, 『신편 가야사』, 혜안, 1997, p.170.

신공황후(神功皇后) 46년 춘3월에도 가야관계 사료가 보인다.

> (4) 46년 춘3월 을해삭(乙亥朔), 사마숙이(斯摩宿禰)를 탁순국(卓淳國)에 보냈다. 탁순왕 말금한기(末錦旱岐)는 사마숙이에게 고하여 "갑자년 7월 중순, 백제인 구저(久氐), 미주류(彌州流), 막고(莫古) 3인이 우리 땅에 와서, 백제왕은 동방에 일본(日本)이라는 귀국(貴國)이 있다는 것을 듣고 신들을 보내 그 귀국에 가게 하였습니다." (중략) 그래서 사마숙이는 종자인 이파이(爾波移)와 탁순인(卓淳人) 과고(過古) 둘을 백제국에 보내 그 왕을 위로하게 하였다. 백제의 초고왕(肖古王)은 기뻐하고 후대하였다.[12]

신공기(神功紀) 46년조의 이 내용은 왜와 탁순의 접촉, 탁순왕을 매개로 한 백제의 대왜통교(對倭通交) 등으로 구성되어 있다. 예를 들면, 백제가 제3국을 귀국(貴國)이라 부르고 있는 점, 왜에 가기 위해서 바다를 건너야 하는 것을 백제가 몰랐다는 점, 왜와의 통교목적이 진보(珍寶)를 바치기 위한 것으로 되어 있는 점, 일본이란 후대의 용어가 보이는 점 등을 들 수 있다. 이것은 이 기사에 이미 『일본서기』 편자의 윤색이 가해져 있음을 뜻한다.

그러나 이 기사에 흐르는 의미는 탁순국이 왜와 백제의 교량역할을 해주었다는 것이다. 탁순왕 말금한기의 존재를 통하여 가야의 실체를 알 수 있고, 탁순국과 탁순왕 한기라는 호칭을 미루어 보아 탁순국이 가야 제국 내에서 차지하는 위상을 알 수 있게 해주는 사료이기도 하다. 탁순왕의 교섭으로 왜와 백제가 교류를 한다는 점에서, 가야와 왜는 오랜 시원적(始原的)인 관계가 있음을 알려준다고 하겠다.

---

12) 『日本書紀』 권 제9, 神功皇后 46년 춘3월조.

신공황후조에는 여러 곳에 가야 관계 기사가 보인다. 대표적인 것을 열거해 보도록 하겠다.

(5) 49년 춘3월에, 황전별(荒田別)과 녹아별(鹿我別)을 장군으로 삼았다. 구저(久氐)들과 같이 군사를 정돈하여 탁순국에 건너 가서 장차 신라(新羅)를 치려고 하였다. 이때 어떤 사람이 "군대가 적어서 신라를 깨뜨릴 수 없으니 다시 사백(沙白)과 개로(蓋盧)를 보내어 군사를 늘려주도록 요청하십시오."라고 말했다. 곧 목라근자(木羅斤資)와 사사노궤(沙沙奴跪)에게 정병을 이끌고 사백, 개로와 함께 가도록 명령하였다. 다 탁순국에 모여 신라를 격파하였다. 그리고 비자목(比自炑), 남가라(南加羅), 녹국(喙國), 안라(安羅), 다라(多羅), 탁순(卓淳), 가라(加羅)의 7국을 평정하였다. 군사를 옮겨 서쪽을 돌아 고해진(古奚津)에 가서 남만(南蠻)의 침미다례(忱彌多禮)를 무찔러 백제에게 주었다. 이에 그 왕인 초고(肖古)와 왕자 귀수(貴須)가 또한 군사를 이끌고 와서 모였다. 비리(比利), 벽중(辟中), 포미지(布彌支), 모고(牟古) 사읍(四邑)은 스스로 항복하였다. 이리하여 백제왕 부자, 황전별(荒田別), 목라근자(木羅斤資)들이 같이 의류촌(意流村)에서 만났다. 서로 보고 기뻐하였다. 예를 후하게 하여 보냈다.13)

신공기 49년조는 신라 정토에서 시작되어 가락 칠국 평정을 중심으로 한 한반도 서남부 정토, 백제복속이라는 세 단계로 구성되어 있다. 따라서 과거에 일본학자들은 왜의 한반도 남부 경영의 발단을 신공기 49년조에서 찾았다. 이 사료가 뜻하는 것은 상기와 같은 논리전개의 구성이 아니라, 왜가 칠국평정(七國平定)

---

13) 『日本書紀』 권 제9, 神功皇后 49년 춘3월조.

과 사국(四國)의 항복을 받은 전초적 기지가 탁순국이라는 사실을 강조한 것이다. 이를 통하여 가야 제국 중 탁순국과 왜는 밀접한 관계였으며, 이를 발단으로 왜가 백제와 본격적인 관계를 맺게 되었고, 탁순국의 이러한 활동으로 보아 가야 제국은 연맹체(聯盟體)가 아니었다는 점들을 알 수 있다.

가야사 연구에서 제기되는 여러 논점(論點) 가운데 가장 중요한 문제는 가야 연맹체설에 관한 것이다. 이는 주로 가야의 사회발전단계를 논하는 가운데 운위되던 용어였으나, 최근에는 가야 제국간 혹은 가야 개별국의 정치형태를 논하는 용어로 사용되고 있다. 전·후기 가야 연맹체나 대가야 연맹체, 지역 연맹체 등의 용어는 모두 후자와 관련하여 사용되는 개념들이다.

가야 각국 간의 정치형태를 연맹체로 본 기존의 연구는 『삼국유사』 「오가야조」와 「가락국기」에 보이는 가야사상(伽耶史像)에 기인한 바가 컸다. 보다 구체적으로 말하자면, 신라 말 고려 초기에 다시 그려낸 가야 인식에 현혹되었던 것이다. 그리고 서양의 문화인류학적 시각에 입각하여 가야의 사회발전단계를 고대국가 성립 이전의 연맹체단계로 설정한 1960~1970년대 연구 또한 가야연맹체설의 고착을 뒷받침하였다. 이때의 연구는 가야의 사회발전단계를 규정짓는 개념으로 연맹체란 용어를 사용한 것이지만, 이후 연구자들이 가야 각국간의 관계를 설명하는 것으로 혼용함으로써 가야사의 실상에 대한 혼란을 가중시켰다.

1980~1990년대의 연구에서는 주로 가야의 정치형태를 중심으로 연맹체설이 전개되었다. 고고학 자료나 『일본서기』의 적극적 활용 등 자료의 활용이나 연구방법론상 이전보다 세련된 것이 사실이다. 그러나 『일본서기』 전체의 흐름에 보이는 임나상(任那

像)은 7세기 후엽~8세기 전엽의 일본고대 천황주의사관(天皇主義史觀)에 의해 왜곡 윤색된 것으로서, 가야 제국들의 실상을 그대로 보여주는 것이 아니다. 즉 『일본서기』를 기술한 것은 가야를 야마토정권에 의해 통치 받는 번국(蕃國)으로 설정하고 있기 때문에, 가야 전 지역을 그들의 통치지역으로 서술하고 있는 것이다. 따라서 이 점을 간과하면서 『일본서기』에 보이는 임나관(任那觀)에 입각하여 성립한 연맹체설은 신공기 49년조에 나타난 탁순국(卓淳國)의 활동을 분석하여 활용한다면 마땅히 수정되어야 할 것이다.

신공황후 62년조에도 가야관계 사료가 등장한다.

> (6) 62년, 신라가 조공해 오지 않았다. 이해에 습진언(襲津彦)을 보내 신라를 치게 하였다. 『백제기(百濟記)』에서 말하기를, 임오년에 신라가 귀국에 가지 않았다. 귀국은 사지비궤(沙至比跪)를 보내 치게 하였다. 신라인은 미녀 2인을 단장하여 항구에서 마중하여 유혹하였다. 사지비궤는 그 미녀를 받고서는 도리어 가라국(加羅國)을 쳤다. 가라국왕 기본한기(己本旱岐) 및 백구지(百久至), 아수지(阿首至), 국사리(國沙利), 이라마주(伊羅麻酒), 이문지(爾汶至)들이 그 인민을 거느리고 백제에 도망하였다. 백제는 후하게 대우하였다. 가라국왕의 누이 기전지(旣殿至)가 대왜(大倭)를 향하여 가서 "천황은 사지비궤를 보내 신라를 치게 하셨습니다. 그런데 신라의 미녀를 받고는 버려서 치지 않고 도리어 우리나라를 멸망시켰습니다. 형제 인민이 모두 유랑하였습니다. 근심을 이기지 못하여 와서 여쭙니다."라고 말하였다. 천황이 크게 노하여 목라근자(木羅斤資)를 보내 군사를 거느리고 가라에 이르러 그 사직을 복구시켰다고 하였다.14)

이 기사는 신라가 조공해 오지 않자 이를 이유로 습진언(사지비궤)을 보내서 신라를 치게 했다는 내용이다. 신공 62년 임오년은 간지를 2순 내리면 382년이 된다. 따라서 사지비궤가 가라국을 정토한 것은 382년이 된다. 그러나 신공 46, 49, 52년조 등에서도 살펴본 바 있지만, 당시 왜와 백제, 가야 제국은 우호적인 관계였다. 그리고 4세기 후반의 역사상을 전하고 있는 광개토대왕릉비를 통해서도 왜가 백제, 가라와 우호관계를 맺고 있었음이 확인된다. 따라서 왜가 신라로부터 미녀를 받고 가라국을 정벌한다는 내용은 있을 수 없는 일이었다고 생각한다.

한편 가라국이 구원을 요청하고 그에 응해 목라근자를 파견해 가라국을 구원한 것이 야마토정권이라는 내용도 사실로 인정하기 어렵다. 야마토정권이 가라국을 구원했다는 것은 신공 49년(369)에 가야칠국을 평정한 것이 야마토정권(大和政權)이라는 사실을 전제로 하고 있는데, 우선 이 전제부터 성립되지 않기 때문이다. 그리고 천황이 보내서 가라국의 사직을 복구시켰다는 목라근자도 백제장인임이 틀림없고, 당시 지리적으로도 일본이 가라국을 구원한다는 것은 불가능했기 때문이다.

이 사료가 뜻하는 바는 가라왕족의 호칭인 기본한기, 백구지, 아수지, 국사리, 이라마주, 이문지, 기전지에서 가야에는 자주적, 독립적인 신분제도가 있었음을 알 수 있고, 가야와 왜의 중요한 관계를 바탕으로 백제와 신라의 대외관계가 전개되었다는 점을 시사 한다고 하겠다.

---

14) 『日本書紀』 권 제9, 神功皇后 62년조.

응신천황(應神天皇) 7년 추(秋) 9월조에는 다음과 같은 가야에 관한 사료가 있다.

(7) 7년 가을 9월에, 고구려인과 백제인, 임나인, 신라인이 같이 내조하였다. 이 때 무내숙이(武內宿禰)에게 명하여 여러 한인(韓人)을 거느리고 연못을 만들게 하였다. 그래서 그 못을 한인지(韓人池)라고 한다.[15]

이 기사에서 고구려와 백제, 임나(가야), 신라인이 모두 동시에 조공(朝貢)을 바치기 위해 갔다는 것은 역사적 사실의 반영이라기보다는 의도적인 설정으로 보아야 할 것이다. 또한 여러 나라 국명을 서술한 것은 한인지(韓人池)를 만든 주체인 여러 한인(韓人)이란 표현과 연결시키기기 위한 것으로 보인다. 그러나 이 사료가 의미하는 바는 응신천황 때 한국 고대의 역사는 삼국시대(三國時代)가 아니라 사국시대(四國時代)였다는 사실과 또한 이때에 도래인(渡來人)의 대규모 이주에 의해 왜문화(倭文化) 형성에 영향을 주었음을 나타내주는 것인데, 그 구체적인 표현이 한인지의 축조이다.

응신천황 9년 하(夏)4월조에도 가야사 사료가 있다.

(8) 9년 하 4월, 무내숙이(武內宿禰)를 축자(筑紫)에 보내 백성을 감찰하게 하였다. 그 때 무내숙이의 아우 감미내숙이(甘美內宿禰)는 형을 제거하려고 천황에 참언하여, '무내숙이는 천하를 바라는 마음이 있습니다. 지금 들으니 축자에서 밀모하여, 축자

15) 『日本書紀』 권 제10, 應神天皇 7년 추9월조.

를 갈라서 삼한(三韓)을 불러 자기에게 따르게 하면 천하를 얻을 수 있다고 말한다고 합니다.'라고 말하였다.[16]

이 사료에서도 무내숙이의 모함사건에 '삼한을 불러'라는 구절을 보아 한반도 이주민의 세력이 왜지에 미친 영향이 작지 않았음을 보여주고 있다.

응신천황 때 이어지는 가야사 사료는 다음과 같다.

(9) 14년 춘2월, 이 해 궁월군(弓月君)이 백제로부터 내귀하였다. 그리고 아뢰어 "신이 자기 나라 120현(縣)의 인민을 거느리고 귀화하려고 하였습니다. 그러나 신라 사람이 방해하여 다 가라국에 머물러 있습니다."라고 말하였다. 이에 갈성습진언(葛城襲津彦)을 보내 궁월의 인민을 가라로부터 불렀다. 그러나 3년이 지나도 습진언은 돌아오지 않았다.[17]

(10) 16년 8월, 평군목면숙이(平群木菟宿禰), 적호전숙이(的戶田宿禰)를 가라에 보냈다. 정병을 주어 조(詔)하여 "습진언이 오래 돌아오지 않는다. 반드시 신라가 방해하여 체류하고 있을 것이다. 그대들은 빨리 가서 신라를 치고, 그 길을 열어라."고 하였다. 목면숙이들은 정병을 보내 신라의 경계에 이르렀다. 신라왕이 겁이 나서 복죄하였다. 그래서 궁월의 인민들을 거느리고 습진언과 같이 돌아왔다.[18]

(11) 20년 추9월, 왜한직(倭漢直)의 선조 아지사주(阿知使主)와 그 아들 도가사주(都加使主)가 그의 무리 17현(縣)을 거느리고

16) 『日本書紀』 권 제10, 應神天皇 9년 하4월조.

17) 『日本書紀』 권 제10, 應神天皇 14년 춘2월조.

18) 『日本書紀』 권 제10, 應神天皇 16년 8월조.

내귀하였다. 22년 춘3월 갑신삭 무자(5일), 천황은 난파(難波)에 가서 대우궁(大隅宮)에 있었다. 정유(14일), 높은 무대에 올라 멀리 바라보았다. 그 때 비(妃) 형원(兄媛)이 옆에 있었다. 서쪽을 바라보고 크게 한탄하였다. 천황이 형원에게 물어 "어째서 그대는 그렇게 한탄하는가."라고 말하였다. "요즈음 부모가 못 견디게 그리워집니다. 서쪽을 바라보다가 저절로 한탄이 나왔습니다. 부디 잠시 돌아가서 부모를 뵈면 좋겠습니다."라고 대답하였다. (중략) 허락하였다. 담로어원(淡路御原)의 어부 80인을 불러 뱃사공으로 하여 길비(吉備)에 보냈다.[19]

(12) 25년, 백제의 직지왕(直支王)이 훙(薨)하였다. 그 아들 구이신(久爾辛)이 왕이 되었다. 왕은 나이 어렸다. 목만치(木滿致)가 국정을 잡았다. 왕모와 간음하여 무례한 일이 많았다. 천황이 듣고 불렀다. 백제기에 말하였다. 목만치는 목라근자가 신라를 칠 때, 그 나라의 부인을 얻어서 낳은 바다. 그 부의 공이 있으므로 임나일을 도맡아 보았다. 우리나라에 오고, 귀국에 왕래하였다.[20]

(9)가 나타내는 바는 왜국과 백제, 가야의 제휴관계와 신라의 방해로 백제의 이주민이 가라국에 머물러 있었다는 사실로 보아, 왜국의 한반도 교류의 거점은 가야 제국이었음을 시사한다. 『일본서기』 본문에는 궁월군이 진씨(秦氏)의 선조라는 기사가 없으나 다음에 나오는 『신찬성씨록』의 계보전승에 의하면 궁월군은 진씨의 선조로 나오고 있으므로 궁월군의 전승은 진씨계의 도래 전승임을 알 수 있다. 한편, 궁월군이 120현 또는 127현의 인부를 데리고 갔다는 표현은 상당한 인원이 일본으로 건너갔다는 틀림없는 사실을

---

19) 『日本書紀』 권 제10, 應神天皇 20년 추9월조.

20) 『日本書紀』 권 제10, 應神天皇 25년조.

나타낸다고 하겠다.

(10)의 기사에서는 궁월군의 인부들을 데려가기 위해 평군목 면숙이, 적호전숙이를 가라에 보내 신라를 치도록 하였으며, 이에 왜군이 신라국경에 이르자 신라왕이 놀라 복죄(伏罪)하였다고 되어 있다. 그러나 실제 왜와 신라의 군사적 격돌은 확인되지 않는다. 또한 왜군이 신라 국경에 이르자 신라가 놀라 싸우지도 않고 순순히 복죄하였다는 것은 신공기의 신라 정토 기사 이래 상투적으로 보이는 서술방식이므로 사실로 인정하기 곤란하다. 따라서 왜의 신라 정토는 궁월군의 인부 도일(渡日) 전승에 가탁된 허구로 보는 것이 타당할 것이다. 이 사료는 백제와 가야, 왜 대(對) 신라와의 국제전을 나타내주는 것이다.

(11)은 응신천황시 왜로 건너간 왜한씨(倭漢氏, 東漢氏) 즉 아라가야(安羅伽耶)의 이주민 세력이 많았음을 나타내주는 사료이다. 응신천황의 비 형원이 바라본 서쪽이 상징하는 것은 길비에 있었던 가야계통 한반도 이주민세력의 존재를 부각시키려는 의도에서 나타난 기록일 것이다.

(12)의 분주는 목만치가 임나에서 일을 전담하게 된 것이 목라근자의 공에 의거한 것으로 나오는데, 이 경우는 부친인 목라근자의 공로라면 369년 가라칠국 평정과 382년 목라근자가 가라국을 구원한 사실을 의미할 것이다. 그리고 목만치가 백제조정에서 실제로 활동한 것은 『삼국사기』에 의해서도 확인되는 사실이다. 그러나 목만치가 백제국정을 장악한 이유로 "귀국을 왕래하면서 천조(天朝)의 명을 받들어"라고 서술하고 있는 것은 왜를 권력의 배경으로 하고 있음을 나타내고 있다. 이것은 후세의 율령용어로 표현되어 있을 뿐만 아니라 신공 49년조 이래 왜가

백제를 복속시켰다는 것을 전제로 한 논리이므로 『일본서기』 편자가 설정한 허구라고 볼 수 있다. 따라서 그가 백제의 국정을 장악하게 된 것은 임나의 일을 전담할 수 있었던 것과 마찬가지로 그의 아버지인 목라근자의 근초고왕대 이래의 활동에 기인한 것으로 보는 것이 타당할 것이다. 이 사료가 뜻하는 또 다른 한 가지는 왜와 가야, 백제 관계에서 응신천황 때부터 서서히 왜와 백제, 가야관계로 왜의 외교관계 순위가 변천해가고 있음을 찾아볼 수 있다는 점이다.

인덕천황(仁德天皇)시 가야 관계 기사는 즉위 전기에 실려 있다.

(13) 대초료존(大鷦鷯尊)이 왜직(倭直)의 선조 마여(麻呂)에게, "왜의 둔전(屯田)이 본래 산수(山守)의 땅이라 함은 사실인가?" 라고 물었다. "신은 모릅니다. 다만 신의 아우 오자롱(五子籠)은 알고 있습니다."라고 대답하였다. 이때에 오자롱은 한국(韓國)에 가서 아직 돌아오지 않았다. 대초료존은 어우(淤宇)에게, "그대는 직접 한국에 가서 오자롱을 불러오너라. 밤낮을 가리지 말고 급히 가라."고 말하였다. 그래서 담로(淡路)의 어부 80인을 뽑아서 사공으로 하였다. 어우는 한국에 가서 오자롱을 데리고 왔다. 왜의 둔전의 일을 물었다. 대답하여 "전하여 들으니 수인천황 때에 태자 경행천황(景行天皇)에게 말씀하시어 왜의 둔전을 정하셨습니다. 이때의 칙지(勅旨)는 모든 왜의 둔전은 천황의 것이며 제1의 아들이라 하여도 천황이 아니면 관장할 수 없다고 하셨습니다. 이것을 산수(山守)의 땅이라 하는 것은 틀린 것입니다."라고 하였다.[21]

---

21) 『日本書紀』 권 제11, 仁德天皇 즉위전기.

(13)의 이 기록은 한국에 간 오자룡을 불러서 둔전을 해결하였다는 것이다. 그런데 이 기사의 이면에는 이보다도 왜의 선진국이었던 가야의 선진제도와 문화를 수용하여 그 영향을 받았다는 그 당시의 보편적 양상 중의 하나를 반영한 것으로 보는 것이 타당한 해석이다.

웅략천황(雄略天皇)시의 가야관계 사료를 찾아보면, 다음과 같은 것이 있다.

(14)-1 전협(田狹)을 임나국사(任那國司)로 임명하였다. 조금 후에 치원(稚媛)을 불렀다. 전협신(田狹臣)은 치원에 장가들어 형군(兄君), 제군(弟君)을 낳았다. 전협이 임명된 장소에 가서 천황이 자기 처를 빼앗은 것을 듣고는 신라에 구원을 청하여 들어가려고 하였다. 그때 신라는 왜를 섬기지 않았다. (중략) 임나국사 전협신은 제군이 치지 않고 간 것을 기뻐하였다. (중략) "내 아들인 너는 백제에 머물러 일본과는 통하지 말라. 나는 임나에 거점을 가지고 또 일본에는 통하지 않겠다."라고 말하였다.[22]

(14)-2 그래서 사람을 임나의 왕에게 보내 "고구려의 왕이 우리나라를 정벌하였다. 이때를 당하여 우리나라는 매달려 있는 깃발과 같다. 나라의 위태로움은 누란의 위기보다 더하다. 명의 장단도 헤아릴 수 없다. 엎드려 일본부(日本府)의 장군들에 도움을 청한다."라고 말하였다. 이 때문에 임나의 왕은 선신반구(膳臣斑鳩), 길비신소리(吉備臣小梨), 난파길사적목자(難波吉士赤目子)에 권하여 가서 신라를 도와주게 하였다.[23]

22) 『日本書紀』 권 제14, 雄略天皇 7년조.

23) 『日本書紀』 권 제14, 雄略天皇 8년 춘2월조.

(14)-3 기소궁숙이(紀小弓宿禰)들이 신라에 들어가 근처의 군(郡)을 약취하였다. 신라왕은 밤에 사방에 관군의 북소리가 울리는 것을 듣고 녹국(喙國, 慶山)의 땅이 모두 점령되었음을 알고 수백 기와 더불어 도주하였다. 크게 깨쳤다. 소궁숙이(小弓宿禰)는 쫓아가 적장을 진중에서 베었다. 녹국의 땅을 모두 평정하였다. 그러나 남은 군사들은 따르지 않았다. 소궁숙이는 또 군사를 거두어 대반담연(大伴談連)들과 만났다. 군사들은 남은 군사들과의 싸움에 다시 크게 떨쳤다. 이날 저녁에 대반담연 및 기강전래목연(紀岡前來目連)은 모두 힘껏 싸우다 죽었다.[24]

(14)-4 백제왕은 일본의 장수 사이에 조그만 일로서 틈이 생겼다는 것을 들었다. (중략) 강에 이르렀을 때에 대반숙이(大磐宿禰)는 말에게 물을 먹였다. 그 때 한자숙이(韓子宿禰)가 뒤에서 대반숙이의 안장 뒤의 뒷가리개를 쏘았다. 대반숙이는 놀라 뒤돌아보고 한자숙이를 쏘아 떨어뜨렸다. 강 가운데서 죽었다. 이 세 신하는 전부터 경쟁하여 질서를 어지럽게 하였으므로 백제의 왕궁에 가지 못하고 돌아왔다. (중략) 천황은 대연(大連)에게 칙하여 "대장군 기소궁숙이는 용과 같이 올라가고 범과 같이 노려보며 두루 사방을 보았다. 반한 자는 토벌하여 사해를 평정하였다. 그리고 만리(萬里)에 수고하여 삼한(三韓)에서 운명하였다. 애도하여 장사를 보내리라."라고 하였다.[25]

(14)-5 21년 춘삼월, 천황은 백제가 고구려에 의해 파멸되었다는 것을 듣고, 구마나리(久麻那利)를 문주왕(汶洲王)에게 주고 그 나라를 다시 일으켰다. 그 때 사람들이 다 "백제국은 일족이 이미 망하여 창하(倉下)에 모여 걱정한다 하였지만,

---

24) 『日本書紀』 권 제14, 雄略天皇 9년 3월조.

25) 『日本書紀』 권 제14, 雄略天皇 9년 하5월조.

실은 천황의 덕으로 다시 그 나라를 일으켰다."라고 말하였다.[문주왕은 개로왕(蓋鹵王)의 모제(母第)다. 『일본서기』에 구마나리를 말다왕(末多王)에 주었다 한다. 아마 이는 잘못일 것이다. 구마나리는 임나국 하치호리현(下哆呼唎縣)의 별읍이다.][26]

(14)-1에서 길비신 전협은 임나국사로 표기되고 있는데, 『일본서기』에서 '국사(國司)'라는 표현은 이 기사에서 처음 나타나고 있다. 국사는 7세기 후반 이후 율령제 시행단계의 고대 일본의 지방장관을 의미하는 것이므로, 5세기말 웅략(雄略)조 단계에 이미 '국사'가 설치되어 있었다는 것은 명백한 조작 윤색의 결과로 보인다. 더구나 그것이 '임나'에 설치되어 있었다는 것은 임나에 대한 왜의 지배를 전제로 한 표현이므로 '임나국사'라는 표현은 임나를 왜의 일부로 간주한 다음에야 성립될 수 있는 것이다. 그러나 왜가 한반도를 지배한 사실이 없는 만큼 이 내용 역시 사실이라고 보기 어렵다.

이 사료에서 천황과 전협 사이의 내분에서 천황이 그를 견제하기 위해 임나국사로 임명하여 축출하였다는 것은 왜와 가야가 긴밀한 관계를 유지해 오는 사이라는 것을 의미한다. 그 구체적인 사실로서 전협이 임나를 거점으로 왜에 대한 적대적 감정을 그의 아들 제군에게 말한 것을 보아도, 가야가 왜의 본거지였음을 실증적으로 나타내주는 사례라고 하겠다.

(14)-2의 기사에는 신라가 임나를 통해서 일본부행군원수(日本府行軍元帥)에게 구원을 요청한 내용이 보이는데, 이것이 의미하는

26) 『日本書紀』 권 제14, 雄略天皇 21년 춘3월조.

바가 무엇인지 규명하기 위해서는 신라를 둘러싼 당시의 제국(諸國) 관계, 특히 신라와 왜 그리고 신라와 가야 관계를 통해 살펴보는 것이 순서일 것이다. 왜와 신라 관계를 통해서 볼 때, 왜가 신라를 구원한 사실은 『삼국사기』와 『일본서기』에도 전혀 나오지 않는 내용이다. 또한 구원군으로 파견되었다는 선신반구 등의 실질적인 활동으로 보여주는 내용 가운데는 그가 기병을 사용해 고구려를 격파했다고 되어 있는데, 당시 왜에는 기병이 없었다.

한편, 신라는 가야에 있는 왜 세력의 도움을 받은 것으로 되어 있고, 그 세력은 '일본부행군원수'라고 서술되어 있다. 그런데 이때 나오는 '일본'이라는 용어는 7세기 이후에 사용된 것으로, 5세기 단계에 존재하지 않았다는 것은 분명한 사실이다. 따라서 신라가 가야를 통해 '일본부행군원수'에게 구원을 요청했다는 것은 사실이 아님이 분명하다.

5세기에 신라와 백제는 고구려의 남하정책에 대항해서 동맹을 맺고 있었다. 그러므로 신라가 고구려의 침입을 받을 경우, 신라가 구원을 요청할 곳은 당연히 백제일 것이다.[27] 또한 백제와 가야는 신공(神功) 49년 이래 지속적인 관계를 맺고 있었다. 그리고 이 시점을 전후한 시기에 백제가 고구려의 침입을 받은 신라를 지원한 사실은 『삼국사기』 신라본기, 소지왕(炤知王)대의 기사를 통해서도 입증된다.[28] 결국 이 사료는 고구려와 신라의 다툼에서 신라가 임나왕의 도움을 청하여 극복하였다는 내용으로서, 이것은 가야가 삼국과 대등한 국력을 가진 고대국가였음을

---

27) 김현구, 박현숙, 우재병, 이재석, 『앞의 책』, p.253.

28) 『三國史記』 新羅本紀, 炤知麻立干 3년(481). 고구려와 말갈의 침범에 대해 백제와 가야가 원병을 파견해 신라를 도와 고구려를 대패한 기사와 부합한다.

나타내 주는 동시에, 또한 그 배후에는 백제와 왜가 연합해 있어서 그런 국력을 갖추게 되었음을 보여주고 있다.

(14)-3에 보이는 왜의 신라정벌 기사는 사실로 보기 어렵다. 이것은 당시의 역사적 사실에 입각해 서술된 내용이 아니라, 『일본서기』에서 신공황후의 삼한(三韓) 정벌 이후에 설정된 왜와 한반도 제국(諸國)의 관계, 즉 삼한의 제국이 모두 왜에 조공을 바치고 복속하고 있었다는 전제에 의거하여 기술된 신라 정벌담인 것이다. 더구나 이 전승의 주인공으로 나오는 기소궁숙이, 소아한자숙이, 대반담연, 소록화숙이 등의 실존성의 문제도 있으므로 이 내용은 그대로 신뢰하기가 어렵다.

기소궁숙이들이 신라를 쳐부수고 녹국지역 즉 가야지역을 평정하였다는 이 기사는 가야세력권이 신라와의 전투에서 일진일퇴할 정도로 신라와 대등한 체제의 거점국가였음을 상징적으로 표현하고 있다.

(14)-4는 기대반숙이가 그의 부친 기소궁숙이의 뒤를 이어 임나에 와서 나머지 장군들과 불화를 거듭한 끝에 소아한자숙이를 사살한다는 것이 주된 내용이다. 그런데 이는 앞의 3월조와 연결된 일련의 사건이므로 그 연장선상에서 생각한다면 사실일 가능성은 희박하다.

그리고 위 내용은 결국 신라와 대치하여 임나에 주둔하는 왜의 군대가 기대반숙이의 지휘를 받게 되었다는 것을 보여주고 있다. 즉 본문에서 말하는 기대반숙이의 임나 주둔군 장악은 뒤에 그가 삼한(三韓)의 왕이 되려 하였고, 그래서 백제와도 충돌하며 난을 일으킨다는 내용을 예고한 것으로 보인다. 왜국 장수 사이의 내분과 "소궁숙이의 몸은 만리 밖에서 수고로웠고 목숨은 삼한에서 떨어졌으니, 의당 불쌍히 여겨 장례를 담당할 자를 보내는 것이 마땅하다."는 표현의 이면에는 가야가 왜의 본거지요 전초기지였음을 나타내준다.

(14)-5의 본문 기사의 분주에서는 구마나리를 '임나국 하치호리현의 별읍(別邑)'이라고 한 내용을 소개하고 있다. 왜가 백제에게 구마나리를 사여했다는 내용 자체가 조작된 것인 만큼, 이 논의의 연장선상에서 구마나리를 '임나국 하치호리현의 별읍'이라고 서술한 내용 역시 조작된 것으로 이해된다.

또한 '임나국 하치호리현의 별읍'이라는 표현에서 국(國)의 하위조직으로 현(縣)을 두는 제도 자체가 당시 한반도 제국에는 없었다. 따라서 이러한 표기 자체는 백제와 가야 등의 사료에 의거하지 않은 것으로 생각된다. 그리고 지방 통치조직으로서의 국-현제도는 적어도 표기상으로는 『일본서기』에 여러 차례 나타나고 있지만, 국-현제의 존재 자체가 일본에서는 의심을 받고 있는 실정이다.

전체적으로 본문과 분주에 나오는 구마나리 곧 임나국 하치호리현의 별읍 사여는 『일본서기』 편자가 백제와 임나 등 한반도 제 지역에 대한 왜의 지배를 전제로 서술한 작문에 불과한 것이다. 오히려 백제가 웅진 천도시에 가야의 호칭을 임나국(任那國)으로 하고 있는 것으로 보아, 백제와 가야는 대등한 국가였으며, 이때에 가야의 영향력이 금강 상류 남부에까지 미치고 있었음을 상징하고 있다.

현종천황(顯宗天皇)시에 가야관계 사료는 3년 시세조(時歲條)가 있다.

(15) 이 해(3년)에 기생반숙이(紀生磐宿禰)가 임나를 점거하고 고구려와 교통하였으며, 서쪽에서 장차 삼한(三韓)의 왕 노릇을 하

려고 관부(官府)를 정비하고 스스로 신성(神聖)이라고 칭하였다. 임나의 좌노(佐魯)와 나기타갑배(那奇他甲背) 등이 계책을 써서 백제의 적막이해(適莫爾解)를 이림(爾林)에서 죽였다. 대산성(帶山城)을 쌓아 동쪽 길을 막고 지켰다. 군량을 운반하는 나루를 끊어 군대가 굶주려 고생하도록 하였다. 백제왕이 크게 화가 나서 영군고이해(領軍古爾解)와 내두막고해(內頭莫古解) 등을 보내어 무리를 거느리고 대산성에 나아가 공격하게 하였다. 이에 기생반숙이는 군대를 내보내 맞아 쳤는데, 담력이 더욱 왕성하여 향하는 곳마다 모두 깨뜨렸다. 한 사람이 백 사람을 감당할 정도였다. 그러나 얼마 후 군대의 힘이 다하니 일이 이루어지지 못할 것을 알고 임나로부터 돌아왔다. 이로 말미암아 백제국이 좌노와 나기타갑배 등 300여 명을 죽였다.[29]

이 기사의 요지는 기생반숙이가 고구려와 통교하면서 삼한의 왕이 되기 위해서 임나에 있던 백제의 적막이해를 죽이고 항거하므로 백제가 고이해 등을 보내어 기생반숙이 세력을 파하고, 그를 도왔던 좌노와 나기타갑배 등을 죽였다는 것이다. 우선 이 기사의 출처가 문제가 되는데, 기사 내에 보이는 좌노와 나기타갑배, 고이해 등의 인명은 백제계 사료와 「백제본기」를 기초로 서술된 흠명기(欽明紀)에 많이 보이고 있다.

한편, 일본측 전승을 토대로 하고 있는 부분은 예를 들어 기생반숙이가 임나를 점거하고 장차 삼한의 왕 노릇을 하려고 관부를 정비하고 스스로 신성이라고 칭했다는 부분이나, 일이 여의치 않자 일본으로 돌아갔다는 등의 내용을 들 수 있을 것이다. 이러한 내용은 백제측 사료에 있었다고 보기 어려운 내용들로서,

29) 『日本書紀』 권 제15, 顯宗天皇 3년 시세조.

기씨(紀氏)의 가기(家紀)에 의거한 것으로 추측된다. 그러므로 현종기 93년 시세조 본문은 「백제본기」와 일본측의 기씨 가기를 참고로 해서 구성한 것이라 생각된다.

(15)에서 한 가지 분명한 점은 임나(가야)의 실력자인 기생반숙이가 고구려와 통하여 백제의 세력을 이림성을 공략함으로 인해서 저지하고, 대산성을 구축하여 백제와 왜의 교통로를 차단하였다는 사실이다. 이 기사를 통해서 우리가 알 수 있는 것이 두 가지인데, 하나는 이림과 대산의 위치비정이 틀리지 않다면, 서기 487년경에 전북의 서북쪽 일대는 이미 백제세력이 침투해 있었으나, 전북의 남부인 정읍과 태인 등 지역은 아직도 백제의 힘이 미치지 못하고 여전히 가야(임나)의 세력권에 속해 있었다는 사실이다. 둘째로는 백제가 문주왕의 공주로의 남천(南遷) 이래 북에서 잃은 영토를 남으로 회복하기 위해서 영토를 남으로 개척하고 있었다는 사실이다.

이러한 백제의 남침에 대해서 재지(在地)의 주민인 임나인(가야인)이 힘을 모아서 이에 저항했을 것은 당연한 사실이라 할 것이고, 이러한 반백제(反百濟) 투쟁의 하나가 기생반숙이의 궐기라고 보아야 할 것이다. 기생반숙이가 고구려와 손을 잡은 것은 목전의 적을 격퇴하기 위해서 취한 방책이며, 이제 가야 제국에 있어서는 뒷문을 밀고 들어오는 백제라는 이리(狼)를 막는 문제가 가장 큰 과제가 아닐 수 없었다. 가야 제국의 위치에서 보면, 5세기 후반기부터 6세기 초두까지는 수난의 시간이고 고통의 시기라고 할 수 있는 것이다.[30] 그것은 가야의 세력권이 내외로부터 큰 압력을 받아 그 존립의 기반마저 크게 흔들리는 위기에 봉착해 있었던 때였다고 보이기 때문이다. 신라와 백제로부터의 강압 속

30) 李鍾恒, 「앞의 논문」, 1991, pp.52~56.

에서 가야 제국은 위축될 수밖에 없었고, 여기에 가야인들 스스로의 생존과 안전을 위해서 자주적인 방어책과 자립외교책을 세울 수밖에 없었던 처지를 이 사료는 나타내주고 있다.

## 3. 계체(繼體) 흠명기(欽明紀)부터 효덕기(孝德紀)에 이르는 가야 관계사 사료인식

계체천황(繼體天皇)시의 가야 관계 사료는 아래와 같은 것이 있다.

(1) 임나의 일본현읍(日本縣邑)에 있는 백제의 백성 중 도망해온 자와 호적이 끊어진지 3, 4대 되는 자를 찾아내어 백제에 옮겨 호적에 올리게 하였다.[31)]

(2) 동(冬)12월, 백제가 사신을 보내 조(調)를 올렸다. 따로 표(表)를 올려 임나국의 상치리(上哆唎), 하치리(下哆唎), 사타(娑陀), 모루(牟婁) 4현(縣)을 청하였다. 치리의 국수(國守)인 수적신(穗積臣) 압산(押山)이 천황에게 주(奏)하였다. (중략) 물부대연(物部大連)의 처가 '주길대신(住吉大神)이 금은의 나라 고구려와 백제, 신라, 임나 등을 뱃속(胎中)에 있는 응신천황에게 주었다.'고 하였다.[32)]

(3) 7년 하6월, 백제는 저미(姐彌)에 따라서 오경박사(五經博士) 단양이(段楊爾)를 보냈다. 따로 주하여 "반파국(伴跛國)이 신(臣)의 나라인 기문(己汶)의 땅을 빼앗았습니다."라고 하였다.[33)]

(4) 동(冬)11월 신해삭(辛亥朔) 을묘(5일), 조정에서 백제의 저미

31) 『日本書紀』 권 제17, 繼體天皇 2년 冬10월조.
32) 『日本書紀』 권 제17, 繼體天皇 6년 冬12월조.
33) 『日本書紀』 권 제17, 繼體天皇 7년 夏6월조.

문귀장군(姐彌文貴將軍), 사라(斯羅, 新羅)의 문득지(汶得至), 안라(安羅)의 신사해(辛巳奚) 및 분파위좌(賁巴委佐), 반파(伴跛)의 기전해(旣殿奚) 및 죽문지(竹汶至) 등을 나란히 세우고 은칙을 내렸다. 기문(己汶)과 체사(滯沙)를 백제국에 주었다. 이 달에 반파국이 집지(戢支)를 보내 진보(珍寶)를 바치고 기문의 땅을 달라고 하였다. 그러나 끝내 주지 않았다.[34]

(5) 8년 3월, 반파(伴跛)는 자탄대사(子呑帶沙)에 성을 쌓아 만해(滿奚)에 연결하고 봉화를 올리는 곳과 식량을 두는 창고를 만들어 일본에 대비하였다. 또 이열비(爾列比), 마수비(麻須比)에 성을 쌓고 마차해(麻且奚)와 추봉(推封)에 연결하였다. 사졸과 무기를 모아서 신라를 공박하였다. 자녀를 약취하고 촌읍을 약탈하였다.[35]

(6) 9년 이 달에 사도도(沙都島)에 이르러 소문에 반파인(伴跛人)이 원한을 품고 강한 것을 믿고 포악한 일을 마음대로 한다고 들었다. 고로 물부연(物部連)이 수군 500을 거느리고 대사강(帶沙江)으로 직행하였다. 문귀장군은 신라를 경유하여 귀국하였다. 하4월, 물부연이 대사강에 머무른 지 6일에 반파가 군사를 일으켜 나아가 쳤다. 옷을 벗기고 물건을 빼앗고 장막을 모두 태웠다. 물부연들은 두려워 도망하였다. 근근이 생명을 보존하여 문모라(汶慕羅)에 도망하였다.[36]

(7) 21년 하(夏)6월 임진삭(壬辰朔) 갑오(3일), 근강모야신(近江毛野臣)은 6만의 군사를 이끌고 임나에 가서 신라에 패한 바 있는 남가라(南加羅, 金官國), 녹기탄(喙己呑)을 회복하고 부흥시켜 임나에 합하고자 하였다. 이 때 축자국조(筑紫國造) 반정(磐井)이 반역할 것을 음모하였으나, 유예하여 몇 해를 지냈다.[37]

---

34) 『日本書紀』 권 제17, 繼體天皇 7년 夏6월조.
35) 『日本書紀』 권 제17, 繼體天皇 8년 3월조.
36) 『日本書紀』 권 제17, 繼體天皇 9년 春2월조.
37) 『日本書紀』 권 제17, 繼體天皇 21년 夏6월조.

(8) 23년 춘(春)3월, 백제왕이 하치리국수(下哆唎國守) 수적압산신(穗積押山臣)에 "조공하러 가는 사자들이 항상 섬의 돌출부를 피할 때마다 매양 풍파에 시달립니다. 이로 인하여 가지고 가는 것을 적시고 망가지게 합니다. 그러니 가라의 다사진(多沙津)을 신이 조공하는 길로 하겠습니다."라고 하였다. 이를 압산신(押山臣)이 전하여 주었다. 이 달 물부이세연부근(物部伊勢連父根) 길사노(吉士老)들을 보내 다사진을 백제왕에게 주었다. 이에 가라왕이 칙사에게 "이 항구는 관가를 둔 이래 신이 조공할 때 기항하는 항구입니다. 어째서 쉽게 이웃나라에 주십니까. 원래 지정하여 주신 경계를 침범하는 것입니다."라고 말하였다. (중략) 이 때문에 가라가 신라와 같이 일본을 원망하였다. 가라의 왕이 신라 왕녀에게 장가들어 아들을 두었다. 신라가 처음에 왕녀를 보낼 때에 100인을 함께 보내어 왕녀의 종자(從者)로 삼았다. 받아서 여러 현에 나누어 두고 신라 의관(衣冠)을 착용하게 했다. 아리사(阿利斯)등이 복장을 바꾼 것에 화를 내며 사신을 보내어 되돌아가게 했다. 신라가 매우 부끄럽게 여기고 생각을 바꾸어 왕녀를 되돌아오도록 하려고 "전에는 너희들의 요청을 받아 우리가 문득 혼인을 허락하였으나, 지금 이와 같으니 왕녀를 돌려보내도록 하라."고 하였다.[38]

(8)-1 가라(加羅)의 기부리지가(己富利知伽)가 "부부로 맺어진 것이니, 어찌 다시 헤어질 수 있는가. 또 자식도 어디에 버리고 갈 것인가."라고 답하였다. 신라가 가는 길에 있는 도가(刀伽), 고파(古跛), 포나모라(布那牟羅) 3성을 빼앗았다.[39]

(8)-2 이 달 근강모야신(近江毛野臣)을 안라(安羅)에 사신으로 보냈다. 신라(新羅)에게 권하여 다시 남가라(南加羅)와 녹기탄(㖨己呑)을 세웠다. 백제는 장군 윤귀(尹貴)와 마나갑배(麻那甲背),

38) 『日本書紀』 권 제17, 繼體天皇 23년 春3월조.

39) 『日本書紀』 권 제17, 繼體天皇 23년 春3월조.

마로(麻鹵) 등을 보내어 안라에 가서 조칙을 듣게 하였다. 신라는 인국의 관가를 깨트린 것을 두려워하고 높은 관위를 보내지 않고, 부지나마례(夫智奈麻禮)와 해나마례(奚奈麻禮) 등을 보내어 안라에 가서 조칙을 듣게 하였다. 안라가 높은 당을 지어 칙사를 인도하여 오르게 하였다. 국왕이 그 뒤를 따라 계단을 올랐다. 국내의 높은 벼슬 중 당에 오른 자가 한둘이었다. 백제의 사자 장군 등이 당하에 있었다. 무릇 수개월간에 재삼 당상에서 의논하였다. 장군 등이 그 뜰에 있는 것을 분하게 여겼다.[40]

(9) 이 달 사신을 파견하여 기능말다간기(己能末多干岐)를 보냈다. 아울러 임나에 있는 근강모야신(近江毛野臣)에 조(詔)하여 "(임나)가 주한 바를 잘 물어서 서로 의심하는 점을 화해시켜라."라고 말하였다. 이에 모야신(毛野臣)이 웅천에 이르러 신라와 백제 두 나라 왕을 불렀다. (중략) 그래서 그 본대로 자세하게 상신(上臣)에게 말하였다. 상신이 네 개의 마을을 약탈하고[금관(金官), 배벌(背伐), 안다(安多), 비지(費智) 네 마을이다. 어떤 본에는 다다라(多多羅), 수나라(須那羅), 화다(和多), 비지(費智) 네 마을이라 하였다.] 사람들을 모두 이끌고 본국으로 돌아갔다. 어떤 사람이 "다다라 등 네 마을을 약탈당한 것은 모야신의 잘못이다."라고 하였다.[41]

(10) 24년 추9월, 임나가 사람을 보내어 주상하였다. "모야신(毛野臣)이 구사모라(久斯牟羅)에 집을 짓고 머무른 지 2년에 정사를 게을리 하고 있었다. 일본인과 임나인 사이에 자주 아이가 생겨나는 것은 소송으로 해결하기 어려우며, 처음부터 판단할 도리가 없는 것이다."[42]

(11) 25년 12월 주, 3월에 군사가 안라(安羅)에 가서 걸왕성(乞王城)에 주둔하였다. 이 달에 고구려가 그 왕을 죽였다.[43]

---

40) 『日本書紀』 권 제17, 繼體天皇 23년 春3월조.

41) 『日本書紀』 권 제17, 繼體天皇 23년 秋9월조.

42) 『日本書紀』 권 제17, 繼體天皇 24년 秋9월조.

(1)과 (2)는 백제 무령왕 때 한강유역의 상실로 말미암아 축소된 경제기반을 확대하기 위해 여러 가지 조처들을 취한 사례들이다. 백제는 먼저 가야지역으로 진출하여 상치리, 하치리, 사타, 모루 등 4현과 기장, 대사지역을 직할 영역으로 편입하여 경제기반을 확대하였으며, 동시에 가야지역으로 유이해 간 민(民)들을 추쇄(推刷)하여 호적에 올렸다는 것이다. 결국 이 사료들은 백제 무령왕이 왕정에 필요한 물적, 인적 기반을 확대해 나가는 백제외교의 역량을 나타내준 것이다.

특히 (2)에서는 백제가 네 현을 얻은 것에 대해 금은(金銀)의 나라인 사국(四國)이 비난하는 기사를 통하여, 이 당시 사국 및 왜가 일정한 관계를 맺고 있었으며 가야는 삼국과 대등하게 취급되는 국가였음을 명시하고 있다.

(3)은 왜와 백제의 문화교류가 활발히 진행되는 과정을 보여주고 있으며, 반파국과 기문과의 관계를 볼 때 반파국이 이 당시 가야 제국 내의 지역에서 활발한 활약상을 보여준 국가였음을 전해주고 있다.

(4)는 백제와 왜의 밀접한 관계를 잘 보여주는 기사이다. 백제는 무령왕 12년(512)에 전남의 서반부를 영토화 하는데 성공하였다. 반파국은 백제가 가야의 땅인 기문을 침범하였으므로 이를 돌려줄 것을 요구하였다. 그러나 백제는 이에 응하지 아니하였고, 오히려 왜가 기문뿐 아니라 대사까지를 부쳐서 백제에 내어주는 일이 벌어졌다. 반파국의 기문에 대한 영유권 주장은 완전히 묵살된 것이다. 반파국의 요구와 반대가 있었음에도 불구하고 왜국은 백제의 요구에 응해서 섬진강의 중류와 하류의 옥토를 내주었

---

43) 『日本書紀』 권 제17, 繼體天皇 25년 冬12월조.

다는 사실을 통해, 왜와 백제의 밀접한 관계를 볼 수 있다.

(5)에서는 반파국이 자탄과 대사로부터 만해로 이어지는 선에 봉후(烽堠)와 저각(邸閣)을 설치하여 왜국(倭國)의 침입에 대비하고, 이열비와 마수비로부터 마조해와 추봉으로 이어지는 선에 사졸과 병기를 배치하여 신라에 대비하였음을 볼 수 있다. 가야 제국은 이에 매우 분노하여 좌충우돌하고 또한 그 세력들은 격앙되어 있었다. 마치 가야 제국이 아무런 이유 없이 흉포무도한 짓을 한 것처럼 다분히 과장되게 기록하고 있다. 그러나 사실 가야의 입장에서 보면, 전라남도와 경상남도의 경계에 속하는 이 지역의 백제 점유는 가야의 뒷문을 열어주어 적의 침입을 용이하게 함으로써, 가야 제국의 흥망을 좌우하는 중대한 사건으로 받아들여질 수 있었다.

이러한 가야 제국의 위기의식과 백제와 왜에 대한 반감은 (6)에도 잘 나타나 있다. 즉 기문과 대사를 할양하려고 백제로 가던 왜사(倭使) 물부연(物部連)이 선사(船師) 500을 거느리고 대사강(섬진강)을 가로지르다가 반파국의 군사에게 습격을 당해서 문모라로 후퇴하였다는 것이다. 반파국 군사가 대사 등 일대를 차단하여 백제와 왜의 왕래를 저지한 것은 그만큼 가야의 격노가 심했음을 알 수 있다.

이외에도 (4), (5), (6)에서는 가야 제국의 실상을 알 수 있는 여러 단서를 제공하고 있다. 우선 (4)에서는 백제와 신라, 왜 그리고 가야의 대표세력과의 교류의 범위를 찾아낼 수 있다. 특히 여기서는 안라와 반파가 이 당시 가야 제국의 대표세력임을 부각시키고 있다. (5)는 신라와 가라 제국 및 왜의 관계가 국가이익에 따라 전개되었음을 보여준다. (6)은 강성한 반파인 세력이 왜를 무찌르고 섬진강 유역에 영향을 미치고 있었음을 나타내주는 사료이다. 또한 가야와 왜가 자기나라의 이해에 따라 움직이는 국가들임을 명시해 주고 있는 사료이기도 하다.

(7)부터 (10)까지는 근강모야신의 임나경영 기사로서 법흥왕 19년의 금관국 내강(來降) 기사와 대응한다. 당시 신라의 이사부(異斯夫)에 의하여 초략(抄掠)되었다는 금관, 배벌, 안다, 위타 등 사촌(四村)은 임나 문제의 핵심지로서, 따지고 보면 임나 문제의 자초지종이 결국 이 사촌을 중심으로 전개되는 감을 주고 있다. 더욱이 신라에 의한 사촌의 초략은 법흥왕 19년조의 금관국 내강이란 역사적 사실과도 대응하므로 그러한 느낌은 더욱 확연하다. 이 기사를 자세히 살펴보면, 백제와 신라가 동서로부터 점차 가야지역을 잠식해오는데 대한 가야세력권의 자기 방어책으로 요청된 역사적 사실임을 알 수 있다. 가야는 이러한 양국의 진출로부터 자신을 방비하기 위한 계책을 세워야 하였다. 그 방법으로 나온 것이 연고가 깊은 왜국에 군사적 원조를 요청하는 길이었다.

여하튼 왜국이 가야의 요청에 응한 것이 바로 근강모야신의 출정이었다. 이 출정은 신라의 계책으로 일어난 반정(磐井)의 난(亂)으로 일시 중단되었다가 (8)의 내용인 안라의 진출로 이어졌다. 그러나 근강모야신의 이 가야 출정은 실패로 끝나고, 임나왕 기능말다간기는 다시 왜국에 구원을 청하였다. 근강모야신에게 기대를 걸었던 가야는 일차적으로 가락국을 신라에 잃은데 실망하여, 이제는 백제와 신라의 원조를 요청하였다. 한쪽에만 의지하지 않고 양편의 세력균형 위에서 자신의 독립을 유지하려는 일종의 양면작전이었을 것이다. 그러나 그것도 허사였다. 모야신은 소환되고 백제는 청병하러 갔던 노수구리를 포박하고 가야의 주동자 아리사(阿利斯) 등을 면책하였다. 가야의 만회책은 실패로 돌아간 것이다. 그 결과 금관국주는 신라에 항복하고 말았다.

(8)에서는 가야의 다사진을 둘러싼 왜, 가야, 백제의 암투와 다사진을 가야에게서 백제로 넘겨줌으로써 가야가 왜로부터 신라 쪽으로 기울어지는 외교관계의 변화 모습을 볼 수 있다. 또 구체적으로 임나일본부의 위치를 설정할 수 있는 지역에 대한 정보와 가야가 고유의 의복을 입는 독자적 문화권이었음을 찾아낼 수 있는 단서들을 볼 수 있다. (8)-1과 (8)-2는 가라가 신라와는 달리 고유의 의복을 입었으며, 안라에 위계적인 관료조직이 있었음을 밝혀주는 구체적인 사료들이다.

『삼국사기』 권33, 색복조에는 "사람은 상하가 있고 지위는 존비가 있어 명칭과 법식(法式)이 같지 않고 의복도 다르다. (중략) 이에 옛 법에 따라 엄명을 베푸는 것이니 그래도 만일 일부러 범하는 자가 있으면 국법을 시행할 것이다."라는 기사가 있다. 고대인들은 철저한 신분제 속에서 신분에 따라 부르는 명칭과 법식 그리고 그들이 입는 옷의 색깔도 달랐음을 말해 준다.

고대국가에서는 통치의 편리 또는 기득권체제의 유지를 위해 신분제를 실시하고 신분제의 체계화를 위해 제반 규정을 두었다. 제반 규정의 법식화(法式化)는 곧 율령(律令)이라고 할 수 있다. 이 점에서 율령제는 고대국가의 상징으로도 볼 수 있을 것이다. 여기서 공복제(의관제)의 존재유무를 살펴보고자 함도 그것이 단순히 신분의 구별차원을 넘어 국가적 규모에 서 행해진 정치적 집단의 신분 편성을 의미한다고 보기 때문이다.

이는 국가적 성격과 관련시켜 볼 수 있는 측면이기도 하다. 사료 (8)과 (8)-1에서 가라국은 신라 왕녀가 시집 올 때 따라온 신라인 100인을 여러 현에 나누어 살게 하였으며, 또한 그들에게 신라의 의관을 착용토록 하였다. 그런데 그들이 옷을 바꾸어 입은 사실에 대해, 가라의 아리사(阿利斯) 등은 진노하고 있다. 아리사 등이 변복(變服)에 대해 화를 낸 이유는 차치하고 여기서 주목해 볼 점은 이 문제가 중요한 정치적 시빗거리가 되었다는 사실이다.

어쨌든 이 기사는 일단 가라국에 공복제가 실시되었음을 시사해 준다. 이때의 여종들은 단순한 노비가 아니라, 신라 공복제도상의 복식을 갖추어 입을 수 있는 지위에 있었다는 점에서 일정한 관직을 가진 공식적인 신라왕실의 호위병 내지 시종이었을 것이다. 이들이 가라국에 와서 어떠한 복색을 따르느냐 하는 것은 고대인들의 관념으로는 매우 중요하였다. 가라국(伽羅國)도 신라와 같이 공복제도를 실시하고 있었으므로 신라 왕녀의 수종인에게 신라복식을 허락한 일은 정치적으로 쟁점화 될 개연성이 농후한 사건이었다.

가라국의 공복제는 신라의 율령반포로 공복제를 실시한 시기인 520년 이전부터 원시적 형태로 존재하였다. 공복제는 신분에 따라 복색 등을 달리하는 제도이므로 이는 곧 신분제와 관등제의 실시가 동시에 이루어졌음을 미루어 짐작할 수 있다. 따라서 이와 같은 공복제와 함께 안라(아라가야)에는 위계적인 관료조직이 성립되어 있었을 것이다. 또한 신라와 다른 의복생활을 하는 고유한 복식문화를 향유하는 국가가 가라국이었음을 알려주는 사료가 (8)과 (8)-1인 것이다.

(8)-2는 안라가 국왕과 더불어 위계질서를 갖춘 관직을 보유한 독자적인 영역국가이면서 백제와 대등한 국가였음을 입증해 주는

근거이다. (10)은 왜국이 백제·신라와 등거리외교를 하였으며, 모야신의 소환 속에서 왜와 가야 사이에 불화가 쌓이게 되었음을 알려주는 기록이다.

(11)은 안라가 존속했다는 사실을 나타내주는 사료로서, 왜국이 한반도 위기시에 안라를 가장 신뢰하고 있었다는 사실을 전해준다. 계체기에 수록된 가야에 관한 종합적인 내용은 반파국과 안라국이 가야 제국 중 가장 대표적인 나라임을 암시해 주는 점이라고 할 것이다.

계체기에 나오는 반파(伴跛)에 관한 이 사료를 중심으로 학계에는 여러 가지 학설이 등장하고 있다. 이 반파를 고령의 대가야로 보는 금서룡(今西龍)의 설이 있고, 반로(半路)의 로(路)는 파(跛)의 잘못된 기록으로 파악한 길전동오(吉田東伍), 나가통세(那珂通世) 이병도(李丙燾)의 학설이 대두하였다. 김태식(金泰植)은 이런 학설을 따라 반파는 고령세력의 삼한시대 명칭인 변진반로국(弁辰半路國)으로 보았다.

고령지역에 존속했던 가락국의 소국명(小國名)에 대해서는 두 가지 학설이 제기되고 있다. 하나는 『삼국지』 한조에 나오는 변한 12국중의 하나인 변진미오야마국(弁辰彌烏邪馬國)으로 보는 설이며, 또 하나는 변진반로국(弁辰半路國)으로 보는 설이다. 최근 반로국설이 강세를 보이는 듯하나, 이것도 문제가 없는 것이 아니다. 계체기 기사속의 반파는 가라가 세력팽창을 해나가는 과정중에 새로이 포함된 세력으로 볼 여지가 있다는 점에 유의해야 한다. 계체기에서 반파국과 안라국을 가야의 대표적인 국가로 본 사실은 6세기 전반기의 역사적 실상과 매우 흡사한 믿을만한 기록이다.

가야사의 전개에 있어서 4세기 이전은 김해의 본가야(금관가야)가, 5세기와 6세기경은 함안의 아라가야와 고령의 대가야가 가야 여러 나라를 이끌었다는 것은 일반적으로 알려진 내용이다. 보통 『일본서기』의 여타 기록에서는 가야를 임나(任那)로 지칭하면서 왜(倭)에 조공을 바친 집단으로 격하하거나 비하하고 있다. 그러면서도 계체기의 위와 같은 기술에서는 아라가야를 안라국(安羅國)으로 표기하고 가야 여러 나라 중 대표적인 국가임을 명시한 것은 가야사 내부에서 아라가야의 역사적 비중이 크기 때문에 나온 결과였을 것이다.

선화천황(宣化天皇) 2년조에도 가야관계 사료가 있다.

> (12) 2년 동(冬)10월 임진삭(壬辰朔)에, 천황이 신라가 임나에 침공한 까닭으로 대반금촌대연(大伴金村大連)에 조(詔)하여 그 아들 반(磐)과 협수언(狹手彦)을 보내 임나를 도와주게 하였다. 이때에 반(磐)은 축자(筑紫)에 머물러서 그 나라를 다스려 삼한(三韓)에 대비하였다. 협수언은 가서 임나를 진압하고 또 백제를 구원하였다.[44]

이 기록은 신라의 가야침입과 왜의 원군파견 사실을 묘사한 것으로서, 왜 원군의 전진기지는 축자였음을 알려주고 있다.

흠명천황(欽明天皇)의 가야관계 사료는 다음과 같다.

---

44) 『日本書紀』 권 제18, 宣化天皇 2년 冬10월조.

(13) 2년 8월에, 고구려와 백제, 신라, 임나가 같이 사신을 보내고 아울러 공물을 보내왔다.[45)]

(14) 2년 하(夏)4월에, 안라의 차한기(次旱岐) 이탄해(夷呑奚)와 대불손(大不孫), 구취유리(久取柔利) 등과 가라(加羅)의 상수위(上首位) 고전해(古殿奚)와 졸마(卒麻)의 한기(旱岐)와 산반해(散半奚)의 한기(旱岐)의 아들과, 다라(多羅)의 하한기(下旱岐) 이타(夷他), 사이기(斯二岐)의 한기의 아들 자타(子他)의 한기 등이 임나의 일본부 길비신(吉備臣)과 백제에 가서 같이 칙서를 들었다. 백제의 성명왕(聖明王 : 聖王)이 임나의 한기들에게 "일본의 천황이 조한 바는 오로지 임나를 재건하라는 것이다."라고 하였다.[46)]

(15) 성명왕(聖明王)이 '옛적에 우리 선조 속고왕(速古王)과 귀수왕(貴首王)의 치세 때에 안라와 가라, 탁순(卓淳)의 한기 등이 처음 사신을 보내고 상통하여 친밀하게 친교를 맺었다. (중략) 녹기탄(喙己呑)은 가라와 신라의 경계선에 있어 해마다의 침공으로 패배하였다. 임나도 구원할 수가 없었다. 이 때문에 망한 것이다. 남가라는 땅이 협소하여 졸지에 방비할 길이 없고 의탁할 곳이 없었다. 이로 인하여 망하였다. 탁순은 상하 둘로 갈라져 있었다. 군주는 스스로 복종하리라는 생각이 있어 신라에 내응하였다. 이 때문에 망한 것이다. 자세히 보니, 삼국의 패망은 다 까닭이 있다.[47)]

(16) 2년 추7월에, 백제는 안라의 일본부가 신라와 더불어 통모한다는 말을 듣고 전부(前部) 나솔(奈率) 비리막고(鼻利莫古), 나솔 선문(宣文), 중부(中部) 나솔 목리미순(木劦眯淳), 기신(紀臣) 나솔 미마사(彌麻沙) 등을 보내, 안라에 가서 신라에

---

45) 『日本書紀』 권 제19, 欽明天皇 즉위전기 8월조.

46) 『日本書紀』 권 제19, 欽明天皇 2년 夏4월조.

47) 『日本書紀』 권 제19, 欽明天皇 2년 4월조.

온 임나의 집사를 소환하여 임나를 세울 것을 도모하게 하였다. 따로 안라의 일본부의 하내직(河內直)이 계략을 신라에 내통한 것을 심하게 꾸짖었다. (중략) 천황의 조칙의 말에 따라 신라에게 뺏긴 남가라, 녹기탄을 빼앗아 그전대로 임나에 옮기고 길이 부형(父兄)의 나라가 되어 일본을 섬길 것이다.[48]

(17) 성명왕(聖明王)이 또 임나의 일본부에 "천황이 조(詔)하여 만일 임나가 멸망하면 그대는 거점이 없어질 것이다. (중략) 신라의 정상은 이미 아는 바와 같다. 임나를 해하고 일본에 반항하려고 한다. (중략) 임나국을 멸하고 천황을 욕되게 하는 것을 나는 두려워한다. 경(卿)은 경계하여 타인에게 속지 말 것이다."라고 말하였다.[49]

(18) 4년 추9월, "그대는 누차 표를 올려 마땅히 임나를 세우라고 말한 지 10여 년이 되었다. 말은 그렇지만 아직도 이루지 못하였다. 임나는 그대의 나라의 동량이다. 만일 동량이 부러지면 누가 집을 지을 것인가. 짐이 생각하는 바가 바로 여기에 있다. 그대는 빨리 세우라. 그대가 만일 속히 임나를 세우면, 하내직(河內直)들은 자연히 물러갈 것이다. (중략) 지금 임나의 집사, 각국의 한기들을 소집하여 같이 모의해서 표를 올려 뜻을 말하겠다. 또 하내직(河內直)과 이나사(移那斯), 마도(麻都) 등이 아직 안라에 있으면 임나는 세우기 어려울 것이다."라고 하였다.[50]

(19) 5년 2월, 백제가 시덕마무(施德馬武)와 시덕고분옥(施德高分屋), 시덕사나노차주(施德斯那奴次酒)들을 임나에 사신으로 보내 일본부와 임나의 한기 등에게 "나는 기신 나솔 미마사(彌麻沙), 나솔 기연(己連), 물부연(物部連) 나솔 용기다(用奇

48) 『日本書紀』 권 제19, 欽明天皇 2년 秋7월조.

49) 『日本書紀』 권 제19, 欽明天皇 2년 秋7월조.

50) 『日本書紀』 권 제19, 欽明天皇 4년 冬11, 12월조.

多)를 보내 천황에게 알현하게 하였다."라고 하였다.[51]

(20) 임나는 안라를 형으로 알고 있습니다. 따라서 그 뜻을 따릅니다. 안라인은 일본부를 하늘처럼 알고 있습니다. 오직 그 뜻을 따를 뿐입니다.[백제본기에 안라를 부(父)로 하고 일본부를 본(本)으로 한다고 하였다.] (중략) 안라에 있어 나쁜 짓을 많이 하면 임나를 세울 수 없으며 제국도 반드시 말을 듣지 않을 것입니다. (중략) 적신(的臣) 등이 안라에 있으면 임나의 나라를 세우기 어려울 것입니다. (중략) 만약 함파(函跛) 한기가 내응하지 않았더라면, 녹국(喙國)은 비록 소국이지만 망하지 않았을 것입니다. 탁순(卓淳)의 경우도 또한 그렇습니다.[52]

(21) 일본의 길비신(吉備臣)과 안라의 하한기 대불손, 구취유리, 가라의 상수위 고전해와 솔마군(率麻君)과 사이기군과 산반해군의 아들, 다라의 이수위(二首位) 흘건지(訖乾智), 자타의 한기, 구차(久差)의 한기가 백제에 갔다. (중략) 여기에 길비신과 한기 등이 "대왕이 말하는 세 가지 책략은 우리의 마음에도 듭니다. 일본의 대신이 안라왕과 가라왕에게 말하여 사신을 보내서 천황에게 주상하겠습니다."라고 하였다.[53]

(22) 6년 추(秋)9월, 백제가 중부(中部) 호덕보리(護德菩提)들을 임나에 사신으로 보냈다. 또한 오(吳)에서 얻은 보물을 일본부의 신(臣) 및 여러 한기에게 주었는데 각각 차이가 있었다.[54]

(23) 일본부와 안라가 이웃 재난을 구하지 않은 것은 짐(朕)이 상심하는 바이다. 또 고구려에 밀사를 보냈다는 것은 믿을 수 없는 일이다. (중략) 임나와 함께 먼저 말한 대로 힘을 합쳐 다같이 북적(고구려)을 방어하고 각자의 영토를 지켜라. 짐이 약간의 군사를 보내어 안라가 도망쳐 버린 빈 땅을 채울 것이다.[55]

---

51) 『日本書紀』 권 제19, 欽明天皇 5년 2월조.

52) 『日本書紀』 권 제19, 欽明天皇 5년 3월조.

53) 『日本書紀』 권 제19, 欽明天皇 5년 10월조.

54) 『日本書紀』 권 제19, 欽明天皇 6년 秋9월조.

(24) 11년 하(夏)4월, 백제에 있는 일본의 왕인(王人)들이 돌아오려고 하였다. 백제의 성명왕(聖明王)이 왕인에게 말하여 "임나의 일은 칙언을 듣고 굳게 지키겠다." (중략) 그리고 고구려의 노(奴) 6구(口)를 헌상하였다. 따로 왕인에게 노(奴) 1구(口)를 주었다.[56]

(25) 12년 춘(春)3월, 백제의 성명왕이 친히 자국과 이국(二國, 신라와 임나를 말한다.)의 병을 거느리고 고구려를 쳐 한성(漢城 : 廣州)을 되찾았다. 또 진군하여 평양을 쳤다. 모두 6군의 땅을 회복하였다.[57]

(26) 5월 무진삭(戊辰朔) 을해(乙亥), 백제와 가라, 안라는 중부 덕솔(德率) 목리금돈(木劦今敦)과 하내부(河內部) 아사비다(阿斯比多)들을 보내주어 주상하여 "고구려와 신라가 연합하여 세력을 합쳐 신의 나라와 임나를 멸하려고 듭니다. 고로 삼가 구원의 병을 청하여 먼저 불의에 공격하려고 합니다. 병의 다소는 천황의 마음대로 하소서."라고 하였다. 조(詔)하여 "지금 백제의 왕과 안라의 왕, 가라의 왕, 일본부의 신 등과 같이 사신을 보내 말한 정상은 잘 들었다. 또한 임나와 같이 마음을 합하고 힘을 하나로 하라."고 하였다.[58]

(27) 14년 8월, 신라와 고구려가 공모하여 "백제와 임나는 자주 일본에 드나든다. 생각건대 이는 군사를 정하여 우리나라를 치려고 하는 것일 것이다. 사실이라면 멀지 않아서 나라가 망할 것이다. 일본의 군사가 아직 떠나기 전에 안라를 쳐서 일본의 길을 끊어야 한다."라고 말하고 있습니다.[59]

(28) 15년 동(冬)12월, 백제가 하부(下部) 간솔(杆率) 문사간노(汶

---

55) 『日本書紀』 권 제19, 欽明天皇 8년 夏4월조.
56) 『日本書紀』 권 제19, 欽明天皇 11년 夏4월조.
57) 『日本書紀』 권 제19, 欽明天皇 12년 春3월조.
58) 『日本書紀』 권 제19, 欽明天皇 13년 5월조.
59) 『日本書紀』 권 제19, 欽明天皇 14년 8월조.

斯干奴)를 보내 표를 올려 '백제의 신 명(明) 및 안라에 있는 왜의 신 등과 임나의 제국의 한기 등이 말하기를 「생각하면 사라(斯羅)는 무도하여 천황을 무서워하지 않고 박(狛)과 마음을 하나로 하고 해북의 관가를 격멸하려고 합니다.」라 하였습니다.'라고 하였다.[60]

(29) 15년, 신라의 장군들이 백제가 지쳐버린 것을 알고 드디어 전멸작전을 하려고 하였다. 그때 한 사람의 장군이 '불가하다. 일본의 천황이 임나의 일로 자주 우리나라를 책망하였다. 하물며 또 다시 백제의 관가의 멸망을 계획하면 반드시 후환을 부를 것이다.'라고 말하였다.[61]

(30) 23년 춘정월, 신라는 임나의 관가를 쳐 없앴다.[일서(一書)에 말하였다. 21년에 임나가 망했다고 한다. 통틀어 임나라 하고, 세분해서는 가라국(加羅國), 안라국(安羅國), 사이기국(斯二岐國), 다라국(多羅國), 졸마국(卒麻國), 고차국(古嵯國), 자타국(子他國), 사반하국(斯半下國), 걸찬국(乞飡國), 임례국(稔禮國) 합해서 10국이다.][62]

(31) 23년 추(秋)7월, 신라가 임나를 칠 때의 상황을 문책하려고 하였다. 드디어 임나에 가서 천집부(薦集部) 수등미(首登弭)를 백제에 보내 싸울 계획을 세우게 하였다.[63]

(32) 23년 동(冬)11월, 신라가 사신을 보내 헌상품과 공물을 바쳤다. 사신은 신라가 임나를 멸하여 천황이 분개하고 있다는 것을 알고 감히 돌아가겠다는 청을 하지 못하고 처벌을 두려워하여 본국에 돌아가지 않았다.[64]

(33) 32년 춘3월 무신삭(戊申朔) 임자(壬子), 판전이자랑군(坂田耳

---

60) 『日本書紀』 권 제19, 欽明天皇 15년 夏5월조.

61) 『日本書紀』 권 제19, 欽明天皇 15년조.

62) 『日本書紀』 권 제19, 欽明天皇 23년 春正月조.

63) 『日本書紀』 권 제19, 欽明天皇 23년 秋7월조.

64) 『日本書紀』 권 제19, 欽明天皇 23년 冬11월조.

子郞君)을 신라에 사신으로 보내 임나가 망한 까닭을 묻게 하였다. (중략) 그대는 신라를 쳐서 임나를 세워라. 옛날처럼 두 나라가 서로 친하면 죽어서도 한이 없을 것이다.[65]

흠명기는 거의가 한국관계 기사로 메워져 있고, 그 대부분이 임나 흥건(興建) 문제를 내용으로 하고 있다. 이 임나 흥건 문제를 다루고 있는 주인공은 백제 성왕이므로 백제 성왕의 임나흥건 운동이라고 할 것이다. 이 운동은 신라와 백제 양대 세력의 상충 속에서 자립보전을 하기 위한 가야의 몸부림이기도 하며, 백제를 배경으로 가야 지방의 연고권을 지켜보려던 왜국은 오히려 퇴조 현상을 나타내고 있음을 볼 수 있다.

이러한 대세의 흐름 속에서 사건의 추이를 거시적으로 관망하여 볼 때, 기년의 조작이나 내용변경, 기록의 윤색 등은 그 큰 흐름을 본질적으로 왜곡할 수 없음을 깨달을 수 있다. 가야지방에서 전개된 위와 같은 역사적 사실은 종래 일본 학자들의 주장대로 일본과 이른바 임나일본부가 주동한 것이 아니라, 오히려 가야와 백제가 주체가 되어 왜국과의 관계아래 주동하였다는 실상 그 자체를 잘 보여주는 것이라고 하겠다.

그렇다면 흠명기의 각 사료들이 나타내주는 역사의 실상을 구체적으로 검토해 보기로 하겠다. (13)은 한반도에 사국시대가 전개됨과 동시에 이주민 중 아라가야 세력이 컸음을 추측케 하는 단서이며, (14)는 임나의 재건 등에 관한 백제 성왕의 뜻과 임나 국왕의 호칭이 한기라는 점, 안라와의 관계 등을 살필 수 있는 근거이다.

(15)는 안라와 가라가 일찍부터 독립적인 국가였으며, 안라와

65) 『日本書紀』 권 제19, 欽明天皇 32년 3, 4월조.

가라, 탁순이 가야의 대표적인 국가였음을 보여주고 있고, 가야 제국의 신분제도를 연구할 수 있는 실마리를 제공해주기도 한다. 이외에 녹기탄과 남가라, 탁순이 망한 이유와 가야제국이 연맹체가 아닌 제국(諸國)이라는 구체적인 근거를 여기에서 볼 수 있다.

(16)은 가야와 왜, 백제 연합세력의 중심지는 안라이며, 그곳은 확대회의를 개최할 수 있는 장소이고, 안라가 백제와 더불어 남가라, 녹기탄을 탈환할 수 있는 중심세력이었음을 나타내준다. 아울러 이 기사는 신라와 백제가 왜와 가야를 매개로 외교전을 벌였던 내용도 찾아볼 수 있게 해준다.

(17)에는 백제 성왕이 안라에 설치한 일본부를 통하여 신라에 대한 견제책을 제기한 장면이 묘사되어 있고, (18)은 임나의 재흥을 위해서는 안라가 중요한데 이는 당시 안라가 가야의 중심국이었기 때문임을 알려준다고 하겠다. (19)는 백제와 임나, 일본의 긴밀한 외교관계를 엿볼 수 있는 하나의 근거이며, (20)은 임나보다 큰 가야 제국에서 안라의 비중과 임나 멸망 후 안라와 신라의 관계에 있어서 신라의 영향이 커짐에 따라 왜와 가야 제국 내부가 동요되어 갔음을 보여준다. 또한 탁순국이 망한 이유를 밝혀주고 있다.

(21)은 안라를 비롯한 가야 여러 세력의 임나 재건, 안라의 신분제도와 관제 등을 연구할 수 있는 자료가 담겨져 있다. '가라왕' '안라왕'이라는 표현을 통해서는 이들이 가야후반기의 실세였을 것으로 추측된다. 이와 아울러서 백제는 고구려와 신라의 방어책의 일환으로 가야와 왜를 활용하려고 시도했음을 볼 수 사료이기도 하다.

특히 (21)은 (14)와 더불어 6세기 가야지역의 정치 신분제의 일면을 구체적으로 보여주고 있어 중요한 사료로 평가받고 있다.

(14)는 530년대에 남가라(김해 본가야)와 훼국, 탁순 등 3가야국이 신라에게 멸망당하자, 백제 성왕이 주도하여 왜국과 위 3가야의 대표를 모아 멸망한 3가야국을 부흥시킬 방책을 의논한 내용이다. 여기에는 '한기'와 '상수위', '차한기', '하한기' 등의 관명이 보인다. (21)에는 여기에다 '군'과 '이수위'가 추가되어 나타나고 있다.

이중에서 한기는 (21)에서 군(君)으로 나타나고 있어, 왕을 뜻하는 가야어로 생각된다. 또 안라에서 차한기가 백제에 소집되고 있는 점으로 미루어 차한기 위에는 상한기 혹은 한기가 존재하고 있었을 것이며, 다라(多羅)에서도 긴메이(欽明) 2년과 5년 두 차례에 걸쳐 이수위 흘건지(訖乾智)를 백제에 파견했던 사실로 미루어 볼 때, 안라와 마찬가지로 한기층이 이분되어 있었으며, 이수위는 하한기와 같은 신분이었던 것으로 짐작된다.

이러한 상황은 가라에서도 마찬가지였을 것이다. 즉 6세기 초의 가야 여러 나라에는 한기와 군, 하한기(차한기), 상수위, 이수위 등의 독특한 관직제도가 실재하였다. 그리고 한기층은 안라의 경우 차한기가 3명이나 기록되고 있다. 따라서 당시 가야 여러 나라에는 대표적인 국가의 경우 국왕의 위치에 있었던 한기나 그 밑의 상한기를 정점으로 하여 그 아래에 복수의 하한기가 존재하는 신분구조를 가지고 있었다. 이노우에(井上秀雄)도 한기층이 분화되어 있었던 사실을 당시 가야 여러 나라 지배층의 계층분화 현상으로 파악하면서, 당시의 가야 여러 나라들은 계급조직을 갖는 지배계층이 등장할 정도의 국가형태를 형성하였던 사실을 반영하는 것이라고 하였다.

이상의 사실들을 종합해 보면, 가야 여러 나라의 지배층은 계층

분화가 이루어져 한기와 차한기로 구분되어 있었으며, 5세기경의 가야 여러 나라는 왜(倭)와 동등한 국제적 지위에 있었다고 하겠다.

가야는 이러한 지배계층의 분화뿐만 아니라 피지배계층도 양인과 노비로 구분되어 있었다. 『삼국유사』의 「가락국기」에 수록된 김해 본가야(금관가야)의 경우를 보면, 널리 나라 안의 장정과 인부, 공장(工匠)들을 불러 모아 농한기를 이용하여 수도 건설에 동원하였다고 하는 기사가 있다. 이 부역에 동원된 이들의 대부분은 농민들로서 평시에는 생업인 농사에 종사하는 양인들이었을 것이다.

이들에 비해 신분이 떨어지는 최하층으로서 노비들도 존재하고 있었다. 즉 수로왕이 왕비를 맞이하는 기사에서 허황옥(許黃玉)을 따라왔던 사람들 중에 노비가 다수 존재하고 있었던 것이다. 또한 『삼국사기』 신라본기, 파사왕(婆娑王) 23년조에, 노(奴) 탐하리를 시켜 한지부의 우두머리를 죽이게 한 사실을 수록하고 있어, 역시 '노'의 존재를 확인할 수 있다. 하지만 노비계층이 김해 본가야에서는 어느 정도의 비중을 차지하고 있었는지 알 수 없다. 다만, 이들은 어디까지나 보조적인 노동력으로 이용되었던 것으로 보인다.

특히 (14)와 (21) 두 사료는 안라국(아라가야)의 지배층 분화와 가라(加羅 : 고령 대가야)의 신분제도의 면모를 보여준다는 면에서 그 의의가 대단히 크다. 안라국의 지배층 분화에 대해서는 왕→상한기→차(하)한기로 보는 견해와 왕(상한기)→차한기로 보는 견해로 나뉜다. 안라왕도 원래는 한기였을 것이지만 한기 중의 한기가 되면서 상한기로 되었을 것이고 또 왕으로도 칭해졌을 것이다. 6세기 당시 안라국의 경우 왕의 존재는 확인되지만 상한기의 존재 유무는 확인되지 않는다. 왕이 곧 상한기였는지, 왕과 하한기 사이에 상한기 계층이 존재하였는지는 좀더 검토를 요하는 문제지만, 분명한 점은 한기층이 분화되어 있었다는 사실이다.

한기층의 분화는 단순히 왕과 차(하)한기 개인의 존재를 의미하는 것이 아니라 그 계층의 존재를 아울러 고려해야 하기 때문에, 6세기 안라국의 지배층은 최소한 두 계층 이상으로 분화되어 있었다고 할 수 있다. 이것은 이 시기 안라국이 최소한 맹아적인 형태로나마 정치적 신분제(관등제 혹은 관직제)를 형성하고 있었다는 사실을 보여준다. 이는 안라국의 정치, 사회적 발전상을 반영하는 측면이기도 하다. 이른바 사비회의(泗沘會議)에 참가한 가야 각국 대표자들의 신분을 통하여서도 6세기의 가라(고령 대가야)에는 왕 이외에 상수위와 이수위, 아리사등, 기부리지가 등의 관직이 분화되어 있었음을 알 수 있다. (21)에서 가라왕, 안라왕이라는 표현을 통해 이들이 가야 후반기의 실세였을 것으로 추측할 수 있는 것도 위와 같이 확립된 신분구조에 근거하는 것이다.

또한 (21)과 (22)에서는 여러 한기란 용어를 통하여 가야에 여러 나라가 실재했음을 알 수 있으며, 백제와 가야, 왜의 중국 오나라와의 교역관계도 살펴볼 수 있다.

(23)은 임나부흥을 위한 일본의 안라에 대한 기대와 북적 고구려에 대한 두려움을 나타내고 있다. 그러나 '왜'의 안라에 대한 기대와는 달리 안라는 자주노선을 추구하였으며, 고구려의 침입에 대한 방어책은 가야와 백제의 결속과 왜의 후원으로 가능했다는 것을 밝혀주고 있다.

그런데 여기에서 주목할 사실이 있다. 위의 (16)에는 안라일본부(安羅日本府)의 설치에 관한 기사가 있으며, (23)에는 일본부와 안라의 관계가 나오고 있는데, 이 임나일본부와 안라일본부의 성격과 실체를 올바로 알아야 하겠다는 것이다. 일본의 일부 학계에서는 아직도 서기 370년부터 562년쯤까지 1백여 년간 일본 대화왕조가 한반도 남부지역에 출병하여 신라와 백제, 가야(임나)를 복속시키고, 특히 가야에는 임나일본부(任那日本府)라는 기관을 설치하여 직할통치체제를 구축하고 이곳을 거점으로 고구려와 세력을 겨뤘다고 주장하고 있다. 과연 이러한 주장이 역사적 사실에 부합하는지 검토하면서 임나일본부의 실체를 파헤쳐보자.

가야는 일본의 구주지방과 가까워 그곳으로 많은 사람들이 이주하며 소국들을 건설하였다. 이들은 '왜(倭)'라는 이름으로 가야지방에 왕래하면서 교역활동을 전개하였다. 이른바 4세기경에 설치되었다고 하는 임나일본부(任那日本府)는 가야가 아라가야 지역 즉 함안에 두었던 임시교역소이었다. 후세에 일본인들은 『일본서기』에 보이는 임나일본부를 일본 대화정권이 4~6세기까지 가야지방을 통치하기 위해 설치한 정치기구였다고 자의적으로 해석하고 있다. 이와 같은 일본의 통설을 뒷받침해 주는 유물이 칠지도(七支刀)라는 칼이다. 원래 이 칼은 백제 근초고왕 때 왜왕에게 준 것으로 여겨진다. 이 왜왕이 대화정부의 왕인지는 분명하지 않다. 아무튼 이무렵 백제의 세력은 일본열도의 왜국에 강하게 뻗쳐있었으며, 이 칠지도는 백제대왕이 후왕(侯王)으로 여기는 하내지방(河內地方) 백제계 도래인의 우두머리에게 하사하기 위해 만들어 주었던 것이다. 그러나 일본측의 견해는 이와 다르다. 그 대표적인 학설로서 복전민남(福田敏男)의 견해가 있다.

이 칼이 만들어진 시기는 태화(泰和) 4년으로 되어 있다. 복전은 이 태화 4년을 동진(東晋)의 태화 4년에 일치하는 것으로 비정하는 오류를 범하였다. 그가 구태여 동진의 연호를 비정한 것은 『일본서기』 신공 52년(372)조에 보이는 "백제 구저(久氐) 등이 천태장언(千態長彦)을 따라와서 칠지도 1구(口)와 칠자경(七子鏡) 1면(面) 등 각종 중요한 보물을 바쳤다."고 한 기사를 염두에 두었기 때문이었을 것으로 보인다. 복전의 새로운 학설에 따르면, 칠지도의 제작시기는 바로 섬진강 유역의 소국들인 비자벌과 남가라, 훼국, 탁순, 안라 등 이른바 7국평정(七國平定)이 이루어진 369년(동진 태화 4년)이며, 백제왕은 '영원한 복속'을 맹세하면서 3년 뒤인 372년에 대화정부에게 이것을 헌상하였다는 것이다. 즉 신공황후의 출병과 임나일본부의 설치는 당대의 금석사료에 의해 역사적 사실이었다는 것이 증명된다고 하는 주장이다. 당대의 금석사료란 왜가 신묘년(391)에 바다를 건너와 신라와 가야, 백제를 쳐서 신민으로 삼았다고 하는 광개토왕비문 신묘년조와 칠지도 전후면 두 가지를 말하는 것이다. 이것이 황국사관의 핵심인 임나일본부설에 관한 일본측 통설의 핵심사항이다.

여기에 비해 우리나라의 임나일본부설에 관한 새로운 견해로는 부(府)에 관한 신학설을 들 수 있다. 부(府)라는 용어는 그 원형이 어사지(御事持, 미코토모찌)라는 뜻이므로 이는 기관이나 관청이 아니라 사신이라는 뜻에 해당한다는 사실이 밝혀졌다. 임나일본부를 임나지역에 파견된 왜국의 사절(집합체)로 보는 것이다. 645년 야마토정부(大和政府) 초기에, 미코토모찌는 왕의 명령을 전달하기 위하여 지방에 파견되었다가 일이 끝나면 다시 돌아오는 일회성 사신이었다는 것이다. 곧 근세조선의 암행어사와 비슷한 임무를 지녔다고 할 수 있다.

이로써 볼 때, 임나일본부는 임나에 파견된 왜국의 사신이다.

'일본'은 변경된 왜의 국명이며, '부'는 미코토모찌의 한자 번역어라는 것이다. 『일본서기』에 보이는 '일본부' 관련 인명을 들어보면, 이키노오미(印岐彌), 코세노오미(許勢臣), 이쿠하노오미(的臣), 키비노오미(吉備臣), 카와치노아타히(河內直), 그리고 아현이나사(阿賢移那斯)와 좌로마도(佐魯麻都)가 전부이다. 아연이나사와 좌로마도는 『일본서기』에 가야인으로 기술되어 있고 아키노오미와 코세노오미는 단편으로만 보이므로 이쿠하노오미와 키비노오미, 카와치노아타이 세 사람이 '일본부'의 실체라 할 수 있다. 더구나 『일본서기』 흠명기 15년(544) 12월조에는 안라일본부(安羅日本府)에 대하여 "안라(함안 아라가야)에 있는 여러 왜신(倭臣)"이라 표기하고 있다. 이를 통해, '일본부'란 왜의 사신 내지 왜사(倭使)들의 집단이 그 실체였음이 다시 한 번 확인되는 셈이다. 물론 이쿠하노오미 등 세 사람이 그 중심이었을 것임은 분명하다. 또한 이들에 대한 『일본서기』 흠명기의 표기를 보면, 키비노오미는 임나일본부로 카와치노아타히는 안라일본부로 각각 기술되어 양자의 조합이 엇갈리는 경우는 없다. 흠명기 2년(541)과 4년조에 의하면, 임나일본부와 안라일본부는 같은 시기에 안라국에 위치하고 있었음이 확인된다. 일본부가 왜의 통치기관이나 백제의 군사령부였다면 이러한 일은 있을 수 없었을 것이다.

따라서 일본부는 왜의 통치기관이나 백제의 군사령부일 수 없으며, 임나일본부 길비신(吉備臣)이란 임나(가야)에 파견된 왜의 사신인 키비노오미인 것이다. 안라일본부 하내직(河內直) 또한 안라에 파견된 왜의 사신인 카와치노아타히로 이해하는 것이 타당하다. 또한 이쿠하노오미가 '일본부경(日本府卿)'으로 표현되어 왜사들(일본부)을 통괄하고 있는 것처럼 묘사된 것은 각기 다른 목적으로 파견된 키비노오미와 카와치노아타히의 사이에서 각각의 의견을 조정하는 역할을 담당하였기 때문에 생겨난 전승이 그렇게 기록된 것으로 이해하여야 할 것이다. 이러한 견해는 1970년대부터 쓰즈키야스타미(鈴木靖民), 우케다마사유키(請田正幸), 오쿠다쇼우(奧田尙), 키토우키요아키(鬼頭淸明) 등에 의하여 확립되었으며, 근년에 한일 고대사학계에서 가장 주목받는 해석의 위치를 차지하게 되었다.

또한 함안의 충의공원 발굴로 드러난 고고학적 성과도 일본의 통설인 임나일본부설의 허구를 공박할 충분한 근거가 된다. 특히 대형 건물터와 창고지의 해석은 많은 암시를 주고 있다. 함안군 가야읍 장명리 소재 폐자기장의 파편들도 일본토기와의 관계에서 비교해 볼 때에 중요한 자료의 보고라고 할 수 있다. 따라서 일본 민족주의의 연원인 황국사관 즉 지배사관을 극복할 근거가 함안의 아라국 지역에서 발견되고 있고, 이러한 근거를 바탕으로 임나일본부설은 함안의 아라가야 지역에 두었던 임시교역소였음을 입증할 수 있게 된 것이다.

원래 구주지역의 판부 I 식 토기는 한국 청동기시대의 대표적인 토기인 무문토기가 그 원형이고, 가야지역의 김해식 토기는 고분시대 기내지역(畿內地域)의 토기인 수혜기(須惠器, 스에키)와 토사기(土師器)의 원류이다. 가야식 토기는 지역에 따라 특성이 다르다. 아라가야 토기는 불꽃모양의 투창이 있고, 김해 본가야(금관가야)의 토기는 긴 직사각형이 일렬로 배열된 투창이 있어 모양새가 다르다. 아라가야의 대표적인 유물은 5세기에 제조된 불꽃무늬 토기이다. 불꽃무늬는 동그라미 위에 길쭉한 이등변삼각형이 이어진 모습으로, 일반사람의 눈에는 타오르는 불꽃이라기보다 처마 끝에서 담으로 떨어지는 물방울처럼 보인다.

불꽃무늬 토기가 다량 출토된 지역은 함안과 그 주변지역인 창원과 마산, 의령, 진주의 일부지역이며 멀리는 김천, 거창, 경주, 부산, 일본의 긴키(近畿)지역 등이다. 긴키지역 즉 일본의 옛 수도권지역에서 5세기 함안의 불꽃무늬 토기가 발견되고 있는 곳은 로쿠다이(六代)유적, 후루(布留)유적, 큐보지(久寶寺)유적, 스즈노미야(鈴の宮)유적 등이다. 지금까지 발굴조사를 통해 학계에 보고된 불꽃무늬 토기는 약 150점이다. 이 가운데 함안지역에서 100여 점이 출토되었다.

이처럼 토기가 출토되는 지금의 함안과 그 주변지역인 창원, 마산, 의령, 진주 일부지역은 아라국(阿羅國) 또는 안라국(安羅國, 아라국과 같은 이름임)의 영역이며, 그 밖의 지역은 아라국과 교류했던 곳으로 볼 수 있다. 바다 건너 왜와는 진동(鎭東)이나 마산항(馬山港)을 통해 교류했다. 아라가야인의 유물과 유적은 북큐슈와 긴키지역을 이어주는 뱃길인 세토(瀨戶) 내해(內海) 연안인 중국(中國, 주고쿠)과 사국(四國, 시고쿠)에 집중적으로 분포되어 있다. 그곳에서는 아라가야식 토기와 산성(山城)이 발견되었고, 심지어는 가야신(伽耶神)을 제신(祭神)으로 모시는 신사(神社)까지 소재해 있다.

이처럼 함안 충의공원 발굴지의 대형 건물터와 창고지, 함안 장명리의 폐기장 파편들과 일본지역 중국과 사국 출토의 아라가야의 유물과 유적들을 견주어 볼 때, 임나일본부는 아라가야의 중심인 함안과 구주 그리고 일본의 중국 및 기내지역, 사국지역과의 사이에 문물을 교환하던 임시교역소였음을 확인할 수 있다.

그럼에도 불구하고 고대한국이 4~6세기까지 일본의 식민지였다는 이른바 임나일본부설은 미국, 프랑스, 독일, 스페인 등 세계 주요 포털 교육백과사전 사이트 등에 급속히 퍼지고 있다. 2001년 보수우익 편향의 일본 역사교과서 채택부진이 세계 각 나라의 강력한 비난 여론 때문이라고 판단한 일본정부는 국제적인 지지를 얻어내려는 새로운 전략으로 사전 홍보활동을 활발히 하고 있다. 이것이 현재 한일관계의 실상이다. 한일의 대립적인 역사적 갈등관계를 부추기는 대표적인 학설인 임나일본부설을 올바로 극복하기 위해서는 상기에 언급한 흠명기 사료들의 이면과 역사적 배경을 정확히 해석하고 활용할 필요가 있다.

(25)는 백제 성왕시 신라와 가야, 백제 삼국의 연합군이 고구려를 쳐서 광주를 회복하였다는 기록이고, (26)은 성왕시 고구려와 신라 연합군과 백제, 안라, 가야 세력의 대결구도 그리고 안라와 가라에의 국왕의 존재를 보여주는 기사이다. 그리고 백제의 왕, 가라의 왕, 안라의 왕이라는 기록과 호칭을 통하여 볼 때, 가야의 여러 나라는 자국의 국가이익에 따라 외교관계를 전개하였음을 알 수 있다. (27)은 신라와 고구려가 왜와 연결된 가야, 백제의 연합세력 중 안라를 중심세력으로 여겼음을 볼 수 있게 해준다.

(29)는 성왕의 전사와 백제의 전멸에 대해 신라가 느끼는 부담으로 왜와 가야세력이 배후에 있었음을 묘사한 사료이다. (30)은 임나의 멸망과 임나라는 호칭 속에는 10개국이 포함되어 있었음을 밝혀주고 있는데, 이것은 가야제국이 마지막 단계에서 10개의 나라로 나뉘어졌음을 말해주는 것이라 하겠다. (31)에서는 가야 멸망 후 왜의 후속대책으로서 백제세력을 활용하고 있음을 볼 수 있고, (32)에는 가야멸망 후 왜에 있던 신라세력들의 입장을 담고 있다. (33)은 가야가 망한 후 왜가 보인 반응이다. “임나는

왜 망했는가?"라고 하면서 멸망의 까닭을 묻지만, 흠명천황의 유언인 "신라를 쳐서 임나를 세우라"와 "옛날처럼 두 나라가 서로 친하면 죽어서도 한이 없다."라는 말에서, 가야는 왜의 본원적 국가임을 알리려는 의도가 있었음을 알 수 있게 해준다.

이와 같이 흠명천황의 유언을 통해 가야는 왜의 본원적인 국가로서 불가분의 관계에 있었음을 알 수 있으나, 가야의 멸망에 대처하는 대화정부의 자세는 명분상의 언급과는 달리 실제에 있어서는 자신들의 국가이익을 고려한 미온적이고 기회주의적인 입장에서 소극적인 태도를 취하였음을 볼 수 있다. 이는 과거 가야와 밀접한 관계를 갖는 야마대국 중심의 구주왕조와는 달리, 백제를 통해서 선진문화를 수용하고 활발한 교역을 행하고 있었기 때문으로 생각된다. 원래 대외교역의 능력 면에서 볼 때, 가야는 무역을 기반으로 성장했다고 볼 수 있을 정도로 적극적이었다. 그러나 낙랑의 멸망이후 그를 대신한 백제는 낙랑과 그 성격을 달리하여 단순한 경제적 이익만 추구하는 것이 아니라 정치적 복속을 위한 군사력 동원까지 도모하였다. 왜와의 교역에 있어서도 백제는 가야의 중계이익을 허용치 않고 직접 나섰던 것으로 보이며, 또한 보다 높은 문화전수의 조건을 앞세우는 백제에게 가야의 대외 경쟁력은 취약할 수밖에 없었다.

백제가 '임나부'의 재건을 위해 대화정부보다 더욱 노력했던 이유도 대화정부의 힘을 끌어들여 신라에 위협을 가함으로써 가야지역의 주도권을 장악하겠다는 의도 때문이었다. 본래 일본측 기록에는 없었을 관가나 '임나일본부' 등의 표현이 백제계 사서에서 나타나는 것도 그러한 까닭에서이다. 이 당시 나제동맹에 의하여 고구려의 남하를 저지한 신라와 백제는 정치, 경제적 이

해관계에 따라 한강하류지역과 가야문제를 놓고 충돌하였다. 이와 같은 상황 속에서 백제는 자국의 선진문화를 매개로 하여 가야와 대화정부와의 교역관계를 대신함으로써 가야를 고립시키고 대화정부와의 밀착된 외교관계를 수립함으로써 가야지역의 통합을 시도하게 되었던 것이다. 따라서 가야는 자기의 배후세력인 야마대국 중심의 구주왕조를 대신하여 들어선 대화정부의 지원을 상실한 것이 멸망의 주된 원인으로 작용하였다. 가야 여러 나라는 친백제와 친신라로 나뉘면서 전전긍긍하다가 관산성 전투에서 성왕의 패사로 백제세력의 몰락이 결정되자 신라의 무력행사와 회유로 가야 전체지역을 상실하고 말았던 것이다.

가야 멸망의 대외적 요인은 백제와의 국제교역 경쟁에서 실패하고 백제외교의 수완에 압도되어 자국의 배후세력을 상실한 것이었다. 여기에 대내적으로는 중앙집권의 결핍에서 비롯된 국력의 열세가 가중되어, 가야는 냉엄한 국제정세속의 희생물로 전락해 나갔다. 게다가 김해 본가야의 적극적인 구주지역에로의 진출로 인한 국력의 분산과 문화면에서의 지속적인 발전과 축적의 결여로 가야제국의 통합은 더욱더 어려웠으니, 이것이 멸망의 또 하나의 요인이 되었다.

결국 백제와 신라는 마지막까지 정치적, 문화적 독자성을 유지했던 가락, 안라, 가라 등 가야의 지역 세력들을 그 주변으로부터 압박해 들어가, 562년에 고령 가라국의 신라로의 병합을 끝으로 가야사회의 해체작업을 완결시켰다. '철의 왕국' 가야는 역사무대에서 사라진 것이다.

민달천황(敏達天皇)조의 가야관계 기사는 다음과 같은 것이 있다.

(34) 천황은 아직도 신라가 임나를 세우지 않는 것을 보고 황자(皇子)와 대신에게 조(詔)하여 "임나의 일을 게을리 하지 말라." 고 하였다. 6월에 신라가 사신을 보내 조를 바쳤다. 아울러 다다라(多多羅)와 수나라(須奈羅), 화타(和陀), 발귀(發鬼) 사읍(四邑)의 조를 바쳤다.[66]

(35) 12년 추(秋)7월, "나의 선고천황(先考天皇)의 세에 신라는 내관가의 나라(任那)를 멸하였다."<흠명(欽明) 23년에 임나는 신라 때문에 멸망하였다.>고 하였다.[67] "짐은 선고천황의 위대한 계획을 도와서 임나를 부흥시키려고 생각한다. 지금 백제에 있는 화(火)의 위북국조(葦北國造) 아리사등(阿利斯登)의 아들 달솔 일라(日羅)가 현명하고 용기가 있다. 그래서 짐이 그 사람과 계획 하려고 한다."라고 말하였다.

(36) 13년 춘(春)2월 계사삭(癸巳朔) 경자(庚子), 난파(難波)의 길사(吉士) 목연자(木蓮子)를 신라에 보냈다. 드디어 임나에 갔다.[68]

(37) 천황은 임나의 부흥을 생각하고 판전이자왕(坂田耳子王)을 사자로 삼았다.[69]

위 기사는 모두 임나의 멸망과 재건에 관한 것들이다. 가야지방은 이미 신라 진흥왕에 의하여 그들의 영유로 귀속되었고, 이것으로 『일본서기』에서의 임나문제는 사실상 종말을 고하여야 한다. 그런데 임나관계 기사는 그 이후에도 『일본서기』에 계속적으로 거론되고 있다. 34)에서는 임나재건 문제를 놓고 신라와 다투거나 가야의 잔존세력인 다다라, 소나라 등과 여전히 교역이 이루어지고 있음을 기록하고 있다. (35)에는 흠명천황시 멸망한 임나의 재건에

66) 『日本書紀』 권 제20, 敏達天皇 4년 2, 6월조.
67) 『日本書紀』 권 제20, 敏達天皇 12년 秋7월조.
68) 『日本書紀』 권 제20, 敏達天皇 13년 春2월조.
69) 『日本書紀』 권 제20, 敏達天皇 14년 3월조.

백제의 일라(日羅)를 활용하겠다는 구상을 담고 있다. (36)은 난파의 길사 목연자가 신라를 거쳐 임나에 도달한 장면이다. 그 임무는 임나 재건문제였을 것이다. (37)은 가야와 왜가 '임나의 재건문제'를 처리하는데 있어서 중요한 관계에 있었음을 보여주고 있다.

숭준천황(崇峻天皇)시의 가야관계 사료는 38)과 같다.

> (38) 4년 추(秋)8월 1일, 천황이 군신에게 조(詔)하여 "짐은 임나를 세우려고 생각한다. 경들은 어떤가."라고 물었다. 각 씨족의 신(臣)과 연(連)을 비장(裨將), 부대장(部隊長)으로 하여 2만 여의 군사를 거느리고 축자(筑紫)로 출병하라고 하였다. 11월 4일, 길사 금(金)을 신라에 보내고 길사 목연자를 임나에 보내어 임나의 일을 묻게 하였다.[70)]

이 기록은 숭준천황이 임나에 미련을 갖고 있음을 보여주고 있으며, 당시 북구주에서 가야와 신라로 왕래하는 코스가 명기되어 있다.

다음은 추고천황(推古天皇)시의 가야 관계 사료이다.

> (39) 8년 춘(春)2월, 신라와 임나가 서로 공격하였다. 천황은 임나를 도우려고 하였다. 일본의 대장군과 부장군은 만여의 군대를 거느리고 임나를 위해 신라를 쳤다. 신라에 도착하여 다섯 성을 공략하였다. 신라왕은 백기를 들고 다다라(多多羅), 소나라(素奈羅), 비지귀(弗知鬼), 위타(委陀), 남가라(南迦羅), 아

---

70) 『日本書紀』 권 제21, 崇峻天皇 4년 秋8월조.

라라(阿羅羅) 6성을 떼어 복종함을 청하였다. 천황은 또 사인(使人)을 각각 신라와 임나에 보냈다. 신라와 임나의 두 나라는 사인을 보내 조공하였다. 신라는 또 임나를 침범하였다.71)

(40) 9년 3월 갑신삭(甲申朔) 무자(5일), 대반속설(大伴速囓)을 고구려에 보내고 판목신강수(坂木臣糠手)를 백제에 보내어 "속히 임나를 도우라."고 하였다.72)

(41) 18년 추(秋)7월, 신라의 사신 사록부나말(沙喙部奈末) 죽세사(竹世士)와 임나의 사신 녹부(喙部) 대사(大舍) 수지매(首智買)가 축자에 왔다. 9월, 사람을 보내 신라와 임나의 사신을 불렀다. 동(冬)10월 8일, 신라와 임나의 사신이 경(京)에 왔다. 선신대반(膳臣大伴)을 임나사(任那使)를 마중하는 장식한 말의 우두머리로 하였다. 9일, 간인연염개(間人連鹽蓋)와 아폐신대롱(阿閉臣大籠)을 임나사의 인도자로 하였다.73)

(42) 19년 추(秋)8월, 신라가 사록부(沙喙部) 나말(奈末) 북질지(北叱智)를 보내고 임나가 습부(習部) 대사(大舍) 친지주지(親智周智)를 보내어 같이 조공하였다.74)

(43) 31년 추7월, 신라가 대사 나말(奈末) 지세이(智洗爾)를 보내고 임나는 달솔(達率) 나말지(奈末智)를 보내 같이 내조하였다. 이 해 신라가 임나를 쳤다. 임나는 신라에 복종하였다. (중략) 중신연국(中臣連國)이 "임나는 본래 우리의 내관가(內官家)입니다. 지금 신라인이 쳐서 소유하였습니다. 신라를 쳐서 임나를 빼앗아 백제에 속하게 하소서."라고 하였다. (중략) 전중신(田中臣)이 "백제는 변덕이 심한 나라이므로 (중략) 임나를 백제에 붙일 것이 아닙니다."라고 하였다. 그래서 신라를 치지 않았다. 길사반금(吉士磐金)을 신라에 보내고 길사창하(吉士倉

---

71) 『日本書紀』 권 제22, 推古天皇 8년 春2월조.

72) 『日本書紀』 권 제22, 推古天皇 9년 3월조.

73) 『日本書紀』 권 제22, 推古天皇 18년 7, 9, 10월조.

74) 『日本書紀』 권 제22, 推古天皇 19년 秋8월조.

下)를 임나에 보내 임나의 일을 묻게 하였다. (중략) 나말(奈末) 지세지(智洗遲)를 보내 길사반금(吉士磐金)을 돕게 하고 또 임나인 달솔(達率) 나말지(奈末遲)를 보내 길사창하(吉士倉下)를 돕게 했다. 신라, 임나 양국이 다 조(調)를 바쳤다.75)

(44) 반금(磐金)이 "이 배는 어느 나라의 마중배인가?"라고 물으니, "신라의 배입니다."라고 대답했다. 반금은 또 "어찌하여 임나의 마중배는 없는가?"라고 말하니, 임나를 위하여 배 한 척을 보탰다.76)

(39)의 내용은 추고 8년 2월에 신라와 임나가 서로 공격하자 임나를 구하려고 일본에서 출군하였다는 것이다. 그러나 이 사료에는 "신라는 또 임나를 침범하였다."는 기록도 있어, 신라나 임나 그리고 왜가 국가이익에 따라 움직였음을 알 수 있다. 또한 이 당시 가야제국에는 다다라, 소나라, 비지귀, 위타, 남가라, 아라 등 여러 성이 존재했음을 밝혀주고 있다. (40)은 추고천황시 임나재건을 위해 고구려와 백제에 도움을 청했다는 사료이다.

(41)은 이 때 왜지를 방문한 신라 사신과 임나 사신에 대한 왜의 예우가 정중하면서도 저자세였던 왜국의 입장을 잘 보여주고 있다. (42)는 19년 8월에 신라와 임나의 교역관계가 정상적으로 지속되었음을 나타내주고 있다. (43)은 31년 7월경 신라와 임나의 문화교류관계를 보여주는 자료이며, 또한 신라의 가야 복종으로 인한 왜와 백제의 관계 그리고 신라와 가야와의 관계가 국가이익에 따라 전개되었음을 보여준다. (44)는 이 당시 왜와 신라의 관계에 비해서 임나의 관계가 격이 떨어져 있었음을 보

---

75) 『日本書紀』 권 제22, 推古天皇 31년 秋7월조.

76) 『日本書紀』 권 제22, 推古天皇 31년 冬11월조.

여주는 사례이다.

서명천황(舒明天皇)시의 가야 관계 사료는 (45)와 같다.

(45) 10년, 이 해에 백제와 신라, 임나가 같이 조공하여 왔다.[77]

이 기록은 일본과 삼국 및 임나가 조공의 형식을 통해 교역을 행하였음을 나타내주는 사료이다.

황극천황(皇極天皇)시의 가야 관계 사료는 (46)과 같다.

(46) 원년 22일, 대신(大臣)에 조(詔)하여 "진수연대해(津守連大海)를 고구려에, 국등길사수계(國滕吉士水鷄)를 백제에, 초벽길사진적(草壁吉士眞跡)을 신라에, 판목길사장형(坂木吉士長兄)을 임나에 사신으로 보내라."고 하였다.[78]

이 사료는 당시 한반도가 사국시대임을 보여주고 있다.

효덕천황(孝德天皇)시의 가야사료는 다음과 같은 것들이 있다.

(47) 대화원년(大化元年) 7월 10일, 고구려와 백제, 신라가 같이 사신을 보내어 조공을 올렸다. 백제의 조공사(朝貢使)는 임나의 사신을 겸하여 임나의 조공도 올렸다. (중략) 중간에 임나를 백제에 속하게 하였다.[79]

---

77) 『日本書紀』 권 제23, 舒明天皇 10년 10월조.

78) 『日本書紀』 권 제24, 皇極天皇 원년 2월조.

79) 『日本書紀』 권 제25, 孝德天皇 大化 元年 秋7월조,

(48) 고구려, 백제, 임나, 신라가 아울러 사(使)를 보내 조부를 바쳤다.[80]

(49) 대화 2년 9월, 소덕고향박사(小德高向博士) 흑마여(黑麻呂)를 신라에 보내 인질을 바치게 하였다. 임나의 조를 그만두게 하였다.[81]

(47)은 삼국과 왜의 관계가 공무역 관계였고, 임나국은 백제가 대신하여 공무역을 시행할 정도로 멸망하거나 위축되었음을 나타낸다. (48)에서 사국이 왜에 사신을 보내 조를 바쳤다는 것은 이 당시 왜에서 사국과의 교역이 이루어졌음을 말해준다. (49)는 임나병합 이후에도 일본에서는 숭준 4년(591), 추고 8년(600), 추고 10년(602), 추고 31년(623) 등에 걸쳐 임나부흥을 위한 신라 정토를 계속하였으나 한 번도 성사하지 못하였고, 마지막으로 효덕 대화 2년(646)에 이른바 임나조(任那調)를 혁파하여 임나문제를 일단락 지었음을 보여주고 있다.

신라가 임나를 병합한 이후의 『일본서기』에 수록된 임나 관련기사를 볼 것 같으면, 신라와 일본은 거의 전쟁상태가 지속되고 있었던 것처럼 보임에도 불구하고 피차간 단교 없이 왕래를 계속하였으며, 이른바 국제간의 예물의 교환인 공조(貢調)도 오가고 있었다.[82] 추고와 효덕 때에는 국명을 일본으로 개칭하고 중앙집권적 율령국가 체제를 성립시켜 나가던 때였기 때문에, 통일왕조의 기반위에서 율령체제 국가의 이상을 성취시키려 하였다. 그러나 임나에 대한 정신적인 미련은 면면히 흐르고 있었음을 볼 수 있다.

---

80) 『日本書紀』 권 제25, 孝德天皇 大化 2년 2월조,

81) 『日本書紀』 권 제25, 孝德天皇 大化 2년 9월조,

82) 丁仲煥, 『加羅史硏究』, 혜안, 2000, pp.497~498.

이것이 추고, 효덕시의 여러 사료들의 이면에 점철되어 있는 가야 관계에 관한 편찬자들의 의식이라는 것을 짐작할 수 있다.

## 4. 맺음말

『일본서기(日本書紀)』 신대상(神代上)에서 가야사 관계 사료들이 의미하는 바는 천손족(天孫族)의 인솔자의 하나인 소전명존(素戔嗚尊)이 우두머리가 되는 일본열도에로의 이주민집단이 그때까지 거주한 모국이 가야였음을 나타내고 있다. 숭신천황(崇神天皇) 때에는 가야국과의 관계와 위치를 또한 처음으로 밝히고 있다. 대외관계의 기원으로 임나를 최초의 조공국(朝貢國)으로 비정하기도 한다. 수인천황(垂仁天皇)시에는 임나라는 국명의 어원을 기록하고 있으나, 임나라는 명칭은 숭신천황의 이름에서 나온 것이 아니다. 이 기사는 이전부터 한반도에 실재한 가야 제국의 세력이 한반도 남단에서 대마도를 거쳐 북구주 지역을 지나 혈문(穴門)을 돌아서 출운(出雲)에 이르는 왜지 이주관계를 나타내준다는 점에서도 유의해 볼 필요가 있다.

신공기(神功紀)는 가야 제국 중 탁순국(卓淳國)과 왜(倭)가 밀접한 관계였으며, 이를 발판으로 왜가 백제와 본격적인 관계를 맺게 되었고, 탁순국의 이런 활동을 통해서 가야 제국은 연맹체가 아니었음을 알 수 있게 해준다.

가야사 연구에서 제기되는 여러 논점 가운데 가장 중요한 문제는 가야 연맹체설에 관한 것이다. 이는 주로 가야의 사회발전단계를 논하는 가운데 운위되던 용어였으나 최근에는 가야 제국간 혹은 가야 개별국의 정치형태를 논하는 용어로 사용되고 있다. 그러나 『일본서기』 전체의 흐름에 보이는 임나상(任那像)은 7세기 후엽~8세기 전엽의 일본 고대 천황주의 사관에 의해 왜곡 윤색된 것으로서 가야제국들의 실상을 그대로 보여주는 것이 아니다. 따라서 『일본서기』에 보이는 임나관(任那觀)에 입각하여 성립한 연맹체설은 신공기 49년조에 나타난 탁순국(卓淳國)의 활동을 분석하여 활용하여 볼 것 같으면 마땅히 수정되어야 한다.

또한 가야왕족의 호칭인 기본한기(己本旱岐), 백구지(百久至), 아수지(阿首至)를 통해 가야에는 자주적, 독립적인 신분제도가 있었음을 알 수 있고, 가야와 왜의 중요한 관계를 바탕으로 백제와 신라의 대외관계는 전개되어 갔다.

응신천황(應神天皇) 때에 한국고대의 역사는 삼국시대가 아니라 사국시대였다. 이때에 도래인(渡來人)의 대규모 이주에 의해 왜문화(倭文化)의 형성에 영향을 주었는데, 그 구체적인 표현이 한인지(韓人池)의 축조였다. 이 시기에 왜로 건너간 대표적 세력이 왜한씨(倭漢氏, 東漢氏) 즉 아라가야의 이주민세력이었다. 왜와 가야, 백제의 관계는 응신천황 때부터 변화되었는데, 그것은 곧 왜와 백제, 가야의 관계로 왜의 외교관계 순위가 바뀐 사실에서 알 수 있다.

웅략천황(雄略天皇) 때에는 백제가 웅진천도시에 가야의 호칭을 임나국으로 하고 있는 것으로 보아 백제와 가야가 대등한 국가였으며, 이 당시 가야의 영향력은 금강 상류 남부지역에까지 미치고 있었다.

현종천황(顯宗天皇)시의 가야는 가야 제국의 위치에서 보면 5세기 후반 6세기 초반에 걸쳐 수난의 시간, 고통의 시기라고 할 수 있다. 가야의 세력권이 내외로부터 큰 압력을 받아 존립의 기반마저 크게 흔들리는 위기에 봉착해 있던 때였다. 신라와 백제의 강압 속에서 가야제국은 위축될 수밖에 없었지만, 가야인들은 스스로의 생존과 안전을 위해 자주적인 방어책과 자립적인 외교책을 세워나갔다.

이와 같이 『일본서기』 신대상부터 현종천황 때까지의 기사는 왜국의 모국이 가야라는 사실, 왜와 가야의 최초의 관계 설정 및 임나라는 명칭의 유래 등의 내용을 재록하고 있다. 또한 가야로부터 왜지로의 이주코스와 탁순국을 통한 왜와 백제의 관계 및 가야제국의 정치체제와 자주적 신분제도 등의 단서들도 찾을 수 있다. 이외에 한국고대의 역사가 사국시대였다는 점과 도래인 중 대규모 이주세력의 대표는 아라가야였다는 사실도 부각시켜 준다. 이 당시 가야의 영향력은 백제와 대등하였고, 5세기 후반 6세기 초반에 들어와서부터 가야는 수난의 시기에 들어가고 이런 상황 속에서 생존을 위한 가야인들의 자구책의 모습들이 이 때의 사료들에 묘사되어 있다.

계체기(繼體紀)와 흠명기(欽明紀)부터 효덕기(孝德紀)에 이르는 가야관계의 중심사료가 뜻하는 바는 다음과 같이 정리할 수 있다. 먼저 계체기에서는 백제와 신라, 왜 그리고 가야의 대표세력과의 교류의 범위를 찾아낼 수 있고, 특히 안라와 반파가 이 당시 가야제국의 대표세력임을 부각시키고 있다. 또한 신라와 가라 제국 및 왜의 관계가 국가이익에 따라 전개되고 있었음을 보여준다.

가야의 다사진(多沙津)을 둘러싼 암투에서 가야가 왜로부터 신라 쪽으로 기울어지는 자주적 외교전개의 모습과 구체적으로 임나일본부의 위치를 비정할 수 있는 지역이 있고 가야가 독자적인 의복을 입는 자주적 문화권이 있는 국가임을 찾아낼 수 있는 중요사료들을 이 당시의 기사에서 찾아볼 수 있다.

공복제는 신분에 따라 복색들을 달리하는 것이므로 이는 곧 신분제와 관등제의 실시도 아울러 이루어졌음을 미루어 짐작할 수 있다. 이와 같은 공복제의 존재는 안라에 위계적인 관료조직이 성립되어있음을 나타내준다.

계체기의 사료들은 안라가 국왕과 더불어 위계질서를 갖춘 관직을 보유한 독자적인 영역국가이면서 백제와 대등한 국가였음을 입증해 주는 근거들이다. 이렇기 때문에 계체기에는 안라에 위계적 관료조직이 있었음을 시사하는 사료가 많이 있다. 계체기에서 종합적으로 전해준 사실은 가야 여러 나라 중 대표적인 국가가 반파국과 더불어 안라국이라는 것인데, 이 사실은 6세기 전반기의 역사적 실상과 매우 흡사한 믿을 만한 기록이다.

흠명기는 거의 한국 고대 기사로 메워져 있고, 그 대부분이 임나 흥건문제를 내용으로 하고 있다. 이 임나 흥건문제를 다루고 있는 주인공이 백제 성왕이므로 백제 성왕의 임나흥건운동이라고 해야 할 것이다.

흠명기에서는 안라와 가라가 일찍부터 독자적인 국가였음을 뜻하고 안라, 가라, 탁순이 가야의 대표적인 국가였음을 보여주며 가야제국의 신분제도를 연구할 수 있는 실마리를 제공해 주기도 한다.

『일본서기』 흠명기의 몇몇 기사들은 가야지역의 정치신분제 연구에 있어서 빼놓을 수 없는 자료들이다. 안라국과 가라가 신분제면에서 확립된 양상을 갖추고 있었기 때문에 흠명기 사료에서는 가라왕, 안라왕이라는 표현을 통해서 이들이 가야 후반기의 실세임을 밝혀주고 있는 것이다.

녹기탄, 남가라, 탁순이 망한 이유와 가야제국이 연맹체가 아니라 제국이라는 구체적인 근거가 명기되어 있는 것이 이 당시 사료들인 것이다. 또한 임나의 재흥을 위한 안라의 중요성을 표현해주면서 이 당시 안라가 가야의 중심국임을 알려주는 기록도 있다.

이어서 흠명기에는 안라일본부(安羅日本府) 설치가 나오고 일본부와 안라관계가 나오는데 이와 같은 임나일본부(任那日本府)와 안라일본부의 성격을 우리는 올바로 알아야 한다. 가야는 일본의 구주지방과 가까워 그곳으로 많은 사람들이 이주하며 소국들을 건설하였다. 이들은 '왜'라는 이름으로 가야지방에 왕래하면서 교역활동을 전개하였다. 이른바 4세기경에 설치되었다고 하는 임나일본부는 가야가 아라가야지역 즉 함안에 두었던 임시교역소이었다. 황국사관의 핵심인 임나일본부설에 관한 일본측 통설의 핵심사항에 비해 우리나라의 임나일본부설에 관한 새로운 견해로는 부(府)에 관한 새로운 해석을 들 수 있다. 곧 부란 표현은 그 원형이 어사지(御事持)라는 뜻이므로 이는 기관이나 관청이 아니라 사신(使臣)이라는 뜻에 해당한다고 주장하였다. 임나일본부를 임나지역에 파견된 왜국의 사절로 보는 견해인 것이다.

그러나 함안 충의공원 발굴지의 대형 건물터와 창고지, 함안 장명리의 폐자기장 파편들과 일본지역 중국과 사국출토의 아라가야의 유물과 유적들을 견주어볼 때, 임나일본부는 아라가야의 중심인 함안과 구주 그리고 일본의 중국 및 기내지역, 사국지역과의 사이에 문물을 교환하는 임시교역소이었음을 확인할 수 있다.

백제 성왕시 관산성 전투의 묘사와 가야멸망 후 왜의 후속대책으로서 백제세력을 활용하고 있음을 볼 수 있으며, 흠명천황의 유언을 통하여 가야는 왜의 본원적 국가였음을 알 수 있다. 가야지방은 진흥왕에 의하여 신라의 영유로 귀속되었고 이것으로 『일본서기』에서의 임나문제는 사실상 종말을 고하게 된다.

가야가 멸망한 대외적 요인은 백제와의 국제교역 경쟁에서의 실패와 백제외교의 수완에 눌려 자국의 배후세력을 상실한 것이 그 까닭이다. 여기에 대내적으로 중앙집권의 결핍에서 비롯되는 국력의 열세가 가중되어 가야는 냉엄한 국제정세 속의 희생물이 되어 멸망하였던 것이다. 김해 본가야의 적극적인 구주지역에로의 진출로 인하여 국력이 분산되고 문화면에서의 지속적인 발전과 축적이 결여되어 가야제국의 통합은 더욱 더 어려웠으며 이것이 또한 멸망의 또 하나의 요인이 되었다.

그러나 임나관계 기사는 『일본서기』에 지속적으로 거론되고 있다. 그 예로 숭준천황(崇峻天皇)시의 사료를 들 수 있다. 숭준천황이 임나에 관한 미련을 갖고 있음과 이 당시 북구주에서 가야와 신라로의 왕래코스가 명기되어 있음을 유심히 볼 필요가 있는 것이다.

추고천황(推古天皇)시에도 신라의 가야복속에 대한 왜와 백제의 관계 그리고 신라와 가야와의 관계도 국가이익에 따라 전개됨을 보여주며, 이 당시 왜와 신라의 관계에 비해서 임나의 관계는 격이 떨어짐을 보여주는 사례들이다.

계체기가 주는 가야사에 관한 종합적인 내용은 반파국과 안라국이 가야제국 중 가장 대표적인 나라임을 암시해준다면, 흠명기는 백제 성왕 위주의 임나 재건문제를 다루면서 가야는 왜의 본원적인 국가임을 시사해 주는 기록이다. 추고와 효덕시에도 가야 멸망 후 임나 재건문제에 대한 끊임없는 미련과 관심이 사료에 나타남을 보아서도 『일본서기』 가야 관계 편찬자들의 임나 복원

의지가 계속적으로 전개되었음을 확인할 수 있었다.

가야사를 다루는 기본적인 원전은 『삼국사기』와 『삼국유사』 그리고 『일본서기』 등이다. 그러나 이들 사서들의 가야사에 관한 인식에는 차이가 있다. 우선 『삼국사기』에는 가야사에 관해서 본기와 지, 열전 등에 부분적으로 간략히 기술되어 있으면서도 여러 가지 가야에 관한 내용을 시사했다.83)

『삼국사기』 편찬자들의 가야사에 관한 인식으로 명시할 수 있는 것은 가야 제국에 관한 유래 및 멸망에 관한 사실을 제시함으로써 가야 제국에는 삼국 못지않은 변천사가 있었음을 암시했다는 점이다. 두 번째, 그들은 가야제국이 여(麗), 제(濟)와 대등한 자주국이었음을 표현해주고 있다. 여기에 비해 일연이 쓴 『삼국유사』는 『삼국사기』를 보완하여 가야의 중심 세력권이 6개 있었음을 제시하고 있는 오가야조로 나타났고, 그것을 구체화 시킨 것이 「가락국기」이다. 그리하여 한국고대사는 삼국시대가 아니라 실재적인 내용면에서 사국시대로 설정할 수 있다는 견해가 나올 수 있었던 것도 『삼국유사』 「왕력」의 기술에 있었다.

이러한 이론의 단서를 『삼국사기』가 제공했다는 측면에서 사서로서의 『삼국사기』는 재평가되어야 한다. 『일본서기』의 가야 관계 사료는 『삼국사기』와 『삼국유사』의 가야 관계 사료의 인식의 산물인 한국고대사가 삼국시대가 아니라 사국시대임을 입증할 수 있는 구체적이고 복합적인 사료들을 보완해 준다는 면에서 『일본서기』의 사료들을 냉정히 검토한 후 인용할 필요성이 있다. 이렇게 될 때 일본민족주의의 연원인 황국사관 즉 임나일본부설을 극복할 새로운 학설도 마련될 수 있을 것이다.

---

83) 尹錫曉, 「三國史記의 構成과 伽耶史 認識」, 『漢城史學』 제16집, 2003, pp.28~29.

## <부록> 『일본서기』의 대표적인 가야사 원전

### (1) 권 제6, 수인천황 2년

이 해에 임나인 소나갈질지(蘇那曷叱智)가 자기 나라에 돌아가고자 청하였다. 선황(先皇)의 시대에 조공하러 왔다가 돌아가지 않았던 것이다. 그러므로 소나갈질지에게 많은 상을 주고 붉은 비단 1백 필을 가지고 가 임나왕에게 주게 하였다. 그러나 신라인이 길을 막고 그것을 빼앗았다. 그 두 나라의 원한은 이 때 처음으로 시작되었다. [일설은 다음과 같다. 어간성천황(御間城天皇 : 崇神天皇) 때에 이마에 뿔이 난 사람이 한 척의 배에 타고 월국(越國) 사반포(笥飯浦)에 다달았으므로 그곳을 각록(角鹿)이라 이름하였다. 그에게 "어느 나라 사람인가."라고 물으니, "의부가라(意富加羅) 국왕의 아들로, 이름은 도노아아라사등(都怒我阿羅斯等)인데 우사기아리질지간기(于斯岐阿利叱智干岐)라고도 합니다. 일본국에 훌륭한 임금이 있다고 전해 들었으므로 귀화하려 합니다. 혈문(穴門)에 도착했을 때, 그 나라에 이도도비고(伊都都比古)라는 사람이 있었는데, 신에게 '나는 이 나라의 왕이다. 나를 제외하고는 다시 두 왕이 없다. 그러므로 다른 곳으로 가지 말라.'고 말하였습니다. 그런데 신이 그 사람됨을 자세히 보니 기필코 왕이 아님을 알았습니다. 곧 다시 그곳을 물러났으나 길을 몰라 섬과 포구를 오랫동안 맴돌다가 북해로부터 돌아 출운국(出雲國)을 거쳐 이곳에 왔습니다."라고 말하였다. 그 때 천황의 죽음을 만나 (이곳에) 머물러 활목천황(活目天皇 : 垂仁天皇)에게 벼슬하여 3년에 이르렀다. 천황이 도노아아라사등에게 "너희 나라에 돌아가고 싶은가."라고 묻자, "매우 바랍니다."라고 답하였다. 천황이 아라사등에게 "네가 길을 잃지 않고 빨리 왔다면 선황을 뵙고 모셨을 것이다. 그러므로 너희 본국의 이름을 바꾸되 어간성(御間城) 천황의 이름을 따서 바로 너희 나라 이름으로 하라."고 명하였다. 그리고 적직견(赤織絹)을 아라사등에게 주어 본국으로 돌아가게 하였다. 그러므로 그 나라 이름을 미마나국(彌摩那國)이라 부르는 것은 이러한 인연 때문이다. 이에 아라사등은 받은 적견을 자기 나라의 군부(郡府)에 간직하였는데, 신라인들이 듣고 군대를 일으켜 와서 그 적견을 모두 빼앗았다. 이것이 두 나라가 서로 원한을 맺은 시작이다.

일설은 다음과 같다. 과거에 도노아아라사등이 자기 나라에 있을 때에 황소에 농기구를 싣고 농막에 가려 했는데, 황소가 갑자기 없어져 그 자취를 찾아보니 발자취가 한 군가(郡家)에 머물렀다. 당시 한 노인이 "너희가 찾는 소는 이 군가 안으로 들어갔다. 그런데 군공(郡公) 등이 '소가 짊어진 물건으로 미루어보니 반드시 죽여서 먹으려는 것이다. 만약 그 주인이 찾아오면 물건으로 배상하자.'라 하고, 곧 죽여서 먹었다. 만약 소 값으로 어떤 물건을 얻기를 바라는지 물으면, 재물을 바란다고 하지 말고 군(郡)에서 제사지내는 신을 얻고자 할 뿐이라고 말하라."고 하였다. 얼마 후 군공 등이 와서 "소 값으로 어떤 물건을 얻기를 바라는가."라고 하자, 노인이 가르쳐 준대로 대답하였다. 그들이 제사지내는 신은 흰 돌이었다. 흰 돌을 소 값으로 주었으므로 가지고 와서 침실 속에 두었더니, 그 신석(神石)이 아름다운 동녀(童女)로 변하였다. 이에 아라사등이 크게 기뻐하여 동침하고자 하였다. 그런데 아라사등이 다른 곳에 간 동안 동녀가 갑자기 없어졌다. 아라사등이 크게 놀라 자기 부인에게 "동녀가 어디로 갔소." 라고 물으니, "동방을 향해 갔습니다."고 대답하였다. 곧 찾기 시작하여 드디어 멀리 바다에 떠서 일본국에 들어갔다. 그가 찾던 동녀는 난파(難波)에 나아가서 비매어증사신(比賣語曾社神)이 되었고, 또 풍국(豊國)의 국전군(國前郡)에 이르러 다시 비매어증사신이 되어, 이 두 곳에서 함께 제사를 받았다.]

### (2) 권 제9, 신공황후 섭정 49년 춘삼월

황전별(荒田別)과 녹아별(鹿我別)을 장군으로 삼아 구저(久氐) 등과 함께 군대를 거느리고 건너가 탁순국(卓淳國)에 이르러 신라를 치려고 하였다. 이 때 어떤 사람이 "군대가 적어서 신라를 깨뜨릴 수 없으니, 다시 사백(沙白)·개노(蓋盧)를 보내어 군사를 늘려주도록 요청하십시오."라 하였다. 곧 목라근자(木羅斤資)와 사사노궤(沙沙奴跪)[이 두 사람은 그 성을 모르는데, 다만 목라근자는 백제 장군이다.]에게 정병(精兵)을 이끌고 사백·개로와 함께 가도록 명하였다. 함께 탁순국에 모여 신라를 격파하고, 비자발(比自鉢)·남가라(南加羅)·훼국(喙國)·안라(安羅)·다라(多羅)·탁순(卓淳)·가라(加羅)의 7국을 평정하였다. 또 군대를 옮겨 서쪽으로 돌아 고해진(古奚津)에 이르러 남쪽의 오랑캐 침미다례(忱彌多禮)를 무찔러 백제에게 주었다.

이에 백제왕 초고(肖古)와 왕자 귀수(貴須)가 군대를 이끌고 와서 만났다. 이 때 비리(比利)·벽중(辟中)·포미지(布彌支)·반고(半古)의 4읍이 스스로 항복하였다. 그래서 백제왕 부자와 황전별·목라근자 등이 의류촌(意流村)[지금은 주류수지(州流須祇)라 한다.]에서 함께 서로 만나 기뻐하고 후하게 대접하여 보냈다.

### (3) 권 제9, 신공황후 섭정 62년

신라가 조공하지 않았다. 이 해에 습진언(襲津彦)을 보내어 신라를 쳤다.[『백제기』에 다음과 같이 말하였다. 임오년에 신라가 귀국을 받들지 않았으므로 귀국이 사지비궤(沙至比跪)를 보내어 토벌하게 하였는데, 신라인은 미녀 두 사람을 단장시켜 나루에서 맞아 유혹하게 하였다. 사지비궤는 그 미녀를 받아들이고 오히려 가라국(加羅國)을 쳤다. 가라국왕 기본한기(己本旱岐)와 아들 백구지(百久至)·아수지(阿首至)·국사리(國沙利)·이라마주(伊羅麻酒)·이문지(爾汶至) 등이 그 인민(人民)을 데리고 백제로 도망하여 오니 백제는 후대하였다. 가라국왕의 누이 기전지(旣殿至)가 대왜(大倭)로 가서 "천황이 사지비궤를 보내어 신라를 토벌하게 했는데 신라 미녀를 받아들이고 (왕명을) 저버리고 토벌하지 않았으며, 오히려 우리나라를 멸망시켜 형제와 인민들이 모두 유리(流離)하게 되어 걱정하는 마음을 이길 수 없으므로 와서 아룁니다."라 하였다. 천황이 크게 노하여 목라근자를 보내어 군대를 거느리고 가라에 모여 그 사직(社稷)을 복구시켰다고 한다.

일설은 다음과 같다. 사지비궤가 천황이 노한 것을 알고 몰래 돌아와 스스로 숨어있었다. 그 누이가 황궁에서 총애를 받고 있었는데, 비궤가 몰래 사인을 보내어 천황의 노여움이 풀릴지 어떨지를 물어보았다. 누이는 꿈에 가탁하여 "오늘밤 꿈에 사지비궤를 보았습니다." 라 하였다. 천황이 크게 노하여 "비궤가 어찌 감히 오느냐."라고 하였다. 누이가 천황의 말을 전하였더니, 비궤는 면할 수 없음을 알고 바위굴에 들어가서 죽었다.]

### (4) 권 제10, 응신천황 14년, 16년

14년 봄 2월, 백제왕이 봉의공녀(縫衣工女)를 바쳤다. 진모진(眞毛津)이라고 하는데, 이가 오늘날 내목의봉(來目衣縫)의 시조이다. 이 해에 궁월군(弓月君)이 백제로부터 와서 귀화하였다. 그리고 아뢰기를, "신은 우리나라 120현의 인부(人夫)를 이끌고 귀화하려 하였습니다. 그러나 신라인이 방해하여 모두 가라국에 머물고 있습니다."라고 하였다. 이에 갈성습진언(葛城襲津彦)을 파견하여 궁월의 인부를 가라에서 데리고 오도록 하였다. 그러나 3년이 지나도 습진언은 돌아오지 않았다.

16년 8월, 평군목토숙이(平群木菟宿禰)·적호전숙이(的戶田宿禰)를 가라에 보냈다. 그리고 날랜 군사를 주면서 조(詔)를 내려, "습진언이 오래도록 돌아오지 않고 있다. 틀림없이 신라가 막고 있기 때문에 머물러 있을 것이다. 너희들은 빨리 가서 신라를 공격하여 그 길을 열라."고 하였다. 이에 목토숙이 등이 날랜 군사를 거느리고 진격하여 신라의 국경에 다다르자, 신라왕은 두려워하며 그 죄를 자복하였다. 그래서 궁월의 인부를 거느리고 습진언과 함께 돌아왔다.

### (5) 권 제14, 웅략기 8년 2월

고구려왕이 곧 군병을 발하여 신라의 축족류성(筑足流城)[혹은 도구사기성(都久斯岐城)]에 주둔하여 가무흥락(歌舞興樂)하였다. 신라왕이 임나왕(任那王)에게 사람을 보내, "일본부행군원수(日本府行軍

元帥)들에게 구원을 청해 달라."고 하였다. 이 때 임나왕이 길비씨(吉備氏) 출신의 소리(小梨) 등 왜장(倭將)에게 권하여 신라를 구원하게 하여 이들이 10여 일 동안의 공방 끝에 고구려군을 대파하였다. (중략) "그대들은 지극히 약한 나라로서 지극히 강한 나라를 당해냈다. 관군이 도와주지 않았더라면 반드시 격파되었을 것이다."라 하였다.

### (6) 권 제15, 현종기 3년 시세(是歲)

기생반숙이(紀生磐宿禰)는 임나에 머물러 있으면서 고려에 교통하고, 서쪽에서 삼한의 왕이 되려고 하여 관부를 정비하고, 스스로 신성(神聖)이라 칭하였다. 임나좌로나기타갑배(任那佐魯那奇他甲背) 등의 계책을 써서 백제의 적막이해(適莫爾解)를 이림(爾林)[이림은 고려의 땅이다.]에서 죽였으며, 대산성(帶山城)을 쌓고 동쪽 길을 막아 지켜서 양곡을 운반하는 나루를 차단하여 군(軍)을 굶어 지치게 하였다. 백제왕은 크게 노하여 영군(領軍) 고이해(古爾解)와 내두(內頭) 막고해(莫古解) 등을 파견하여 무리를 이끌고 대산(帶山)에 모여 공격하였다. 이에 생반숙이는 군대를 내보내 맞받아쳤는데, 담기가 더욱 왕성해져서 향하는 곳마다 모두 격파하고, 한 사람이 백 사람을 당했다. 그러나 시간이 지나자 병사가 다하고 힘이 지쳐서 일이 성취되지 못함을 알고, 임나로부터 돌아왔다. 그리하여 백제국은 좌로나기타갑배 등 300여 명을 죽였다.

### (6) 권 제17, 계체기 7년 6월

백제가 저미문귀장군(姐彌文貴將軍), 주리즉이장군(州利卽爾將軍)을 수적신압산(穗積臣押山)[「백제본기」에 의하면 '왜의 의사이마기미(意斯移麻岐彌)'라고 한다.]에게 딸려보내 오경박사 단양이(段楊爾)를 바쳤다. 따로 주청하여 "반파국(伴跛國)이 신의 나라인 기문(己汶)의 땅을 빼앗았습니다. 엎드려 바라건대, 천은으로 판단하여 본래의 소속으로 되돌려주십시오."라고 하였다.

### (7) 권 제17, 계체기 7년 11월

조정에서 백제의 저미문귀장군, 사라(斯羅)의 문득지(汶得至), 안라(安羅)의 신이해(辛已奚)·분파위자(賁巴委佐), 반파의 기전해(旣殿奚)·죽문지(竹汶至) 등을 나란히 세우고 은칙을 받들어 선포하고, 기문(己汶)·대사(帶沙)를 백제국에 주었다. 이 달에 반파국이 즙지(戢支)를 보내 진보(珍寶)를 바치고 기문의 땅을 달라고 하였으나, 끝내 주지 않았다.

### (8) 권 제17, 계체기 8년 3월

반파는 자탄(子呑)·대사(帶沙)에 성을 쌓아 만해(滿奚)에 연결하고 봉후(烽候)와 저각(邸閣)을 만들어 일본에 대비했다. 또 이열비(爾列比)·마수비(麻須比)에 성을 쌓아 마차해(麻且奚)·추봉(推封)에까지 뻗치고, 사졸과 병기를 모아서 신라를 핍박했다. 자녀를 약취하고 촌읍을 약탈하였다. 흉적이 가는 곳에 남는 것이 드물었다. 무릇 포악하고 사치스럽고 괴롭히고 업신여기고 살상이 너무 많아 상세히 적을 수가 없었다.

### (9) 권 제17, 계체기 9년 2월

백제사자 문귀장군 등이 돌아가기를 청하였다. 이에 조칙을 내려 물부련(物部連)[이름을 잃었다.]을 딸려서 돌아가게 하였다.[「백제본기」에는 '물부지지련(物部至至連)'이라고 쓰여 있다.] 이 달에 사도도(沙都島)에 이르러 전해 들으니, 반파인이 한을 품고 독을 머금어 강한 것을 믿고 포악하다 하였다. 그런 까닭으로 물부련이 수군 5백명을 거느리고 대사강(帶沙江)으로 직행했다. 문귀장군은 신라로부터 떠났다.

### (10) 권 제17, 계체기 10년 9월

백제가 주리즉차(州利卽次) 장군을 보냈는데 물부련과 같이 와서

기문의 땅을 준 것에 감사하였다. 따로 오경박사 한고안무(漢高安茂)를 바치고 박사 단양이를 대신하기를 청하므로 청하는 대로 바꾸었다. 무인일(戊寅日)에 백제는 약막고(灼莫古) 장군과 일본의 사나노아비다(斯那奴阿比多)를 보내어 고구려 사신 안정(安定) 등과 같이 내조하여 수호를 맺었다.

### (11) 권 제17, 계체기 21년 6월

근강모야신(近江毛野臣)은 무리 6만을 이끌고 임나에 가서 신라에게 파괴된 남가라·탁기탄을 다시 일으켜 임나에 합치려고 하였다. 이때 축자국조(筑紫國造) 반정(磐井)이 몰래 반역을 도모하였는데 꾸물거리다가 해를 넘겼다. 일을 이루기 어려울까 염려하며 늘 틈을 엿보았다. 신라가 이를 알고 몰래 반정의 거소(居所)에 뇌물을 보내어 모야신의 군대를 막아달라고 부탁했다.

### (12) 권 제17, 계체기 23년 3월

백제왕이 하다리국수(下哆唎國守)·수적압산신(穗積押山臣)에게 일러 말하였다. "무릇 조공하러 가는 사자들이 섬의 도곡(島曲)[바다 가운데 섬의 후미진 기안(崎岸)을 일컫는다. 속칭 미좌기(美佐祁)라고 한다.]을 피할 때마다 매번 풍파에 시달립니다. 이로 인하여 가지고 가는 것이 젖고 망가지게 됩니다. 가라의 다사진(多沙津)을 신이 조공하는 길로 삼을 것을 청합니다." 압산신은 그 청을 들은 대로 전하여 주었다.

이 달에 물부이세련부근(物部伊勢連父根)·길사로(吉士老) 등을 보내 다사진을 백제왕에게 주었다. 이에 가라왕이 칙사에게 "이 항구는 관가를 둔 이래 신이 조공할 때 기항하는 곳입니다. 어째서 쉽게 이웃나라에 주십니까. 원래 지정한 경계에 어긋나는 것입니다."라고 말하였다. 칙사 부근 등이 이로 인하여 눈앞에서 주는 것이 어려워서 대도(大島)로 물러가고, 따로 녹사(錄史)를 보내 부여(扶余)에게 주었다.

이 때문에 가라(加羅)가 신라와 결당하여 일본을 원망하였다. 가라왕이 신라왕녀를 아내로 맞아들여 드디어 아이를 가졌다. 신라가 처음 왕녀를 보낼 때 백 명을 함께 보내어 그녀의 종(從)으로 삼았으므로 이들을 받아들여 여러 현에 나누어 두고 신라의 의관(衣冠)을 입도록 하였다. 아리사등(阿利斯等)은 그들이 변복했다며 성내어 사자를 보내 소환시켰다. 신라는 크게 부끄러워하여 그녀를 돌아오게 하려고 하여 "전에 그대가 장가드는 것을 받아들여 나는 즉시 혼인을 허락하였으나 지금 이와 같이 되었으니 왕녀를 돌려주기 바라오."라고 말하였다. 가라(加羅)의 기부지리가(己富知利伽)[미상]가 대답하기를, "부부로 짝지었는데, 어찌 다시 헤어질 수 있겠소. 또한 아이가 있으니, 어찌 그를 버리고 가겠소."라고 말하였다. 결국 지나가는 길에 도가(刀伽)·고파(古跛)·포나모라(布那牟羅) 3성을 함락시키고 또한 북경의 5성을 함락시켰다.

이 달에 근강모야신을 안라에 보내 조칙으로 신라에 권하여 남가라(南加羅)·탁기탄(㖨己呑)을 다시 건립하도록 했다. 백제는 장군군윤귀(將軍君尹貴)·마나갑배(麻那甲背)·마로(麻鹵) 등을 보내 안라에 가서 조칙을 듣도록 하였다. 신라는 번국의 관가를 깨뜨린 것을 두려워하여 대인(大人)을 보내지 않고 부지나마례(夫知奈麻禮)·해나마례(奚奈麻禮) 등을 보내 안라에 가서 조칙을 듣도록 하였다. 이에 안라는 새로이 고당(高堂)을 짓고 칙사를 인도하여 올라가는데, 국주(國主)는 뒤따라 계단을 올라갔고, 국내의 대인으로서 미리 당에 오른 사람은 하나둘이었으며, 백제사신 장군군(將軍君) 등은 당 아래에 있었다. 그 뒤로 몇 달 동안 두세 번 당 위에서 모의했는데, 장군군 등은 뜰에 있는 것을 한탄했다.

### (13) 권 제17, 계체기 23년 4월

임나왕(任那王) 기능말다간기(己能末多干岐)가 내조하였다.[기능말다(己能末多)라 함은 대개 아리사등(阿利斯等)일 것이다.] 대반대련금촌(大伴大連金村)에게 "무릇 해외의 제번(諸蕃)은 태중천황(胎中天皇)이 내관가(內官家)를 둔 이래 본토를 버리지 않고 그 땅을 봉한 것은 참으로 까닭이 있다. 지금 신라가 원래 받은 지역의 경계를 벗어나서 자주 국경을 넘어 침략한다. 천황에 주청하여 신의 나라를 구하여주시오."라고 말했다. 대반대련이 그대로 알렸다.

이 달에 사신과 함께 기능말다간기를 보냈다. 아울러 임나에 있는 근강모야신에게 조를 내려 주한 바를 잘 물어서 서로 의심하는 점을 화해시키라고 말하였다. 이에 모야신이 웅천[일본(一本)에는 임나의 구사모라(久斯牟羅)에 갔다고 한다.]에 이르러 신라와 백제 두 왕을 불렀다. 신라왕 좌지리(佐遲利)는 구지포례(久遲布禮)[일본(一本)에는 구례이사지우나사마리(久禮爾師知于那師磨里)라고도 한다.]를 보내고 백제는 은솔(恩率) 미등리(彌騰利)를 보내 모야신이 있는 곳을 가게 하고 두 왕이 스스로 오지는 않았다. 모야신이 크게 노하여 두 나라 사신을 꾸짖어 "소(小)가 대(大)를 섬기는 것은 하늘의 도리이다.[일본(一本)에는 대목(大木)의 끝에는 대목(大木)을 가지고 있고 소목(小木)의 끝에는 소목(小木)을 가지고 있다고 하였다.] 어떤 이유로 두 나라 왕이 몸소 와서 천황의 칙을 받지 않고 경솔하게 사신을 보내는가. 지금 그대의 왕이 스스로 와서 칙언을 듣겠다고 하여도 나는 칙언을 말하지 않겠다. 반드시 좇아 보내겠다."라고 하였다. 구지포례와 은솔 미등리는 마음에 두려움을 품고 각각 돌아가서 왕에게 가시라고 아뢰었다.

이로 인하여 신라는 다시 상신(上臣) 이질부례지간기(伊叱夫禮智干岐)[신라는 대신(大臣)을 상신(上臣)이라고 한다. 일본(一本)에는 이질부례지나말(伊叱夫禮智奈末)이라고 되어 있다.]를 보내 무리 3천을 이끌고 와서 조칙 듣기를 청했다. 모야신은 멀리서 병장기에 둘러싸인 무리 수천 명을 보고 웅천(熊川)에서 임나의 기질기리성(己叱己利城)에 들어갔다. 이질부례지간기가 다다라원(多多羅原)에 머무르면서 돌아가지 않고 석 달을 기다리며 여러 차례 조칙을 듣고자 청했으나 끝내 전하지 않았다. 이질부례지가 데리고 온 사졸들이 촌락에서 먹을 것을 구걸하다가 모야신의 종자 하내마사수어수(河內馬飼首御狩)와 서로 지나쳤다. 어수가 다른 문에 들어가 숨어서 구걸하는 자가 지나가는 것을 기다려 손을 들고 때리고자 하였다. 구걸하는 자가 보고서 "거의 삼 개월을 기다리면서 칙언을 듣고자 하여도 말하지 않았다. 칙언을 듣는 자를 괴롭히는 것은 곧 속여서 상신을 죽이려고 한 것임을 알겠다."라고 말하였다. 이에 본 바를 그대로 상신에게 말하였다. 상신은 4촌[금관(金官)·배벌(背伐)·안다(安多)·위타(委陀)의 4촌이다. 일본(一本)에는 다다라(多多羅)·수나라(須那羅)·화다(和多)·비지(費智)의 4촌으로 되어 있다.]을 초략하고 모든 인물들을 데리고 그의 본국으로 들어갔다. 어떤 사람이 말하기를 "다다라 등 4촌이 초략당한 것은 모야신의 잘못이다."라고 했다.

## (14) 권 제17, 계체기 24년 9월

임나 사신이 상주하여 말했다. "모야신은 드디어 구사모라에 사택을 짓고 두 해 동안 머물러 있으면서[일본에 세 해라고 한 것은 가고 온 햇수를 합한 것이다.] 정사 돌보기를 게을리 했다. 이에 일본인과 임나인 사이에 자주 아이들로서 해결하기 어려운 소송이 일어났는데, 처음부터 판단할 도리가 없었다. 모야신은 서탕(誓湯)을 두기를 즐겨서 '진실한 자는 불에 데지 않고 거짓을 말한 자는 반드시 불에 데인다.'라고 하였다. 이로써 더운 물에 데어 죽는 자가 많았다. 또 길비한자나다리(吉備韓子那多利)·사포리(斯布利)[대일본인(大日本人)이 번국의 여인을 얻어 낳은 것을 한자(韓子)라고 한다.]를 죽이고 항상 인민을 괴롭히고 끝내 화해하지 못한다."라고 하였다. 이에 천황은 그 행상을 듣고 사람을 보내어 불러들였다. 그런데도 오지 않았다. (중략) 사람을 보낸 후에 다시 스스로 생각하여 "조길사(調吉士)는 조정의 사신이다. 만일 나보다도 먼저 돌아가서 사실대로 말하면 나의 죄과는 반드시 무거울 것이다."라고 하였다. 곧 조길사를 보내 많은 군사를 거느리고 이사지모라의 성을 지키게 하였다.

이에 아리사등은 그가 작은 사항만을 일삼고 기약한 바에 힘쓰지 않음을 알고 여러 번 조정으로 돌아가기를 권했으나 돌아가지 않았다. 이에 그 행적을 모두 알고, 배반할 마음이 생겼다. 곧 구례사기모

(久禮斯己母)를 신라에 사신으로 보내 군대를 요청하고 노수구리(奴須久利)를 백제에 사신으로 보내 군대를 요청했다. 모야신은 백제군대가 온다는 것을 듣고 배평(背評)[배평은 지명이다. 또한 능비기부리(能備己富里)라고도 이름한다.]에서 맞아 싸웠는데, 사상자가 반이나 되었다. 백제는 노수구리를 사로잡아 칼을 씌우고 쇠사슬을 채운 뒤 신라와 함께 성을 포위하고 아라사등을 꾸짖어 욕하며 "모야신을 내놓아라."라고 말하였다. 모야신이 성을 굳게 지키고 움직이지 않으므로 잡을 수 없는 형세였다. 그래서 두 나라는 편한 곳을 도모하여 초승에서 그믐까지 머무르면서 성을 쌓고 돌아갔는데, 그것을 이름하여 구례모라성이라고 한다. 돌아갈 때 길에 닿는 등리지모라(騰利只牟羅)·포나모라(布那牟羅)·모자지모라(牟雌枳牟羅)·아부라(阿夫羅)·구지파다지(久知波多枳) 등 5성을 함락시켰다.

## (15) 권 제19, 흠명기 2년

안라의 차한기(次旱岐) 이탄해(夷呑奚)·대불손(大不孫)·구취유리(久取柔利), 가라의 상수위(上首位) 고전해(古殿奚), 졸마(卒麻)의 한기 산반해(散半奚)의 한기의 아(兒), 다라(多羅)의 하한기 이타(夷他), 사이기(斯二岐)의 한기의 아(兒), 자타(子他)의 한기 등과 임나일본부(任那日本府) 길비신(吉備臣)[이름자를 잃었다.]이 백제에 가서 조서를 들었다. 백제 성명왕은 임나 한기들에게 "일본천황이 말씀한 바는 오로지 임나를 다시 건립하라는 것이오. 이제 어떤 계책을 써서 임나를 일으켜 세울 수 있겠소. 어째서 각자가 충성을 다하여 성회(聖懷)를 받들어 펴지 않으시오."라고 말하였다.

임나 한기 등이 대답하기를, "먼저 두세 차례 신라와 의논하였으나 대답이 없었습니다. 의도한 바를 다시 신라에 알렸으나 아직 대답이 없습니다. 이제 마땅히 우리 모두는 사신을 보내어 천황에게 가서 아뢰도록 하여야 합니다. 무릇 임나를 건립하는 것은 대왕의 뜻에 달렸습니다. 삼가 교지를 받드는데 누가 감히 간언(間言)하겠습니까. 그러나 임나의 경계는 신라에 접해 있으니, 탁순 등의 화를 불러들일까 두렵습니다."라고 하였다.

성명왕이 말하기를, "옛적에 우리 선조 속고왕(速古王)과 귀수왕(貴首王)의 치세 때에 안라와 가라 · 탁순 한기 등이 처음으로 사신을 보내고 상통하여 두텁게 친교를 맺어 자제로 삼아 항상 융성하기를 바랐다. 그런데 지금 신라의 속임을 당하여 천황의 노여움을 사고 임나의 원한을 사게 된 것은 과인의 잘못이다. 나는 깊이 뉘우쳐 하부(下部) 중좌평(中佐平) 마로(麻鹵)와 성방(城方) 갑배(甲背) 매노(昧奴) 등을 보내어 가라에 가서 임나일본부에 모여 맹세하게 하였다. 이후 마음에 걸리는 바가 계속 이어져서 임나를 재건하는 것을 조석으로 잊은 적이 없다. 이제 천황이 빨리 임나를 세우라고 말씀하셨으므로 그대들과 함께 계획하여 임나국을 수립하고자 하니 잘 도모함이 마땅하오. 또한 임나의 경계에 신라를 불러들여 (천황의 조칙을) 들어줄 것인가 아닌가 물어보시오. 그리고 함께 사신을 보내 천황에게 아뢰고 삼가 가르침을 받으시오. 혹시 사신이 아직 돌아오지 않았을 때에 신라가 틈을 엿보아 임나에 쳐들어온다면 내가 마땅히 가서 구해줄테니 걱정할 것 없소. 그러나 잘 수비하고 경계함에 소홀하지 마시오. 그대들은 탁순 등의 화를 불러들일까봐 두렵다고 말하고 있지만 신라가 스스로 강하기 때문에 그럴 수 있었던 것은 아니오. 탁기탄은 가라와 신라 사이에 있어서 매년 공격을 받아 패하는데도 임나가 구원할 능력이 없었기 때문에 망했소. 남가라는 작고 협소하여 갑자기 준비하지 못하고 의탁할 곳을 몰랐기 때문에 망했소. 탁순은 상·하 서로 다른 마음을 품고 있어서 그 국주(國主)가 스스로 종속되기를 원하여 신라에 내응했기 때문에 망했소. 이로써 보면, 세 나라의 패망은 참으로 그 원인이 있었던 것이오. 옛날 신라가 고구려에 도움을 청하여 임나와 백제를 공격하였을 때 이기지 못하였소. 신라가 어찌 홀로 임나를 멸망시킬 수 있겠소. 이제 과인이 그대들과 힘을 합하고 마음을 같이하여 천황에게 의지하면 임나는 반드시 일어날 것이오."라고 하였다. 그리고 나서 각기 차등 있게 물건들을 주니 (임나의 한기들은) 흡족해 하면서 돌아갔다.

### (16) 권 제19, 흠명기 5년 봄 정월

백제국이 사신을 보내어 임나의 집사(執事)와 일본부의 집사를 불렀다. 모두 "신에게 제사지낼 때가 이르렀으니 제사를 마치면 가겠다."라고 대답하였다. 이 달에 백제가 또 사신을 보내어 임나의 집사와 일본부의 집사를 불렀다. 일본부와 임나가 모두 집사를 보내지 않고 지위가 낮은 사람을 보냈다. 이로 말미암아 백제가 임나국을 세울 것을 함께 모의하지 못하였다.

### (17) 권 제19, 흠명기 5년 3월

탁국의 함파한기(函跛旱岐)가 가라국에 두 마음이 있어서 신라에 내응하였기 때문에 가라는 밖으로부터 싸우게 되어 멸망했습니다. 만약 함파한기가 내응하지 않았다면 탁국이 비록 작더라도 반드시 망하지 않았을 것입니다. 탁순에 대해서도 역시 마찬가지입니다. 만일 탁순국주(卓淳國主)로 하여금 신라에 내응하여 도적을 불러들이지 못하게 했다면, 어찌 멸망에 이르렀겠습니까. 여러 나라가 패망한 화를 두루 살펴보니, 모두 두 마음을 품고 내응한 사람에 의한 것입니다.

### (18) 권 제19, 흠명기 5년 11월

성명왕(聖明王)이 "임나의 나라는 우리 백제와 옛부터 지금까지 자제(子弟)가 되겠다고 약속하였다. 이제 일본부의 인기미(印岐彌)[임나에 있던 일본신의 이름이다.]가 이미 신라를 치고 다시 우리를 치려고 한다. 또 신라의 허망한 거짓말을 즐겨 듣고 있다. 무릇 인기미를 임나에 보낸 것은 근본적으로 그 나라를 침해하려는 것은 아니었다.[미상] 옛부터 신라는 무도하였다. 식언하고 신의를 저버리고 탁순을 멸망시켰으며 고굉의 나라에게 기꺼이 후회를 돌려주려고 한다. 그렇기 때문에 모두 불러오게 하여, 다같이 은혜로운 말씀을 받들고 임나의 나라를 일으키고 계승시켜 오히려 옛날과 같이 길이 형제가 되기를 원하는 것이다. 가만히 생각해 보니, 신라와 안라 두 나라의 경계에 큰 강물이 있는데, 요충지이다. 나는 이곳에 군대를 두어 6성을 수선하려고 한다. 삼가 천황에게 3천 병사를 청하여 성마다 5백 명씩과 아울러 우리 병사로써 채워 작전(作田)을 못하게 하고 핍박하면 구례산 5성은 스스로 병기를 던지고 항복하게 될 것이니, 탁순국도 다시 일어나게 될 것이다. 청하는 병사는 내가 의복과 식량을 댈 것이다. 이것이 천황에 주상하려고 하는 책략의 첫째이다. 또 남한에 군령(郡領)과 성주(城主)를 두는 것은 어찌 천황에 위배하여 조공로를 차단하는 것이 될 것인가. 바라는 바는 많은 어려움을 이겨서 강적(고구려)을 타파하려는 것이다. 그 흉당이 누구엔가 연합할 것을 도모하지 않을 것인가. 북적(고구려)은 강대하고 우리는 약하다. 만일 남한에 군령과 성주를 두어 수리하고 방호하지 않으면, 이 강적을 막을 수 없다. 신라도 막을 수 없다. 따라서 여전히 두어 신라를 치고 임나를 보존하려고 하고 있다. 그렇지 않으면 멸망하여 조공하지 못할 것이라는 것을 천황에 주상하려는 것이다. 이것이 책략의 둘째이다. 또 길비신(吉備臣)·하내직(河內直)·이나사(移那斯)·마도(麻都)가 아직 임나에 있다면, 천황은 임나를 세우라고 조하더라도 안 될 것이다. 청컨대, 이 4명을 옮겨 각각 본읍에 돌아가게 하여야 한다. 이것이 천황에 주상하려고 하는 책략의 셋째이다. 마땅히 일본신·임나 한기 등과 함께 삼가 사신을 보내어 천황에게 같이 말씀드려서 은혜로운 조칙 듣기를 청해야 할 것이다."라고 하였다.

이에 길비신과 한기 등이 말하기를, "대왕이 말한 세 계책은 저희 마음에도 듭니다. 그러나 이제 돌아가서 삼가 일본대신[임나에 있는 일본부의 대신을 말한다.]과 안라왕, 가라왕에게 말하여 함께 사신을 보내 천황에게 같이 상주하겠습니다. 이는 실로 천 년에 한 번 만날 수 있는 약속이니, 깊이 생각하고 헤아리지 않을 수 있겠습니까."라고 하였다.

### (19) 권 제19, 흠명기 9년 4월

백제가 중부(中部) 간솔(杆率) 약엽례(掠葉禮) 등을 보내 "덕솔(德率) 선문(宣文) 등이 조칙을 받들고 신번에 이르러 말하기를, '요청한 구원병은 때에 맞춰 보내주겠답니다.' 하였으니, 삼가 은혜로운 조칙을 받들어 기쁘기 한량없습니다. 그러나 마진성(馬津城) 전투[정월 신축에 고려가 무리를 이끌고 마진성을 포위하였다.]에서 한 포로가 이르기를, 「안라국과 일본부가 (고구려에) 부르러 와서 (백제를) 벌주기를 권하였기 때문입니다.」라고 하였는데, 상황에 비추어 볼 때 참으로 그럴 듯합니다. 그 말을 자세히 알고자 세 번이나 부르러 보냈어도 함께 오지 않았으니, 매우 의심스럽습니다. 엎드려 원하건대, 가외천황(可畏天皇)[서번(西蕃)은 모두 일본천황을 가외천황이라고 부른다.]은 먼저 죄를 취조하시고 (우리가) 요청한 구원병은 잠시 머무르게 하고 신이 보내는 보고를 기다리십시오."라고 아뢰었다.

조를 내려 말하기를, "보내온 소식을 듣고 (그대의) 걱정하는 바를 접해 보건대, 일본부와 안라가 이웃의 어려움을 구하지 않음은 짐도 걱정하는 바이오. 그리고 (그들이) 고구려에 몰래 사신을 보냈다는 것은 믿기 어렵소. 짐이 명하여야 스스로 보낼 것인데 명하지 않았으니, 어찌 할 수 있겠소. 원컨대, 왕은 옷깃을 풀고 허리띠를 끌러 편안히 마음을 안정시키고 깊이 의구치 마시오. 마땅히 임나와 함께 지난번 조칙대로 힘을 합하여 북적을 함께 막아 각자 소봉지(所封地)를 지켜야 하오. 짐은 약간의 사람들을 보내 안라가 도망한 공지(空地)를 채울 것이오."라고 하였다.

### (20) 권 제19, 흠명기 12년

이 해에 백제 성명왕이 친히 자기 나라와 두 나라 <2국은 신라와 임나를 말한다.>의 병사를 이끌고 고구려를 쳐서 한성(漢城)을 되찾고, 또 진군하여 평양을 쳐서 모두 6군의 땅을 회복했다.

### (21) 권 제19, 흠명기 13년 5월

5월 무진삭 을해에, 백제와 가라·안라는 중부(中部) 덕솔(德率) 목협금돈(木劦今敦)과 하내부(河內部) 아사비다(阿斯比多) 등을 보내 아뢰기를, "고려와 신라가 연합하여 세력을 합쳐 신국(臣國)과 임나를 멸하려고 합니다. 따라서 구원병을 청하여 기습공격하려고 합니다. 병의 다소(多少)는 천황 마음대로 하십시오."라고 하였다. 이에 조하여, "지금 백제왕·안라왕·가라왕·일본부신(日本府臣) 등이 함께 사신을 보내 말한 정상은 잘 들었다. 또한 임나와 마음을 합하여 힘을 하나로 하라. 이와 같이 한다면 반드시 하늘이 지켜주는 복을 받을 것이며 황공하신 천황의 영(靈)에게 도움을 받을 것이다."라고 하였다.

## (22) 권 제19, 흠명기 14년 8월

신라와 박국(狛國)이 공모하여, "백제와 임나는 자주 일본에 드나든다. 생각건대, 이는 군사를 청하여 우리를 치려는 것일 것이다. 사실이라면 머지않아서 나라가 망할 것이다. 일본군사가 떠나기 전에 안라를 쳐서 일본의 길을 끊어야 한다."라고 말했다.

## (23) 권 제19, 흠명기 15년 12월

"12월 9일에 사라(斯羅)를 치기 시작하였습니다. 신(臣)은 동방령(東方領) 물부막기무련(物部莫奇武連)을 보내 그 방의 군사를 지휘하게 하여 함산성(函山城)을 치도록 보냈습니다." (하략) 따로 주상하여, "만일 사라뿐이라면 유지신(有至臣)이 거느린 군사로도 충분할 것입니다. 지금 박(狛)과 사라가 동심협력하고 있어서 성공하기 어려울 것입니다. 속히 죽사도(竹斯島) 근처의 제 군사를 보내시어 신의 나라를 구원하소서. 또 임나를 도우면 일이 성공 할 것입니다."라고 하였다. 또 주상하여, "신은 따로 군사 1만 명을 보내 임나를 돕고 있습니다.(하략)"라고 하였다. 여창(餘昌)이 신라를 치려고 하였다. 노신들이 간하여, "하늘이 아직 우리를 돕지 않습니다. 화가 미칠까 두렵습니다."라고 말하였다. 여창이 "늙었도다. 어찌 겁이 많은가. 우리는 대국(大國)을 섬기고 있는데, 무슨 두려움이 있겠는가."라고 말하였다. 드디어 신라에 들어가 구타모라(久陀牟羅)에 요새를 쌓았다. (중략) 신라의 장군들이 백제가 지쳐버린 것을 알고 드디어 전멸작전을 하려고 하였다. 그 때 한 사람의 장군이 "불가하다. 일본의 천황이 임나의 일로 자주 우리나라를 책망합니다. 하물며 또 다시 백제 관가의 멸망을 계획하면 반드시 후환을 부를 것입니다."라고 말하였다. 그래서 중지하였다.

### (24) 권 제19, 흠명기 22년

신라는 구례질급벌간(久禮叱及伐干)을 보내 공물을 헌상하였다. 사빈(司賓)의 향응한 예물의 수가 보통 때보다 적었다. 급벌간이 분연히 돌아갔다. (중략) 장인 하내마사수압승이 거짓으로 "서방나라의 무례를 문책하러 파견한 사자가 머무르는 곳입니다."라고 말하였다. 대사(大舍)가 귀국하여 그 말대로 보고하였다. 신라가 아라파사산(阿羅波斯山)에 성을 쌓고 일본에 대비하였다.

### (25) 권 제19, 흠명기 23년 춘정월

신라가 임나의 관가를 쳐 없앴다.[일서(一書)에 말하기를, 21년에 망했다고 한다. 통틀어 임나라 하고, 세분해서는 가라국(加羅國)·안라국(安羅國)·사이기국(斯二岐國)·다라국(多羅國)·졸마국(卒麻國)·고차국(古嵯國)·자타국(子他國)·산반하국(散半下國)·걸찬국(乞飡國)·임례국(稔禮國)이라고 하여 합해서 10국이다.]

### (26) 권 제19, 흠명기 23년 6월

신라가 긴 창과 강한 활로 임나를 강공하여 거아구조(鋸牙鉤爪)로써 백성을 살상하였다. 간을 쪼개고 다리를 잘라서 그 쾌를 만끽하였다. 뼈를 볕쬐고 주검을 불살랐으며, 그 혹독함을 말하지 않는다. 임나 족성 백성 이하 칼과 도마에서 참혹하게 다루어져 이미 도륙되고 또 회가 되었다. 어찌 솔토지빈(率土之濱)에 왕신으로서 사람의 곡식을 먹고 사람의 물을 마시면서 누가 이를 차마 들으며 마음으로 애도하지 않을 것인가. 하물며 태자와 대신들은 서로 도와서 피를 토하듯 울고 원한을 품는 연고가 있다.

## (27) 권 제19, 흠명기 23년 가을 7월

신라는 사신을 보내 공물을 헌상하였다. 그 사신은 신라가 임나를 멸하였다는 것을 알았으므로 국은에 배반하였다는 것을 부끄럽게 여기고 돌아가지 않겠다고 청하였다. (중략) 그리고 신라가 임나를 칠 때의 상황을 문책하려고 하였다. 드디어 임나에 가서 천집부수등이를 백제에 보내 싸울 계획을 세우게 하였다. 등이는 처가에서 자고 봉인한 기밀서류와 활과 화살을 길에 떨어뜨렸다. 신라는 상세하게 싸움의 계획을 알았다. 갑자기 대병을 일으켜 패망을 거듭하고 말았다. 항복하여 따라가려고 하였다. 기남마려숙이는 이긴 군사를 돌려 백제의 군영으로 들어갔다.

## (28) 권 제19, 흠명기 23년 11월

신라가 사신을 보내 헌상품과 공물을 바쳤다. 사신은 신라가 임나를 멸하여서 천황이 분개하고 있다는 것을 알고 감히 돌아가겠다는 청을 하지 못하고 처벌을 두려워하여 본국에 돌아가지 않았다. 후에 백성과 같은 처우를 받았다. 지금의 섭진국 삼도군 식려(埴廬)의 신라인의 선조이다.

## (29) 권 제19, 흠명기 32년 3월, 4월

봄 3월 무신삭 임자 5일에, 판전이자낭군을 신라에 사신으로 보내 임나가 망한 까닭을 묻게 하였다. (중략) 여름 4월 무인삭 임진 15일에, 천황이 중병으로 누웠다. 황태자는 출타하고 없었다. 역마를 달려 불러들여 누운 자리에서 손을 잡고 조하여 "짐은 병이 중하다. 후의 일은 그대에게 맡긴다. 그대는 신라를 쳐서 임나를 세워라. 옛날처럼 두 나라가 서로 친하면 죽어서도 한이 없을 것이다."라고 말하였다.

## (30) 권 제20, 민달기 4년 2월

천황은 아직도 신라가 임나를 세우지 않는 것을 보고 황자와 대신에게 조하여 "임나의 일을 게을리 하지 말라."고 하였다. (중략) 6월에 신라가 사신을 보내 조를 바쳤다. 예년보다 많았다. 아울러 다다라, 수나라, 화타, 발귀의 사읍(四邑)의 조를 바쳤다.

### (31) 권 제22, 추고기 31년 11월

처음 반금들이 신라에 건너가는 날, 나루에 가까이 갔을 때 장식을 한 배 한 척이 항구에서 마중하였다. 반금이 물어 "이 배는 어느 나라의 마중배인가."라고 말했다. 대답하여 "신라의 배입니다."라고 말했다. 반금은 또 "어찌하여 임나의 마중배는 없는가."라고 말했다. 그래서 임나를 위하여 배 한 척을 보냈다. 신라가 마중하는 배 두 척을 쓰는 것이 이때부터인가. 봄부터 가을까지 장마가 있었고 큰물이 났다. 오곡이 잘 익지 않았다.

### (32) 권 제24, 황극기 원년 2월

무신 22일, 고구려와 백제의 손에게 난파군에서 향응하였다. 대신에게 조하여 "수진연대해를 고구려에, 국승길토수계를 백제에, 초벽길토진적을 신라에, 판본길사장형을 임나에 사신으로 보내라."라고 하였다.

### (33) 권 제25, 효덕기 대화 2년 9월

소덕 고향박사 흑마려를 신라에 보내 인질을 바치게 하였다. 임나의 조를 그만두게 하였다. 이달 천황이 하묘행궁에 갔다.

# 제 4 장

## 중국사서 동이전(東夷傳)에 언급된 삼한과 가야사

## 1. 머리말

국내외 사료 가운데 가야가 등장하는 역사서는 『삼국사기』, 『삼국유사』와 일본의 『일본서기』, 중국의 『삼국지』와 『남제서』 등이 있다. 그러나 이들 역사책도 대부분 자기 나라와의 관계에서만 가야를 언급했을 뿐, 가야사 자체를 별도로 다루지는 않았다. 그나마 중국사서인 『삼국지』와 『후한서』에서 한(韓)의 기원과 전개 및 가야로의 변천을 고찰할 수 있는 일부 기록을 전하고 있어, 가야사와 우리 상고사 연구에 가장 근본 사료가 되고 있다.

이들 중국측 사서에서 가야사 연구에 원용하거나 직접적인 도움을 줄 수 있는 사료를 수록하고 있는 문헌은 『삼국지』와 『남제서』이고, 나머지 문헌인 『후한서』나 『진서(晉書)』, 『송서』, 『양서』, 『진서(陳書)』, 『위서(魏書)』의 제기(帝紀) 및 열전, 『북제서(北齊書)』, 『주서(周書)』 이역전(異域傳) 등은 가야사 고찰에 간접적인 사료가 되는 사서들로 분류할 수 있다. 그렇기 때문에 『삼국지』 위서 동이전은 한국고대사와 가야사 연구에 제일차 사료로서 인용할 수

있는 중국측 사서 중 대표적인 문헌인 것이다.[1]

『삼국지』 동이전은 「위지(魏志)」 권39, '오환선비동이전(烏桓鮮卑東夷傳)'에 수록되어 있다. 이 기록은 당시 동이의 여러 국가들이 자기 나름의 역사서를 갖고 있지 못하였다는 점에서 당시의 시대상을 알려 주는 사료로서의 가치를 종래부터 매우 높게 평가받아 왔다. 「동이전」이 기록되어 전해진 주된 이유는 이 지역이 오래 전부터 한족(漢族)과 깊은 관계를 맺어왔으며, 위대(魏代)에 이르러서도 낙랑 대방의 소유였던 요동에 대한 영유(領有)와 관구검의 고구려 경략 등 현실적이고 시대적인 관심이 높아진 시기였기 때문으로 보인다.

「동이전」은 부여, 고구려, 동옥저, 읍루, 예, 한(韓), 왜인전 등으로 구성되어 있으며, 각 민족의 위치와 지세, 국력, 통치형태, 생활풍속 및 중국과의 관계 기사 등을 중점적으로 다루고 있다. 이 사서가 편찬된 시기에는 종래의 사서인 『사기(史記)』와 『한서(漢書)』에 나타나는 천하의식과 정통의식 같은 외면적 관념적인 의식에서 벗어나 훨씬 현실적인 의식을 갖게 되어, 중국과 직접 관계되는 대외적 사건의 기술에만 그치지 않고 동이족의 사회와 문화의 실상에 대한 서술이 부각되었으며, 특히 동이 여러 민족의 지리와 정치, 사회구조, 풍속 등에 대한 서술에 중점을 두었다. 그리하여 『삼국지』 동이전은 『후한서』와 더불어 한국고대사 연구에 있어서 고대로부터 중국의 3국에 이르기까지 한국의 정치와 제도, 습속, 문물 및 중국과의 접촉에 대한 매우 광범한 내용을 수록하고 있는 사료로서 중요시 된 것이다.

종래에는 『삼국사기』와 『삼국지』 동이전이 동일한 시대의 역

---

1) 『三國志』 魏書 東夷傳 韓傳, 辰韓傳, 弁辰傳, 倭人傳.

사를 기술하였음에도 그 사회성격에 대한 설명에 차이를 보이고 있는 사실로 인해, 『삼국지』 동이전의 기록을 과대평가하여 왔다. 이것이 『삼국사기』 초기 기사를 불신하는 한 원인이기도 하였다. 그러나 최근에 이르러서는 고고학의 성과에 힘입어 『삼국사기』 기록에 대한 신뢰와 중요성이 점차 높아지고 있다.

『삼국사기』와 『삼국지』 동이전의 그 당시의 사회성격에 대한 설명의 차이는 찬자의 입장 차이에서 비롯된 것이지 서로 상치되는 것은 아니라고 생각된다. 따라서 한국고대사 연구와 가야사 고찰에 있어서 『삼국지』 동이전은 『삼국사기』, 『삼국유사』, 『일본서기』 등과 상호보완적 관계에서 비교 검토하면 믿을 만한 문헌인 것은 분명하다.

『삼국지』 위서 동이전은 찬자인 진수(陳壽)가 생존했던 3세기 중엽 당시의 동이사회상과 그 이전의 모습을 압축 기록한 사서이다. 국내에서의 삼한에 대한 기록은 고려시대에 편찬된 『삼국유사』로부터 조선 말기에 이르기까지의 대부분의 역사서에 수록되었다. 그만큼 한국사에서 갖는 삼한의 위상과 가치 및 의미는 간과할 수 없다. 삼한문제는 한국고대사 연구에 있어서 신라와 백제, 가야사 연구의 선행 작업으로 기본적으로 검토되어야 하며, 가야사 연구에 있어서는 더욱이 반드시 다루어야 할 과제이기도 한 것이다.[2)]

그동안 삼한에 대한 연구 경향은 우리나라 고대사회의 발전과정을 체계적으로 이해하려는 입장을 견지하면서도 삼한사회를 바라보는 관점에 따라 크게 두 방향으로 나누어지고 있다. 하나는 삼한지역이 갖는 문화발전상의 독자성을 인정하면서 삼한사

---

2) 『南齊書』 東南夷列傳, 加羅에는 "加羅國은 三韓의 한 종족이다."라고 기록되어 있다.

회의 형성과 발전과정을 고찰하는 경향이며,[3] 다른 하나는 삼한사(三韓史)를 삼국시대의 시작 내지 삼국의 성립단계에 해당하는 것으로 보는 견해이다.[4]

본고에서는 이와 같은 여러 견해를 섭렵하면서 중국사서 동이전을 중심으로 마한(馬韓)과 진한(辰韓)의 소국구성(小國構成)과 변천관계를 체계화한 후에, 변한(弁韓)과의 관계를 소국 성격의 차이점과 한소국(韓小國)의 발전과정에 따라 구분하여 밝혀보고자 한다. 그리고 변한의 발전과 가야사의 전개 속에서 가야 여러 나라들의 독자적인 체제전환의 모습을 규명하여 삼한 속에서의 변한의 기여도를 천착해 볼 것이다.

본고 고찰을 위해 인용할 근본 사서로는 중국사서 중 『삼국지』 위서 열전 중의 동이전과 『남제서(南齊書)』 동남이전(東南夷傳)을 활용하고자 한다. 『삼국지』 동이전은 우리의 고기록(古記錄)이 남아 있지 않은 상황에서 거의 절대적인 사료적 가치를 가지고 있으므로 가야사 연구는 이 동이전에서 출발하지 않을 수 없다. 특히 본 연구는 『삼국지』에 있는 한전, 진한전, 변진전, 왜인전 등을 가야사 기원의 직접적인 사료로 취급하여 논지를 전개하고자 한다. 『남제서』 동남이전은 동이 고구려전, 백제국전, 가라국전, 왜국전 등이 포함되어 있다. 가라국전이 보이는 곳은 『남제서』뿐으로, 변한에서 가야로의 전환기 모습을 이 사서를 통해 고찰할 수 있을 것이다.

---

3) 이현혜, 『三韓社會形成過程硏究』, 일조각, 1997, pp.7~102.

4) 노중국, 『백제정치사연구』, 일조각, 1988, p.26 ; 이종욱, 『新羅國家形成史硏究』, 일조각, 1982, pp.255~256. 노중국은 마한을 초기백제사의 입장에서, 이종욱은 진한지역의 성장과정을 초기신라사로 보고 있다.

## 2. 중국사서 동이전에 나타난 한족사회(韓族社會)의 기원과 분화양상(分化樣相)

중국사서 동이전의 기록 중에서 한족사회(韓族社會) 전반의 분화과정과 한(韓)의 기원을 언급한 문헌의 사료를 연대순으로 배열하면 다음과 같다.

(1) 『사기(史記)』 조선열전(朝鮮列傳)에서는 "아들을 거쳐 손자 우거(右渠) 때에 이르러서는 유인해낸 한(漢)나라 망명자(亡命者) 수가 대단히 많게 되었으며, 천자(天子)에게 입견(入見)치 않을 뿐만 아니라 진번(眞番) 곁 진국(辰國)이 또는 주변의 여러 나라들(衆國)이 글을 올려 천자에게 알현(謁見)하고자 하는 것도 또한 가로막고 통하지 못하게 하였다."[5]고 기록되어 있다.

(2) 『한서(漢書)』 조선전(朝鮮傳)에서는 "천자(天子)에게 들어와 조현(朝見)하지 않을 뿐만 아니라 진번(眞番) 진국(辰國)이 글을 올려 천자를 알현하고자 하는 것도 또한 가로막고 통하지 못하게 하였다."[6]고 하였는데, 당(唐)의 안사고(顔師古)가 분주(分註)로 『한서』에 주석하기를, '진(辰)은 진한(辰韓)을 지칭하는 것이다.'라고 하여, 진국은 진한국이라고 하였다.

(3) 『후한서(後漢書)』 한전(韓傳)에는 "한(韓)은 세 종족이 있으니 하나는 마한, 둘째는 진한, 셋째는 변진(弁辰)이다. 마한은 서쪽에 있는데 54국(國)이 있으며 그 북쪽은 낙랑(樂浪), 남쪽은 왜(倭)와 접하여 있다. 진한은 동쪽에 있는데 12국이 있으며 그 북쪽은 예맥(濊貊)과 접하여 있다. 변진(弁辰)은 진한의 남쪽에 있는데 역시 12국이 있으며 그 남쪽은 왜와 접해 있다.

5) 『史記』 卷115, 朝鮮列傳 第55.

6) 『漢書』 卷95, 西四南夷兩奧朝鮮傳 第65.

모두 78개 나라로서 백제(伯濟)는 그 중의 한 나라이다. 큰 나라는 만여 호(戶), 작은 나라는 수천 가(家)인데, 각기 산과 바다 사이에 있어서 전체 국토의 넓이가 사방 4천여 리나 된다. 동쪽과 서쪽은 바다를 경계로 하니, 모두 옛 진국(辰國)이다. 마한이 [한족(韓族) 중에서] 가장 강대하여 그 종족들이 함께 왕을 세워 진왕(辰王)으로 삼아 목지국(目支國)에 도읍하여 전체 삼한(三韓) 지역의 왕으로 군림하는데 삼한의 모든 국왕의 선대는 모두 마한 종족의 사람이다."[7]고 하여, 삼한의 분립과 그 위치, 현황, 출자, 연혁 등을 간추려 기술하고 있다.

(4) 『삼국지』 한전(韓傳)에서는 한족사회의 개요를 말하여 "한(韓)은 대방(帶方)의 남쪽에 있는데 동쪽과 서쪽은 바다로 한계를 삼고 남쪽은 왜(倭)와 접경하니 면적이 사방 4천리쯤 된다. 한(韓)에는 세 종족이 있으니 하나는 마한(馬韓), 둘째는 진한(辰韓). 셋째는 변한(弁韓)인데, 진한은 옛 진국(辰國)이다."[8]라고 기술하였다.

(5) 『삼국지』 한전 진한(辰韓)에서는 "진한은 마한의 동쪽에 있다. 진한의 노인들은 대대로 전하여 말하기를, '우리들은 옛날의 망명인으로 진(秦)나라의 고역(苦役)을 피하여 한국(韓國)으로 왔는데 마한이 그들의 동쪽 땅을 분할하여 우리에게 주었다.' 고 하였다. … 지금도 진한(辰韓)을 진한(秦韓)이라고 부르는 사람이 있다. 진한은 처음에는 6국(國)이었던 것이 차츰 12국으로 나뉘어졌다."[9]고 그 기원을 언급하고 있다

(6) 『삼국지』 한전 변진(弁辰)에서는 "변진은 진한(辰韓) 사람들과 뒤섞여 살며 성곽도 있다. 의복과 주택은 진한과 같다."[10]고 하여, 변진에 관해서는 유래와 설명이 없고 다만 진한 사람들

---

7) 『後漢書』 권85, 東夷列傳 第75 韓傳.

8) 『三國志』 卷30, 魏書 30 烏丸鮮卑東夷傳 第30 韓傳.

9) 『三國志』 卷30, 魏書 30 烏丸鮮卑東夷傳 第30 辰韓傳.

10) 『三國志』 卷30, 魏書 30 烏丸鮮卑東夷傳 第30 弁辰傳.

과 뒤섞여 산다고만 기술하고 있다.

(7) 이어서 『삼국지』 동이전 한전(韓傳)에는 "조선 후 준(準)이 참람되이 왕이라 일컫다가 연(燕)나라에서 망명한 위만(衛滿)의 공격을 받아 나라를 빼앗겼다. 준왕은 그의 근신(近臣)과 궁인(宮人)들을 거느리고 도망하여 바다를 경유하여 한(韓)의 지역에 거주하면서 스스로 한왕(韓王)이라고 칭하였다. 그 뒤 준의 후손은 절멸(絶滅)되었으나 지금의 한인 중에는 아직 그의 제사를 받드는 사람이 있다."[11]라고 기록되어 있다.

(8) 『삼국지』 동이전 한전에는 계속해서 "일찍이 우거(右渠)가 격파되기 전에 조선상(朝鮮相) 역계경(歷谿卿)이 우거에게 간하였으나 그의 말이 받아들여지지 않자 동쪽의 진국(辰國)으로 갔다. 그때 백성으로서 그를 따라가 그 곳에 산 사람이 2천여 호(戶)나 되었는데 그들도 역시 조선(朝鮮)에 조공하는 번국(藩國)과는 서로 왕래하지 않았다."[12]라고 하여, 한의 유래(由來)를 언급하고 있다.

이상의 기록을 검토해 볼 때, 중국사서 동이전에서는 한족사회를 처음에는 막연하게 중국(衆國)이라 표현하였다가 다음에는 진국(辰國)이라 칭하였음을 알 수 있다. 『사기』에 기록된 중국(衆國)은 다른 사료들 특히 『한서(漢書)』와 『자치통감(資治通鑑)』의 기록에 비추어 보아도 한반도 남부의 부족연맹체를 지칭하는 진국(辰國)을 가리켰음은 확실하다. 그러나 진국이라는 나라가 하나만이 존재하였다고 보는 것은 해석상 어려움이 없지 않다. 설사 진국으로 해석하고자 한다 하여도 그것은 여러 나라 가운데 하나이지 옛 삼한 땅에 진국만이 존재했다고 보는 것은 무리가 따른다.

---

11) 『三國志』 東夷傳 韓傳.

12) 『三國志』 東夷傳 韓傳.

중국(衆國)인가 진국(辰國)인가 하는 문제는 중국 가운데 하나인 진국이라고 보는 것이 합당하다. 왜냐하면 당시에 조선과 진국만이 있었던 것이 아니기 때문에 동시기에 존재했던 정치집단으로서 양자만을 인식하는 자세는 재고할 필요성이 있다. "진번방중국(眞蕃旁衆國)"에는 물론 한족사회만이 포함된 것이 아닐 것이나, 진국은 분명 한족사회를 말한 것이다. 따라서 중국 군현에 알려진 한족사회의 최초의 국명은 중국(衆國) 가운데 하나인 진국(辰國)이었다. 『후한서』부터는 진국 다음으로 삼한(三韓)을 언급함으로써 진국은 삼한으로 분화되어 알려지게 되었다. 이로써 이른바 '삼한사회(三韓社會)' 또는 '삼한시대(三韓時代)'를 상정하게 된 것이다.

사료 (7)과 (8)에 인용된 『삼국지』 동이전 한전의 기록은 한(韓)의 기원과 유래를 나타내 주고 있다. 사료 (7)은 한족사회를 '한(韓)'으로 칭한 최초의 기록이며, 사료 (8)은 신라 6촌(村)의 형성과 관련되는 중요한 내용으로, 준왕이 남쪽으로 분하하여 한왕(韓王)이 되었음에도 불구하고 역계경이 '동지진국(東之辰國)하였다는 데에서 한왕과 진국, 진국과 진한, 진한과 마한 변한 등의 관계를 고찰할 수 있는 긴요한 자료이다.

사료 (7)에서 한지(韓地)는 준왕(準王)이 남쪽으로 온 사실을 말하는 기록이다. 그렇지만 남쪽으로 온 지점에 대해서는 많은 논의가 있다. 일찍이 『제왕운기(帝王韻紀)』에서는 '준이 금마군으로 이거하였다.[準乃移居金馬郡]'라고 하여, 준왕의 남천을 금마(金馬) 일원으로 비정하였다. 권람(權擥)의 『응제시주(應製詩註)』에서도 '기준이 위만의 난을 피하여 바다로 남하해서 금마군에 이르러 나라를 열고 마한이라 이름하였으니, 지금의 금산군이다. 소국 52국을 통할하였다.[箕準避衛滿之亂 浮海而南 至金馬郡 開國號馬韓 今益山郡 所統小國五十二]'라 하여, 같은 견해를 보이고 있다. 준왕이 남쪽으로 온 사실을 단순한 피난으로 보지 않고 그가 좌우궁인(左右宮人)을 거느리고 익산(益山) 일대로 온 것을 마한(馬韓)과 연결시킨 것이다. 이것은 뒷날 실학자들이 삼한정통론(三韓正統論)을 내세우는 근거로 제시되었다. 일부 실학자들은 종래의 기자조선을 마한으로 연결되는 역사로 파악하기도 하였다.

준왕이 남쪽으로 온 지점에 대해 전통적인 견해를 가진 학자들은 일반적으로 익산 일대로 보고 있었다. 이에 반해 이병도는 경기도 광주군 경안(京安) 일원으로 그 위치를 비정한 바 있다. 그러나 문헌과 현지조사의 실시 또는 고고학의 유물분포를 통해 보면, 익산 금마(金馬) 일대로 보는 것이 타당하다는 느낌이 든다.

이와 같이 한반도 남부지역의 한(韓)이 처음 보이는 사료는 위만 세력에 밀려 남쪽으로 이동한 준왕이 한왕(韓王)이 되었다는 사료 (7)의 이 기사이다. 사료 (1)에 보이는 중국(衆國, 혹은 진국) 중에는 한반도 남부의 정치세력이 포함되었을 것인데, 그들은 중국본토와의 교섭시도에 위만 세력에 의해 방해받고 있었던 것으로 보인다. 이는 한군현(漢郡縣) 설치 이전에 한반도 남부지역과 서북부 지역 간의 교섭이 이루어지고 있었음을 보여준다. 그리고 위만정권 수립 후에 중국본토와의 교섭이 위만 세력에 의해 방해받고 있었으므로 그 이전에 중국본토와의 교섭이 있었을 가능성이 크다. 곧 대중교섭이 위만 세력에 의해 통제받던 시기에 한반도 남부사정은 중국(衆國)으로 표현되는 소정치 집단들이 이미 형성되어 있었던 것이다.

사료 (7)에서는 우리 민족을 일컬어 한(韓)이라는 칭호를 사용하였다. 그것은 무엇을 의미하는가? 한(韓)은 한족(韓族)과 함께 해온 칭호로서, 결코 준왕이 남쪽으로 이동한 이후 최초로 생겨난 것은 아닐 것이다. 일반적으로 한족들은 그들 자신을 한인, 한기, 금, 신이라 하고, 그들이 사는 곳을 한불, 한들, 금불, 금들 등이라고 하였다.[13] 따라서 한(韓)은 한족사회 전반에 걸쳐 공통적으로 사용된 보편적인 칭호이고, 결코 한 성씨 또는 한 지역에만 국한된 것은 아니었다.

사료 (7)에서 나타난 준왕의 남쪽 이동시점인 기원전 2세기초 이전에 남한지방은 '한(韓)'으로 불렸고, 그 고고학적 실체는 각종 청동의기로 구성되고 발달된 점토대토기문화(粘土帶土器文化)였다. 당시의 사회는 점토대토기를 기반으로 하는 한사회(韓社會)라고 하여도 무리가 아닐 것이다. 남한지방을 지칭하는 한(韓)이라는 명칭은 진국(辰國) 또는 적어도 그 후신으로서 진한(辰韓)이 등장하여 구분의 필요가 생기기 전까지 계속되었을 것이다. 진국의 등장시기가 『삼국지』 한조(韓條)의 "진한(辰韓)은 옛 진국(辰國)이다."와, 같은 책 진한조(辰韓條)에 "진한은 옛날의 망명인으로 진(秦)나라의 고역(苦役)을 피하여 한국(韓國)으로 왔는데 마한이 그들의 동쪽 땅을 분할하여 우리에게 주었다."의 기사로 보아, 기원전 3세기 말경으로 볼 수 있으므로 이 무렵 이후에 '한(韓)'이라는 명칭이 사용되었을 것으로 보인다.

그러면 사료 (1)에 보이는 진국과 한(韓)은 어떠한 관계에 있었을까? 진국(辰國)은 신지(臣智)가 다스리는 나라이며, 한은 대인 군장의 대(大)를 의미하는 족칭 내지 족장의 칭호에서 유래한 것이라면, 신지가 다스리는 나라가 곧 한이 될 것이고 한왕(韓王)

13) 丁仲煥, 『加羅史硏究』, 혜안, 2000, pp.271~272.

이 곧 진국의 왕이 될 것이다. 이것이 사료 (2)와 (4)에 나오는 진국의 왕을 의미한다. 여기에서 진왕(辰王)은 처음에는 신지 그 자신을 부르는 칭호이기도 하였으나, 여러 신지한국[諸臣智韓] 중에서 다른 신지한국과의 제휴관계 형성에 따라 주도권을 장악하게 되고 결국 한족사회 전체를 직간접으로 지배하게 된 어느 유력자를 가리키게 되었다. 진왕은 대대로 마한 출신자였다. 한족사회가 진국(辰國) 혹은 한국(韓國)으로 불렀다고 하더라도 근본적으로 그 영역이 다르다든가 부민(部民)이 다른 것은 아니었다. 한족사회에 성읍국가간의 제휴가 이루어져 세력권이 성립된 것은 중국 군현(郡縣)의 설치이래의 영향이 컸다.

이렇게 진국과 한과의 관계를 생각해 볼 때, 양 칭호는 같은 반도 이남의 한족사회에 대한 칭호이고 신지(臣智)와 한(韓)도 족장 내지 족칭으로 해석되지만, 그 구별은 명확하지 않다. 진국(辰國)을 기술하고 있는 사료 (4)인 『삼국지』 동이전 한조의 기록은 사료 (3)인 『후한서』 동이열전에 수록된 진국과는 상당한 거리가 있다. 『삼국지』에서는 진한(辰韓)의 옛날의 진국[古之辰國]으로 파악하고 있는 반면에, 『후한서』에서는 삼한(三韓) 이전의 전 지역을 다스린 존재로 서술하고 있는 것이다. 그러나 고대의 정치 발전단계로 보아 『삼국지』의 기록이 올바른 것이 아닌가 생각된다. 따라서 진왕(辰王)은 『삼국지』의 기사대로 목지국(目支國)을 다스린 지배자이며, 그 사회는 마한사회에서 가장 강력하였던 것으로 파악된다.

사료 (4)는 한족사회 전반의 위치와 범위 및 종족의 구분을 밝혀놓았다. 첫 번째로 언급한 마한(馬韓)은 조선왕(朝鮮王) 준(準)이 한효혜고후(漢孝惠高后)시에 위만에게 패하여 바닷길로 남하하여 한반도 서남부에서 재건한 조선(朝鮮)과 같은 명칭인 한계(韓系)의 나라이다. 마한의 위치는 정약용과 한치윤 등 조선후기 실학자들의 경우 금마 즉 익산을 마한의 중심지로 보고서 이 익산을 월지국 또는 목지국에 비정하였다.

『삼국지』 동이전 한전에서는 위 기사에 이어서 마한에 대해, "마한은 삼한 중에서 서쪽에 위치하고 있다. 그 백성은 토착생활을 하고 곡식을 심으며 누에치기와 뽕나무를 가꿀 줄 알고 면포(綿布)를 만들었다. 나라마다 각각 장수(長帥)가 있어서 세력이 강대한 사람은 스스로 신지(臣智)라 하고 그 다음은 읍차(邑借)라고 하였다. 그 나라 사람들은 산과 바다 사이에 흩어져 살았으며 성곽이 없었다."라고 하였다. 맨 끝에 서술된 성곽이 없다는 기사는 어떤 기준에 의거해서 기술된 것인지 알 수가 없다. 일반적으로 성곽은 외적을 방어하기 위한 방편으로 축조되었다. 그런데 이 시기에 마한에 일체의 성이 없다는 사실은 선뜻 이해가 되지 않는 측면이 있다. 혹 중국의 성곽을 기준으로 삼고서 그러한 형태의 성곽이 없었다는 것인지 알 수가 없다. 우리나라에는 이미 기원을 전후로 하여 축조된 토성이 각처에 산재하고 있었거니와, 그것은 지역과 시기에 따라서 축조방법과 형태, 규모의 대소 등을 달리할 뿐이었다.

이 책에서는 계속해서 "…모두 50여 국이 있다. 큰 나라는 만여 가이고 작은 나라는 수천 가로서 총 10여만 호이다. 진왕(辰王)은 월지국(月支國)을 통치한다."[14]라고 하여, 소국의 수와 규

---

14) 『三國志』 東夷傳 韓傳은 총 2,140자로 마한, 진한, 변진(弁辰)으로 나뉘어 구성되어 있다. 그 내용을 살펴보면, 마한에서는 마한의 여러 나라와 관직, 중국과의 교섭기사, 풍속 및 토산품을 차례로 서술하고 있다. 삼한사회의 역사와 문화를 연구하고자 할 때에 『삼국지』 한전은 가장 기본적인 사료 가운데 하나이다.

모 및 진왕에 대해 언급하고 있다. 남부지방의 서쪽에 위치하여 농경생활을 영위하고 있던 마한은 산과 바다 사이에 산재하는 50여 부족집단으로 구성되어 있었다. 대자는 만여 호, 소자는 수천 호로서, 대자는 신지, 소자는 읍차란 장수가 다스렸다. 50여 국의 총왕이 곧 진왕이었으며, 월지국을 통치하였다.

진한은 마한의 왕이고 월(목)지국은 마한왕(진왕)의 주국(主國)이었다. 그런데 진한과 진왕은 이 기사를 통해서 보면 아무 관계가 없는 듯이 보인다. 진국와 진왕은 전혀 별개의 국명과 왕으로 이해할 수 있다는 말이다. 그러나 이러한 견해는 옳다고 볼 수 없다. 오히려 진왕은 마땅히 진국의 왕이 되어야 한다. 진국과 진왕을 별개로 존재로 해석하기 곤란하다는 것이다.

『삼국지』의 "진한은 옛 진국이다.[辰韓者 古之辰國也]"라고 함은 이미 성읍국가 세력권이 성립된 뒤 마한 성읍국가 세력권에 직접 참가하지 않은 여타의 고진국(古辰國)을 진한(辰韓)이라고 하였다는 사실을 전해주고 있다. 본래의 신지한(臣智韓)은 그대로 있으면서 월지국 진왕(辰王)의 세력권에 직접 참가하지 않고 별도로 한 개의 성읍세력권을 형성하되, 마한의 간접적 구속을 받으면서 북방 유이민들의 안주지(安住地)로도 용인하는 자립적인 생활을 하는 한족사회의 일부인 '신지가 다스리는 한족사회'를 진한(辰韓)이라고 칭하였던 것이다.

사료 (3)의 "진한은 동쪽에 있다."고 한 기사에서, 동(東)은 '동지진국(東之辰國)'과 같이 마한이 서쪽에 편재(偏在)한 데 대하여 막연히 그렇게 언급한 것으로 보인다. 이 지역은 영남의 사로국을 중심으로 한 성읍세력권으로, 변한이 그 남쪽에 있어서 왜와 접하였다고 한데서 지금의 경남 일대임을 알 수 있다.

후한 광무제 때의 염사치(廉斯鑡)에 관한 기사에서의 명칭도 검토해 보아야 할 점이 있다. 염사치 설화는 변진세력(弁辰勢力)이 형성되는 초기시기를 배경으로 하고 있다. 본래 진한의 우거수 중 한 명이었던 염사치는 낙랑을 배경으로 진한에 배반하고 그 무리들이 함께 진한을 떠나 독자적인 변한사회를 형성해 나갔다고 보는 것이다. 여하튼 진한은 한족사회에서 마한 세력권 이외의 나머지 진국 일명 신지한(臣智韓) 중에서 별도로 형성한 성읍국가 세력권이며, 이를 '고지진국야(古之辰國也)'라 한 것은 진한 성읍국가 세력권 성립 이전의 진국이라 불린 산만한 부족집단인 한족사회 전체의 일부분을 가리킨다고 하겠다.

다음으로는 변한(弁韓)의 명칭을 살펴보자. 『삼국지』 한전에서는 변한이라 하고, 같은 책 변진전(弁辰傳)에는 변진이라 기록하였다. 사료 (3)과 (5)의 기록을 통하여, 진한은 마한의 동쪽에, 변한은 진한의 남쪽에 존재했음을 알 수 있겠다. 『삼국지』 변진전에는 "변진은 12국이다."라 하고, 변한과 진한 24국명을 열거하고 있다. 변진 24국 중 변진이라는 명칭을 붙인 12국이 변한에 속하고 그 나머지는 진한에 속한다는 통설에 따르면, 변진 12국은 대개 낙동강 연변의 가야 여러 나라에 해당된다고 생각한다. 『삼국지』 변진전에는 또 "변진은 진한(辰韓)사람들과 뒤섞여 살며 성곽도 있다. 의복과 주택은 진한과 같다. 언어와 법속이 서로 비슷하지만 귀신에게 제사지내는 방식은 달라서 문의 서쪽에 모두들 부엌을 맡는 귀신을 모신다. 그중에서 독노국은 왜와 경계를 접하고 있다. 12국에도 왕이 있으며, 그 사람들이 형체는 모두 장대하다. 의복은 청결하며 장발로 다닌다. 또 폭이 넓은 고운 베를 짜기도 한다. 법규와 관습은 특히 준엄하다."라고 하였다. 변한과 진한은 풍속과 법규 및 관습에 차이가 있으며 위치도 다름을 분명히 밝히고 있는 것이다.

이러한 여러 기록들을 종합하여 검토해 볼 때, 삼한사회의 성립은 처음에 진국에서 마한과 진한이 분리되고 다음으로 진한에서 진한과 변진이 분리되는 과정을 거쳐 마침내 마한, 진한, 변한의 성읍국가 세력권을 형성한 것이다. 진국에서 마한과 진한이 분리된 시기는 대개 서기전 3세기경으로 소급되며, 진한과 변진의 분리시기는 서기전 1세기 전후로 보는 것이 옳다고 하겠다. 그리고 진한과 변한이 확립된 시기는 그 상한을 1세기 전반으로, 하한을 3세기 무렵으로 보는 것이 타당할 것 같다.[15] 이와 같이 형성된 삼한사회는 삼국시대로 발전하여 삼한 중 마한이 백제의 모체가 되고, 진한과 변한은 각각 신라와 가야의 바탕이 되어 북쪽의 고구려와 함께 사국시대(四國時代)를 열게 되었던 것이다.

### 3. 마한과 진한의 자태(姿態)와 변천

마한이 우리나라 사서에 나타난 최초의 기록은 『삼국사기(三國史記)』 시조혁거세(始祖赫居世) 거서간(居西干) 38년조이다. "2월에 호공(瓠公)을 마한으로 파견하여 수교하니, 마한왕이 호공에게 진·변한은 우리의 속국이었는데 근년에는 공물을 보내지 아니하니 대국을 섬기는 예의가 이와 같을 수 있겠는가 하고 꾸짖었다."고 한

15) 『三國志』에서는 韓傳, 辰韓傳, 弁辰傳의 순으로 기록하고 있다. 변진전에서는 변한과 마한과 진한의 차이점을 부각시키고 이미 진한과 변한이 분립상태에 있었음을 보여주고 있어, 위와 같은 시기설정도 무리는 아닐 것이다. 또한 염사치 설화는 진한과 변한이 분리되는데 중요한 사료로 활용할 수 있다.

것이 그것이다.[16] 『삼국사기』 백제시조(百濟始祖) 온조왕(溫祚王) 24년조에도 "7월에 왕은 웅천책(熊川柵)을 축조하니 마한왕은 사신을 백제에 파견하여 책망하였다."고 하였다.[17]

이러한 기록보다 자세한 내용을 담고 있는 사료는 역시 『삼국지』 위서 동이전이다. 여기에는 마한뿐만 아니라 진한과 변한의 소국들에 대한 구성관계도 대강 수록하고 있다. 이중에서 삼한의 지리적 위치는 조선중기 한백겸(韓百謙)이 『東國地理志』에서, 경기와 충청, 전라지역을 마한으로, 영남지방을 진·변한으로 비정한 이래, 조선후기의 대표적인 사서와 사가들은 대체로 이 견해를 수용해 왔다.[18] 그 이후 지금에 이르기까지도 한백겸의 이 견해는 통설로 받아들여지는 것 같다. 그러나 지리적 위치의 비정문제에서 더 나아가 삼한소국에 대해서는 정치 사회적인 성격, 문화적 배경, 지역적 규모 등 구체적인 측면에서의 연구가 더욱 절실한 단계에 있다.

『삼국지』 한전에서 한(韓)은 마한, 진한, 변한 3국으로 구분되어 있다. 그 가운데 마한이 한족(韓族)의 중심세력으로 기술되어 있다.[19] 한반도 남부의 한족사회에는 기원전 3세기경 마한이 주도세력으로 대두하면서 진·변한 지역의 정치집단들에게 일정한 영향력을 행사한 것으로 추정된다. 이러한 사실은 "마한이 동쪽 지경의 땅을 할애하여 주었다.[馬韓割東界地與之]"거나, "진한은

---

16) 『三國史記』 卷1, 新羅本紀1, 始祖赫居世 居西干 38年條.

17) 『三國史記』 卷23, 百濟本紀1, 始祖溫祚王 24年條.

18) 安鼎福, 『東史綱目』 附卷下 三韓考 ; 韓鎭書, 『海東繹史續』 卷3, 地理考3, 三韓疆域總論 ; 丁若鏞, 『疆域考』, 三韓總考.

19) 삼한에서 마한이 중심세력이었음은 다음 사료에서 확인된다. 『後漢書』 東夷傳 韓傳. "馬韓最大 共立其種爲辰王 都目支國 辰王 三韓之地 其諸國王先 皆是馬韓種人焉" 『三國志』 東夷傳弁辰傳, "其十二國屬辰王 辰韓常用馬韓人作之世世相繼 辰王不得自立爲王"

항상 마한인을 써서 세세토록 서로 이어가도록 했다.[辰韓常用馬韓人作之世世相繼]"라고 한데서 알 수 있다.

마한 중심의 한족사회는 철기문화의 보급을 계기로 재편되어 나갔다. 변·진한 세력이 강성해지는 기원전 1세기경부터 마한은 진·변한에 대한 우월권을 상실하면서 점차 삼한으로 정립되어 갔다.[20] 그렇지만 마한 50여 국과 진·변한 24국은 삼한의 분립 훨씬 이전부터 소국사회(小國社會)로 발전된 모습을 보이고 있었다. 삼한소국의 형성시기는 대체로 기원전 3~2세기경부터 삼국이 건국되는 기원 전후기까지로 잡을 수 있다.

마한의 제국으로는 원양국(爰襄國), 모수국(牟水國), 상외국(桑外國), 소석색국(小石索國), 대석색국(大石索國), 우휴모탁국(優休牟涿國), 신분고국(臣濆沽國), 백제국(伯濟國), 속노불사국(速盧不斯國), 일화국(日華國), 고탄자국(古誕者國), 고리국(古離國), 노람국(怒藍國), 월지국(月支國), 자이모노국(咨離牟盧國), 소위건국(素謂乾國), 고원국(古爰國), 막노국(莫盧國), 비리국(卑離國), 점이비국(占離卑國), 신흔국(臣釁國), 지침국(支侵國), 구노국(狗盧國), 비미국(卑彌國), 감해비리국(監奚卑離國), 고포국(古蒲國), 치리국국(致利鞠國), 염로국(冉路國), 아림국(兒林國), 사로국(駟盧國), 내비리국(內卑離國), 감해국(感奚國), 만노국(萬盧國), 벽비리국(辟卑離國), 구사오단국(臼斯烏旦國), 일이국(一離國), 불미국(不彌國), 지반국(支半國), 구소국(狗素國), 첩노국(捷盧國), 모노비리국(牟盧卑離國), 신소도국(臣蘇塗國), 막노국(莫盧國), 점납국(占臘國), 임소반국(臨素半國), 신운신국(臣雲新國), 여래비리국(如來卑離國), 초산도비리국(楚山塗卑離國), 일난국(一難國), 구해국(狗奚國), 불운국(不雲國), 불사분야국(不斯濆邪國), 원지국(爰池國), 건마국(乾馬國), 초리국(楚離國) 등 50여 국이었다. 큰 나라

---

20) 宋華燮, 「三韓社會의 宗教儀禮」, 『三韓의 社會와 文化』, 신서원, 1993, pp.57~60.

(大國)는 만여 가(家)이고, 작은 나라(小國)는 수천 가(家)로서 총 10여 만 호라고 하였다.[21] 이에 비해 진·변한은 각각 대국이 4, 5천 가, 소국이 6, 7백 가로 이루어졌다고 한다.

각 나라는 인구 규모에 따라 대국과 소국으로 구분하고 있으나, 이 국들을 단순히 동일한 수준의 정치세력으로 취급해서는 곤란하다. 왜냐하면 삼한제국의 거수(渠帥) 중에서 마한의 대자(大者)를 신지(臣智), 그 다음을 읍차(邑借)라 한다든가, 진·변한의 경우 대자를 신지, 그 다음을 험측(險側), 번예(樊濊), 살해(殺奚), 읍차(邑借)라 하여, 세력의 우열을 따져 그 호칭을 달리하였기 때문이다. 곧 정치적 성격을 갖는 국(國)의 거수를 이처럼 서열화하여 각국 지배자 사이의 세력의 우열을 현실적으로 인정하였던 것이다.

그렇지만 대국 역시 소국의 단계를 거쳐 성장하였을 것이기 때문에, 국의 최초 모습은 소국이었을 것이다. 그런데 소국으로 진입하는 단계에서는 각 읍락간에 등차화 현상이 나타났다. 그것은 국읍(國邑)과 읍락(邑落)의 존재를 통해서 유추할 수 있다. 삼한의 소국은 국읍을 중심으로 주변읍락이 결합된 형태이며, 국읍의 통치기능으로 인해 소국은 정치 경제적으로 통일적인 기능을 발휘하는 단일한 정치집단으로 파악된다. 곧 기록상 국읍으로 나타나는 세력단위는 여러 읍락 가운데 대읍락으로 성장한 정치체였다. 이들은 소국을 주도적으로 이끌어 가는가 하면, 어떤 읍락은 전통적인 자치능력을 제약 받으면서 소국 내의 구성단위로 편입된 촌락공동체로 존재하기도 하였다.

대개 소국의 영역범위는 반경 50리 내외로 파악하거나,[22] 직경

---

21) 『三國志』 東夷傳 韓傳.

22) 白南郁, 「三國志 韓傳의 '國'에 대한 問題」, 『白山學報』 26, 1981, p.46.

약 40km 내외를 차지하였던 것으로 설정하여 지금의 행정단위인 군(郡) 정도의 크기로 추정하기도 한다.[23] 이러한 소국들의 분립현상이 진전되면서, 삼한의 제국 사이에는 세력의 크기나 우열에 따른 계서적(階序的) 질서가 나타나게 되었을 것이다. 우세한 소국은 주변지역을 자신의 영토로 편입시키거나 흡수 통합하는 영역확대를 도모함으로써, 삼한 제국 사이에는 소국과 구별되는 대국의 대두가 가시화 되어갔다. 대국은 소국의 바탕 위에서 성장할 수 있었던 것이다. 그런데 소국 단계의 국읍과 읍락 외에 새롭게 편입된 별읍(別邑)의 존재를 상정할 수 있다면, 이때의 읍락은 국읍과 별읍, 읍락의 형태로 분화된 모습을 보이게 된다.

소국과 대국은 『삼국지』 위서 동이전에 혼재되어 등장하고 있다. 기원을 전후한 때부터 3세기까지 일정 기간 동안 삼한사회 내부에서 공존하는 동안에, 그 세력의 우열과 크기에 따른 정치 지배자의 서열화 현상이 함께 진행되었을 것임은 충분히 추측할 수가 있다.[24] 이러한 상황이 진전되어 가면 갈수록 대국을 중심으로 주변의 소국이 결합되는 정치체제의 탄생을 가져와 새로운 영역국가가 대두하는 바탕을 이루었을 것이다.

이러한 역사적 흐름 속에서 『삼국지』에 나타난 마한의 실체를 이해하고자 하는 관점은 한반도 중서부 일대에 형성 발전하고 있

---

23) 千寬宇, 「삼국의 국가형성」, 『韓國學報』 2, 1976, pp.12~17.

24) 『三國志』 魏書 東夷傳에 의하면, "마한에는 각기 長帥가 있어 큰 것은 스스로 臣智라 이름하였고, 그 다음은 邑借라 하였다."고 한다. 또한 그 대소의 구별은 "무릇 오십여 국이 있는데, 대국은 만여 가이고, 소국은 수천 가로 모두 십만여 호가 되었다."고 하여, 만여 가 규모의 대국은 신지가, 수천 가 규모의 소국은 읍차가 관계됨을 알 수 있다. 그리고 변·진한도 역시 십이국이 있고, 또한 여러 소별읍이 있었다. "대국은 4, 5천 가, 소국은 6, 7백 가로서 모두 4, 5만 호"라 하여, 대국과 소국의 규모의 차이를 알려준다. 또한 目支國을 다스린 진왕의 실체는 여타 거수들보다 우월한 존재로 파악된다.

었던 정치집단들의 전체적인 성장 변천과정과의 유기적인 관계를 전제로 한다. 『삼국지』 마한조(馬韓條)에서 언급하였듯이, 북방 유이민집단에게 동계지(東界地)를 할애해 주었다고 하는 사실은 그러한 점을 뒷받침하고 있다. 따라서 『삼국사기』의 온조(溫祚)집단 정착과정에서 나타나는 마한의 실체는 B.C 2세기 진국(辰國, 衆國) 단계 이래의 청동기문화를 배경으로 성장한 경기, 충남일대의 정치집단군으로 이해되는 것이다. 그러므로 이들의 결속기반이나 대표국 세력의 통솔기능은 철기가 유입된 이후의 단계와 비교하여 정치적인 면보다 경제적인 측면이 우선이며, 무력에 의한 지배복속관계라기보다 소국연합적인 성격이 강한 상태라고 할 것이다.

그러나 서력 기원후에 접어들면서부터는 철기문화를 배경으로 하는 백제국(伯濟國) 중심의 소국세력권이 부상하였다. 이들은 진왕(辰王) 중심의 전통적인 세력중심국의 영도권에 도전할 수 있는 대등한 세력으로 성장해 나갔다. 그럼으로써 결국 그들은 종래 마한 진왕이 행사하던 제반 권력을 장악하기에 이르렀을 뿐 아니라, 그 한계를 극복할 정도였다.

온조 집단이 정착하여 백제국(伯濟國)이 성립되는 초기단계에는 백제국 역시 마한소국세력권(馬韓小國勢力圈)의 일부로 종속되어 있었다.[25] 그러다가 점차 백제국 세력이 강성해지면서 그들은 마한왕에게 천도(遷都)를 고(告)하고 북의 예성강으로부터 동의 주양(走壤), 남의 웅천(熊川)에 걸쳐 그들의 영역을 획정하였다.[26] 게다가 마한의 국읍을 병합 멸하였다[27]는 일련의 기록이 나타나는

25) 『三國史記』 卷23, 百濟本紀1, 溫祚王 5, 10, 18年條.

26) 『三國史記』 卷23, 百濟本紀1, 溫祚王 13年條.

27) 『三國史記』 卷23, 百濟本紀1, 溫祚王 26, 27年條.

것은 백제국의 대외적 팽창과정과 이로 인한 마한소국세력권의 변천과정을 반영한 것이다. 이는 백제국이 대내적으로 읍락집단의 통제에 성공하여 대외적 팽창을 시도하고, 경기도와 충남 일부지역의 소국들에 대해 정치적 영향력을 확대해 나감에 따라, 토착적인 마한의 결속기반 내에서 이탈하여 진왕 중심의 세력권과 대등한 관계의 정치세력으로 성장하고, 궁극적으로는 이들을 제압하는 위치에 서게 되는 전체적인 발전과정을 시사하는 자료라고 할 수 있다.

그런데 『삼국지』 한전(韓傳)에는 "환제(146~167), 영제(167~189) 말기에 한(韓)과 예(濊)가 강성하여 군현이 제어할 수 없어 많은 군현의 백성들이 한국(韓國)으로 유입되었다."라고 하여, 한족사회(韓族社會)의 변화상을 보여주고 있다. 여기에서의 한(韓)을 구체적으로 살펴보면, 이는 A.D 2세기 중엽이래 경기도 북부의 정치집단들이 구심체를 향해 흡수 통합되어감으로써 군현의 영향력이 제대로 미치지 못하고 있는 상태를 나타내는 것으로 해석될 수 있다.[28] 후한 말부터 요동의 공손씨 정권이 한지(韓地)에 대한 원활한 장악을 위해 대방군을 설치하기 전까지는 한(韓) 소국들이 독자성을 가지고 대외교섭을 활발히 진행하였던 시기라 할 수 있다. 활발한 대외교섭은 한(韓) 사회 내부의 발전이 그 바탕이 되었을 것이다. 이 단계에서도 진왕 중심의 세력권은 그 영향권이 축소되었다고 할지라도 여전히 전통적인 결속기반과 지배기능을 유지하고 있었을 것이다.

백제국의 지속적인 성장으로 충남 일대의 소국들은 점차 진왕 중심의 연맹체로부터 이탈하여 백제국의 세력권으로 흡수되어 나

28) 이현혜, 『三韓社會形成過程硏究』, 1997, pp.173~177.

갔다. 그 맹주국의 국읍마저 백제국의 지배권내에 들어가는 단계에 이르렀을 경우에는 진왕의 지위와 지배권에 상당한 변화를 초래하였을 것이다. 실제로 『삼국지』의 기록을 보면, 3세기 전반에 낙랑(樂浪), 대방군(帶方郡)과 정치적 교섭을 가지거나 무력대립을 벌이는 한세력(韓勢力)[29]은 경기도 일대의 백제국 중심 소국집단으로 이해되고 있다. 이 기록은 군(郡)의 부종사(部從事) 오림(吳林)이 진한 8국을 낙랑에 편입시키려는 것에 대해 한(韓) 신지들의 반발로, 마침내 한(韓)과 2군(郡)과의 전쟁으로까지 비화된다는 내용을 전하고 있다. 이 전쟁으로 인해 초래된 한 사회 내부의 큰 변화는 이전의 소국 병립상태를 벗어나 대국(大國) 중심으로의 결합을 가속화시켰다. 이때에 백제국은 그 중심역할을 하였을 것이다.

기원후 1~2세기 간에 진행되고 있었던 유력한 한소국(韓小國)의 일반적인 발전추세에 비추어, 백제국은 이미 상당수의 소국을 지배하는 정치적 구심체로 성장하고 있었다. 위 사건이 발생하는 3세기 전반 경에는 특히 마한지역의 실질적인 영도세력으로 간주되기에 충분하였다. 백제국 세력에 포함되지 않은 남부지역의 마한 소국들은 비록 세력이 약화되었으나, 중심지를 옮겨가면서 A.D 4세기경까지 독자적인 세력권을 유지하고 있었다. 이는 양대 세력이 병존하고 있었던 마한지역의 정치적 상황과 관계있는 것이다.

이와 같이 마한소국과 백제국의 생존과 합병이라는 역사적 흐름 속에서 4세기경까지 마한소국들은 독자적인 세력권을 유지하고 있었다. 이러한 마한소국들의 토착성과 영속성은 백제사 전개

29) 『三國志』 魏書 東夷傳 韓, "景初中 … 部從事吳林 以樂浪本統韓國 分割辰韓八國 以與樂浪 吏譯轉有異同 臣智激韓忿 攻帶方郡崎離營 時太守弓遵 樂浪太守劉茂興 兵伐之 遵戰死 二郡遂滅韓"

의 원류를 차지한다는 측면에서 그 의미가 크다고 볼 수 있다. 현재 문헌으로 남겨진 기록은 거의 없으나, 전라도 각지에서 발견되는 대형의 고분유적과 금동관, 동관, 대도(大刀) 등의 유물들은 백제사의 전개에 마한소국들의 역사와 문화가 그 저변을 이루었음을 증명하고 있는 것이다.

이같이 유적이 존재하고 유물이 출토되는 마한의 공간적인 위치는 시기 문제와도 밀접히 연관되어, 마한사(馬韓史) 연구에서는 이를 궁극적으로 검토해야 한다. 기원전 3세기는 남한지방에 한(韓)이 존속하고 있던 때이다. 당시는 토착 지석묘사회를 재편하는 과정에 있었으므로 지역에 따라 아직 지석묘사회가 상존하고 있는 곳도 있었을 것이다. 그리고 이 시기에 제작되었을 것으로 보이는 점토대토기 및 세형동검문화의 분포로 보면, 처음에는 한강유역 및 중서부지방이 한(韓)의 공간적인 범위였을 것이나, 점차 금강 이남지역 및 낙동강 유역 특히 상류지역으로 확대되었던 것으로 보인다.

그러나 기원전 2세기대에 들면서 진국(辰國) 또는 진한(辰韓)의 형성과 함께 한(韓) 사회는 분화가 일어나고 마한의 공간적 범위는 중서부지역 및 금강 이남지역을 중심으로 하게 된다. 그 후 기원전 1세기대에 오면 이 무렵까지 상대적으로 유적의 분포가 낮았던 임진강 및 한강 중상류지역에 예계사회(濊系社會)가, 한강 하류지역에는 나중에 백제의 건국세력이 되는 세력이 각각 등장하면서, 마한의 공간범위는 충남, 전북, 전남 등 중서부 이남지역으로 정착하게 되었다.

이후 백제가 국가단계로 진입하는 3세기 중엽 이후가 되면 충남권의 마한은 백제에 의해 점차 통합되어, 늦어도 4세기 후반

경에는 금강이북의 마한 지역이 백제의 직접적인 지배영역으로 편입된다.[30] 그렇지만 5세기 이후에도 마한의 토착세력들은 영산강유역을 중심으로 잔존하여 백제의 정치적 영향 아래에 있으면서도 자기의 고유문화를 유지하고 행동하는 부용적 존재로서 백제사 전개에 문화적 바탕을 이루는 대표적인 세력이었다.

이로써 마한의 토착세력은 시간적으로 기원전 300년경을 상한으로 하여 한강유역에서 백제국의 형성 시점을 지나 5세기 전후에 이르는 긴 기간 동안 그 명맥을 유지한 삼한의 중심세력이었다. 그런 점에서 마한은 백제와 불가분의 관계에 있었음을 알 수 있다. 따라서 백제사연구에는 먼저 마한사 연구가 선행되어야 하는 것이다.

다음으로는 진한소국(辰韓小國)의 양상과 변천관계를 고찰해 보기로 하겠다. 먼저 진한과 관계되는 문헌자료를 살펴보면 아래와 같다.

(9)-1 진한은 옛날 진국이다.(『삼국지』 위서 동이전 한)

(9)-2 진한은 마한의 동쪽에 위치하고 있다. 진한의 노인들은 대대로 전하여 말하기를, "우리들은 옛날의 망명인으로 진(秦)나라의 고역을 피하여 한국으로 왔는데 마한이 그들의 동쪽 땅을 분할하여 우리에게 주었다."고 하였다. 그곳에는 성책이 있다. 그들의 말은 마한과 달라서 나라를 방이라 하고 … 진(秦)나라 사람들과 흡사하니 단지 연나라 제나라의 명칭만은 아니었다. 낙랑사람을 아잔이라고 하였는데 동방사람들은 나(我)라는 말을 아(阿)라 하였으니 낙랑인들은 본디 그 중에 남아

30) 박순발, 「前期馬韓의 時空間的 位置에 대하여」, 『馬韓史 硏究』, 충남대학교출판부, 1998, pp.33~34.

있는 사람이라는 뜻이다. 지금도 진한(辰韓) 진한(秦韓)이라 고 부르는 사람이 있다. 진한은 처음에는 6국이던 것이 차츰 12국으로 나뉘어졌다. (『삼국지』 위서 동이전 한)

(9)-3 변한과 진한의 합계가 24국이나 된다. 대국은 4~5천 가(家)이고 소국은 6~7백 가로, 총 4~5만 호이다.(『삼국지』 위서 동이전 변진조)

진한의 형성문제에 있어서 사료 (9)-1은 진한(辰韓)과 진국(辰國)과의 계기적 발전관계에 대한 긍정적인 해석을 가능토록 하고 있다. 천관우(千寬宇)는 북진한(北辰韓)이 점차 남하하여 경상도에 최종정착지를 얻는 과정에서 한반도 중부에 머물던 일정한 기간이 있었으며, 이것이 곧 『史記』의 '진국(辰國)'이라 설명하고 있다.[31] 김정배(金貞培)는 익산지방의 준왕계(準王系) 진국(辰國)이 마한진왕에게 밀려나 경상도 지역으로 이주하여 진한의 일부를 구성하는 것으로 설명한다.[32]

사료 (9)-2에서 진한이 진역(秦役)을 피하여 한지(韓地)에 온 '고지망인(古之亡人)'들에 의해 이루어졌다는 기록도 넓은 의미의 위씨조선계(衛氏朝鮮系) 유민의 경상도 방면으로의 이주와 이로 인한 이 지역의 정치 문화적 변화과정을 반영하는 자료이다. 진한소국의 대표격인 사로국(斯盧國) 그리고 이들과 밀접한 관계를 가지며 일정한 영향권을 형성해 나가던 일부 소국들의 성립과 발전배경에 대한 전승으로 이해될 수 있는 것이다. 『진서(晉書)』에도 진한은 "처음에는 6국이었으나, 그 뒤 점점 나뉘어 12국이 되었다. 또 변진이 있는데 그 역시 12국으로 도합 4~5만 호(戶)이며, 각각 거수

31) 千寬宇, 「三韓의 成立過程」, 『史學研究』 26, 1976, p.40.

32) 김정배, 「準王 및 辰國과 '三韓正統論'의 諸問題」, 『韓國史研究』 13, 1976, p.16.

(渠帥)가 있고, 모두 진한에 속해 있다."[33]고 언급하고 있다.

사료 (9)-3에서 국명을 칭한 진한과 변한 24개국은 적어도 성읍국가 수준을 경험한 정치세력으로 이해할 수 있다. 동이전에 기록된 24개국은 중국에 의해 파악된 정치세력으로서, 중국 군현과의 교섭이 이루어졌던 존재로 생각된다. 따라서 삼한사회에는 이들 외에도 동이전에 수록되지 않은 성읍국가가 존재했을 개연성은 매우 큰 것으로 보인다. 결국 위 사료들이 뜻하는 바는 진한의 형성에서부터 시작하여 진한 12국의 국명(國名)을 제시함으로써 그들 국가의 성격과 수준을 나타낸 것이라고 해석되어야 하겠다.

『삼국사기』의 기록에 의하면, 진한사로국(辰韓斯盧國)은 육촌(六村)이라는 기본집단들로 구성되어 있음을 밝히고 있다. 6촌의 존립시기와 성격 등에 관한 이견에 관계없이, 이는 한소국(韓小國)이 다수의 소집단들로 구성된 정치집단임을 나타내는 직접적인 기록이라 할 것이다. 한편 『삼국지』에 의하면, 한의 제소국은 다수의 읍락들로 구성되어 있으며, 이들은 중심 읍락 즉 국읍을 주축으로 통일된 기능을 발휘하는 독립된 정치집단으로 파악된다. 이 경우 읍락은 단일한 촌락이 아닌 다수의 촌락군을 포함하는 단위정치집단으로 이해된다.

사로지역의 '촌(村)'은 혁거세라는 군주가 등장하여 방국(邦國)이 성립하기 이전까지 6촌장이 이끄는 세력집단으로서 사로국의 구성단위가 되는 정치세력으로 존재하였다. 이렇게 보면, '촌(村)'은 삼한의 읍락과 같이 소국의 성립기반이 되는 구성단위의 성격을 갖게 된다. 특히 6촌이 각각의 촌명을 갖고 있었다는 사실에서, 촌 자체가 일정한 영역의 단위집단으로서 읍락과 연결될

33) 『晉書』 東夷列傳 辰韓.

소지를 갖는 것으로 생각된다. 곧 진한의 땅에 예로부터 존재한 사로 6촌은 각각 알천양산촌(閼川楊山村), 돌산고허촌(突山高墟村), 무산대수촌(茂山大樹村), 자산진지촌(觜山珍支村), 금산가리촌(金山加里村), 명활산고야촌(明活山高耶村)의 촌명을 갖고 있었다. 거기에는 산(山)이 공통적으로 보이고, 그밖에 천(川), 수(樹), 허(墟) 등이 나타나고 있다. 이것은 역시 "산곡 사이에 나뉘어 살아 육촌이 되었다.[分居山谷之間爲六村]"라는 기록에 보이는 육촌의 읍락의 입지와 일맥상통하고 있음을 알 수 있다.

이와 같이 『삼국사기』에 보이는 경주지역 사로 6촌의 '촌'은 읍락과 같은 규모와 형태였을 것이다. 그리고 사로 6촌을 바탕으로 대두하는 혁거세의 사로국을 통해서 '국'은 여러 개의 읍락을 구성단위로 하는 정치체였던 것으로 유추할 수 있다.

또한 『삼국사기』에 수록된 사로국의 건국신화에는 경주지역에 나타난 성읍국가의 성립과정을 일정하게 반영하고 있다. 그런데 이들 성읍국가가 형성되기 이전에 이미 사로 6촌이 존재하였음은 앞에서 살펴본 바와 같다. 그리고 이들 각 촌의 6촌장은 추장(酋長)으로 나타나고 있어서, 6촌장은 소규모 정치세력을 이끌어가는 수장(首長)으로 이해될 수 있다. 곧 소국이 성립되기 이전의 사로 6촌 자체는 개별 읍락사회의 존재를 유추하는데 도움이 된다. 6촌장이 사로국이라는 성읍국가의 성립에 주도적인 역할을 수행하고, 6촌 역시 소국을 구성하는 단위정치체로 여겨지기 때문에, 읍락사회 중 어느 하나가 발전하여 소국의 정치적 중심지인 국읍을 이루고 그것을 중심으로 주변의 읍락과 결속하여 '국' 단위의 정치세력으로 성장하였다고 하겠다.

『삼국지』 위서 동이전에 보이는 삼한의 제국 가운데 소국으로 기록되었던 성읍국가가 출현하면서 읍락의 거수들도 점차 분화되었다. 소국의 구성단위가 국읍과 읍락이라는 두 단계로 구조화되어 갈 때, 상위에 자리한 국읍과 그 하부단위인 읍락의 지배자 사이에는 구분이 나타날 것이다. 이와 같은 사실은 개별 읍락단위를 넘어선 소국단계에 읍락 거수층(渠帥層)이 변화하는 모습을 유추할 수 있게 한다. 그것은 소국 전체를 영도해 나가는 중심지인 국읍에 주수(主帥)와 같은 지배자가 등장함에 따라, 그 안에 포함되는 읍락의 거수는 국읍의 주수에 비해 상대적으로 낮은 지위에 자리하게 됨을 의미한다. 실제로 소국의 국읍 주수 입장에서 신료로 파악되는 읍락 거수의 모습을 엿볼 수 있어서, 소국의 지배층은 국읍의 주수와 읍락의 거수로 이어지는 서열화가 이루어져갔던 것으로 생각된다.

일반적으로 경상도 지역의 소국들 사이에 무력을 배경으로 하는 정치적 지배복속관계가 광범위하게 성립하기 시작하는 것은 2세기 이후이다. 이 이전 단계에서 변·진한 소국의 대부분은 비슷한 수준의 발전과정을 거치면서 상호 대등한 관계에 있었던 것으로 판단된다. 예컨대, 실직곡국(悉直谷國)과 음즙벌국(音汁伐國)처럼 규모가 크지 않은 소집단 사이의 쟁강(爭疆)에 구야국(狗邪國)의 수로왕(首露王)과 사로국(斯盧國)의 파사왕(婆娑王)이 등장한다는 것은[34] 기본적으로 각 소국 간에 대등한 관계가 성립되고 있었다는 것을 암시한다. 결과적으로 이 사건은 사로국이 음즙벌국을 벌함으로써 인근 소집단을 정복하여 지배권을 확대시켜 나가는 시발점이 되었다. 그렇지만 이는 2세기 이전 단계의 진·변한 소국 내지 경상도 각지의 소집단간의 상호관계를 보여주는 단적

34) 『三國史記』 卷1, 新羅本紀1, 婆娑尼師今 23年條 ; 同書 卷34, 地理1 참조.

인 예가 될 것이다.

그런데 『삼국사기』 신라본기에는 2세기경에 이르면 열병(閱兵)에 관한 기록이 자주 보인다.[35] 이 열병 사실은 그만큼 중요한 의미를 띤 행사이었기 때문일 것이다. 열병 실시의 목적은 아마도 이 시기에 이르러 빈번해지기 시작하는 소국 간의 무력대립에 대응하기 위한 병력(兵力)과 병장(兵仗)의 확인 검열이었다. 이러한 2세기의 상황 속에서 사로국이 성장하는 과정에 주변 소국인 음즙벌국과 실직곡국, 압독국(押督國) 등을 정복해 나가고 있던 신라 파사왕대의 영역 확대과정에 주목하여, 이때를 고대국가의 시초로 이해하고 있기도 한다.

그런데 음즙벌국과 실직곡국이 양국 사이의 영토분쟁을 해결해 달라고 사로국왕에게 요청한 사실이 관심을 끈다. 이미 사로국은 음즙벌국이나 실직곡국보다 큰 세력으로 성장해 있었기 때문에, 주변 소국 사이에서 발생한 분쟁을 해결할 정치적 영향력을 발휘할 수 있었던 것이다. 그래서 사로국의 지배자는 파사왕이라 하여 왕칭하였고, 그에 반해 음즙벌국의 지배자는 음즙벌주 혹은 타추간(陁鄒干)으로 표현된 듯하다. 또한 사로국 안에 한기부를 비롯한 6부가 설치되어 있었는데, 한기부주 보제(保濟)의 존재로 보아 6부에는 각각 부주(部主)라는 지배자가 존재했음을 알 수 있다. 이들 부주의 실체는 역시 사로국에 편입되기 전에 소국의 지배자에 가까운 존재였을 것이다. 그렇다면 사로국을 영도하는 파사왕은 음즙벌국과 같은 소국이나 사로국에 편입된 부주와 같은 지배자와는 서로 구별되는 처지에 있었을 것이다. 즉 사로국

---

35) 『三國史記』 卷1 新羅本紀1, 婆娑尼師今 15年條 ; 逸聖 5年條 ; 同書 卷2, 奈解 5年, 25年條 ; 味鄒 20年條.

파사왕은 음즙벌국보다 상위에 있는 존재였기 때문에, 성읍국가의 지배자가 갖는 통치력보다 강화된 대국의 지배자로서 자리 잡게 되었을 것이다. 이로 보아 대국과 그 안에 편입된 소국의 지배자 사이에 우열이 진행되었던 사실을 유추할 수 있다.[36]

『삼국사기』 신라본기의 기록에 의하면, A.D 2~3세기 간에 걸쳐 상당히 많은 수의 정치집단들이 경주세력과 무력대결을 벌이거나 경주 중심의 세력권내에 흡수된 것으로 나타난다. 앞에서 언급한 음즙벌국, 실직곡국, 압독국 외에 울주의 굴아화촌(屈阿火村)과 같은 경주 인근세력을 비롯하여,[37] 의성(義城)의 소문국(召文國 : 185년),[38] 개령(開寧)의 감문국(甘文國 : 231년),[39] 영천(永川)의 골벌국(骨伐國 : 236년),[40] 상주(尙州)의 사벌국(沙伐國 : 247~261년),[41] 포상팔국(浦上八國 : 209년)[42] 영주(榮州), 예천(醴泉) 등 죽령(竹嶺), 계립령(鷄立嶺) 방면의 세력(156~158년),[43] 청도(淸道)의 이서국(伊西國 : 297년),[44] 봉화(奉火)지역의 소국[45] 등이 그러하다. 정복기사에 나오는 정치집단 중에서 위치 비정이 어렵거나 불확실한 지역 그리고 진·변한 24국에 열거될 정도의 세력으로 성장하지 못한 집단을 제외한 대부분의 소국들은 경상도 지역 내에서도 유력한 정치집단에 속하며, 지명 고증상 각각 『삼국지』의 진한소국으로 비

36) 文昌魯, 『三國時代의 邑落과 社會』, 신서원, 2000, p.175.
37) 『三國史記』 卷34, 地理1, 臨關郡條.
38) 『三國史記』 卷2, 新羅本紀2, 伐休尼師今 2年條.
39) 『三國史記』 卷2, 新羅本紀2, 助賁尼師今 2年條.
40) 『三國史記』 卷2, 新羅本紀2, 助賁尼師今 7年條.
41) 『三國史記』 卷45, 列傳5, 昔于老傳.
42) 『三國史記』 卷2, 新羅本紀2, 奈解尼師今 14年條 ; 『三國史記』 卷48, 列傳8, 勿稽子傳.
43) 『三國史記』 卷1, 新羅本紀1, 阿達羅尼師今 3年, 5年條.
44) 『三國史記』 卷2, 新羅本紀2, 儒禮尼師今 14年條.
45) 『三國史記』 卷35, 地理2, 奈靈郡條.

정되는 것이 많다. 즉 변진 소국으로 간주되는 개령, 상주를 제외한 나머지 지역인 경산, 울산, 영주, 영천, 의성, 청도 그리고 계립령 개통(開通)을 예천 방면의 개척으로 이해한다면 이들 지역 소국은 거의 진한에 속하는 셈이다.

이들에 해당하는 『삼국지』 진한 소국의 명단은 다음과 같다. 이저국(已柢國), 불사국(不斯國), 근기국(勤耆國), 난미리동국(難彌離凍國), 염해국(冉奚國), 군미국(軍彌國), 여담국(如湛國), 호로국(戶路國), 주선국(州鮮國), 사로국(斯盧國), 우유국(優由國).

이와 같이 『삼국지』 진한 소국의 대부분이 A.D 2~3세기 간에 경주 사로국과의 세력경쟁에서 패함으로써, 종래의 대등한 지위가 점차 상실되어 갔던 것으로 생각된다. 다시 말하면 2세기 이후 빈번해진 소국 간의 무력대립의 결과 내재적 요소로서 이전 단계부터 형성되어 온 사로국 중심의 제한된 세력권이 확대 발전되어 정치 경제적으로 새로운 편제질서가 확립되었던 것 같다. 그리하여 완만한 결속관계에서 점차 지배복속관계로 전환되면서 각 소국 간의 역학관계에 변화가 일어나고, 이전 단계와는 다른 새로운 기능이 발휘됨으로써 다른 소국집단들과 구별되는 소국세력권으로서의 진한의 실체가 완성되었던 것으로 생각된다.[46)]

고고학상 A.D 4세기 이후의 토착 지배집단의 존재를 반영하는 유물로는 고총고분(高塚古墳)과 금속제관모류(金屬製冠帽類) 등이 있다. 문헌고증에 의해 진한소국으로 비정되는 대부분의 지역에서 이러한 류(類)의 자료들이 발견되고 있다. 근래의 고고학적 연구결과에 의하면, 경상도 지역 고총고분 축조의 상한연대가 4세가 초

---

46) 이현혜, 앞의 책, 1997, pp.187~188.

엽부터 전반 경으로 설정되고 있는 듯하다.[47] 그러므로 지배 권력의 상징인 왕관이나 대형고분이 발견되는 지역의 소국들이라면, 최소한 고총고분 발생 상한연대까지는 독립된 정치집단으로서 독자적인 발전을 지속한 것으로 이해될 수 있다. 예를 들면, 의성 소문국은 2세기 후반 사로국과의 무력대결에서 패한 기록이 있으나, 이곳에는 의성탑리고분(義城塔里古墳) 발굴을 통해서 A.D 4~5세기경까지도[48] 독립된 지배집단이 존재하였던 것을 알 수 있다. 은제관모(銀製冠帽), 금동제관식(金銅製冠飾)을 비롯해서 환두도(環頭刀) 등의 부장유물 및 고분의 규모 자체가[49] 분묘 주인공의 지배 권력의 집중도를 반영하는 것으로서, 이는 의성소국이 2세기 후반 사로국과의 무력대결에서 패한 이후에도 토착지배세력이 해체되지 않고 이들을 중심으로 4~5세기경까지 독자적인 성장을 지속하고 있었다는 것을 의미한다.

의성뿐 아니라 2세기 초엽(婆娑尼師今 23, 27년) 사로국에 복속된 것으로 나타나는 경산지역에서도 금동제관모를 비롯한 대형고분이 발굴 조사됨으로써 이와 유사한 발전과정이 예상되고 있다.[50] 그리고 본격적인 발굴조사는 거치지 않았지만, A.D 2~3세기간 경주세력에 정복된 것으로 나타나는 진한 각 소국들의 중심지인 영천, 청도, 영주 각지에도 대형의 고분이 남아 있는 것으로

---

47) 崔秉鉉, 「古新羅積石木槨墳의 變遷과 編年」, 『韓國考古學報』 10·11합집, 1981, p.203 ; 李殷昌, 「伽耶古墳의 編年硏究」, 『韓國考古學報』 12, 1982, p.206 ; 崔鍾圭, 「中期古墳의 性格에 대한 약간의 考察」, 『釜大史學』 7, 1983, p.2.

48) 李殷昌, 「北四洞古墳發掘調查略記」, 『新羅伽耶文化』 2, 영남대, 1970, p.188. 5세기를 전후하는 시기로 편년함 ; 尹世永, 「古新羅 伽耶古墳의 編年에 關하여」, 『白山學報』 17, 1974, p.107. 4세기 전반으로 편년함.

49) 尹武炳·金載元, 『義城塔里古墳』, 1962 참조.

50) 鄭永和, 「林堂洞古墳發掘概要」, 『韓國考古學年報』 10, 1982 ; 原田淑人, 「押梁面大洞造水洞古墳群」, 『大正七年古蹟調查報告』, 1922, p.9.

조사되어 있다.[51] 그리고 2세기 중엽 죽령을 열었다는 기록에서 간접적으로 결속관계가 시사되는 영주, 봉화 및 일찍부터 사로국에게 우대의 격식을 취해온 안동지역에서도 5세기 후반 경으로 편년되는 대형고분이 조사되었다.[52] 『삼국사기』에 구체적인 기록은 보이지 않으나 지명고증을 통해 진한 소국으로 비정되는 창녕지역뿐 아니라,[53] 첨해이사금(沾解尼師今) 15년(?~261)에 달벌성(達伐城)을 쌓아 성주를 파견했다는 대구지역에서도 출자형(出字型) 금동관이 출토된 비산동 37호분을 비롯하여 다수의 대형고분이 분포되어 있다.[54]

그러므로 이와 같은 자료들은 진한 대국에 통속된 각 소국들이 대국으로부터 공물을 징수 당하거나 물자교역, 대외교섭상에 일정한 제재를 받고 있었다고 할지라도, 고총고분을 축조할 단계에 이르기까지 독자적인 지배기반을 유지한 채 지배권력을 유지하고 있었음을 의미하는 것이다.

진한은 그 사회의 모태가 『삼국지』 진한전에서 "진나라의 망명인[秦之亡人]"이란 기사가 밝혀주고 있듯이, 북조선(낙랑) 방면에서 남하한 유이민이었다. 『삼국사기』 신라본기 제1, 시조혁거세조에서도 "이보다 앞서 조선(朝鮮)의 유민들이 산과 골짜기에 나뉘어 살면서 6촌을 이루었다. 첫째가 알천의 양산촌, 둘째가 돌산의 고허촌, 셋째가 취산의 진지촌, 넷째가 무산의 대수촌,

---

51) 『朝鮮寶物古蹟調査資料』, 1942, 永川(pp.224~227), 淸道(pp.289~291), 榮州(pp.270~275).

52) 秦弘燮, 『造塔洞古墳發掘調査報告』; 이은창, 앞의 논문, 1977, p.190.

53) 穴澤和光 · 馬目順一, 「昌寧校洞古墳群」, 『考古學雜誌』 60-4, 1975 ; 『昌寧桂城古墳發掘調査報告』, 1977, 경상남도.

54) 野守健 · 小泉顯夫, 『大正十二年度古蹟調査報告』 1, 1923 ; 齋藤忠, 『昭和十三年度古蹟調査報告』, 1938 참조.

다섯째가 금산의 가리촌, 여섯째가 명활산의 고야촌이니, 이것이 진한(辰韓)의 6부(六部)가 되었다."는 기록이 보인다. 결국 양 사료를 종합하여 볼 때, 진한의 형성에는 위씨조선계 유민을 비롯한 북방이주민계의 영향이 컸다.

진한 소국들은 대표 격인 사로국을 중심으로 발전하였으나, 2세기 이전에는 상호 대등한 관계에 있었다. 그러나 2세기 이후부터 3세기에 걸쳐 많은 진한의 소국들이 무력대결을 통하여 사로국 중심의 세력권내에 병합되어 갔다. 4, 5세기경까지도 마찬가지였으나, 합병된 진한 소국들은 정치적 복속관계에도 불구하고 독자적인 토착세력권을 유지하고 있었기에 신라의 형성에는 역시 진한 소국들의 토착성과 잔존문화가 영향을 미치고 있었음을 볼 수 있다. 특히 사로국 중심의 중앙세력은 토착문화를 흡수하여 신라화하려는 노력을 꾸준히 지속하였다.

신라가 삼국 중 가장 후진국이었음에도 불구하고 고구려와 백제에 공세를 취하고 마침내 통일전쟁의 주도권을 잡을 수 있었던 가장 큰 힘은 신라국민의 굳은 단결이었다. 이것은 신라사회가 사로국을 중심으로 한 진한 소국들의 씨족(氏族)간의 확고한 단결을 바탕으로 하는 씨족사회(氏族社會) 이래의 전통 위에서 발전하여 왔기 때문이었다. 삼국 및 가야 중에서 신라처럼 종래의 전통이 오래 지속된 국가도 없었다. 가령 왕의 호칭도 거서간(존장자), 차차웅(무당), 니사금(계군), 마립간(대수장) 등 신라 특유의 호칭이 오랫동안 사용되다가 503년인 6세기 초에 이르러서야 중국식의 왕(王)이라는 칭호가 사용되었던 사례를 들 수 있다. 이와 아울러 원시사회에서 널리 찾아볼 수 있는 평의회의 전통을 이어받은 화백제도(和白制度)의 운영을 통해서도 그 단면을 엿볼 수 있다. 제출된 의제(議題)를 참석자 전원의 찬성으로 결정하는 이러한 회의제도는 한 사람의 이탈자도 용납 않는 공고한 단결력의 과시였다.

이와 같은 진한 소국들의 씨족사회 이래의 전통에 바탕을 둔 신라국민의 굳은 단결력은 화랑(花郞)의 경우에서 더욱 뚜렷이 엿볼 수 있다. 화랑들이 신라군대의 핵심으로 선봉에 서서 자신의 생명마저 아까와 하지 않는 용사가 될 수 있었던 것은 국가와 자신의 일체감 때문이었다. 이것은 사로국 중심의 진한 소국들의 근원인 씨족사회로부터 이어온 청년집단의 전통에 연유한 것이었다. 이 점이 마한사회 출신의 지방 유력자 즉 토호(土豪)들과 왕족인 부여족(扶餘族)이 대립하였던 백제와 다른 면이라고 할 수 있다.

### 4. 변한의 전개와 가야사의 정립(定立)

『삼국지』 위서 동이전 한전 변진조에는 변·진을 합하여 24국명을 전하고 있다. 그 국명은 아래와 같다.

> 변진은 12국으로 되어 있다. 이저국, 불사국, ① 변진미리미동국 ② 변진접도국 … ③ 변진고자미동국 ④ 변진고순시국, 염해국 ⑤ 변진반로국 ⑥ 변진낙노국, 군미국 ⑦ 변진미오야마국 … ⑧ 변진감로국, 호로국, 주선국 ⑨ 변진구야국 ⑩ 변진주조마국 ⑪ 변진안야국 ⑫ 변진독로국, 사로국, 우유국이 있어서 변한과 진한은 합하여 24국이 된다.

이중에서 ①부터 ⑫까지가 변한 12국명이다. 『삼국지』 중 변한 관계 자료는 삼한 가운데서도 가장 열악한 편이다. 현재까지도 국명 앞에 '변진(弁辰)'이 붙은 변한 12국에 대한 완전한 지명 비정은 이루어지지 못하고 있는 실정이다. 따라서 『삼국지』 변진조 이외에 『삼국사기』와 『삼국유사』, 『일본서기』 등 다른 사서를 참조하여 변한과 가야사의 발전과정을 살펴보고자 한다.

변한의 출자(出自)에 관해서는 북방으로부터의 유이민 파동 이전에 변한지역에는 이미 지석묘(支石墓) 등 청동기문화를 기반으로 한 토착적인 정치체가 존재하고 있었음을 유념해서 검토해야 한다. 김해 장유면 무계리, 내동, 회현리, 창원 진동면, 창녕 죽사리, 장마면 유리 등의 것[55]과 그 이후의 의창 다호리유적(茶戶里遺蹟)을 참고해 볼 때, 이들의 정치체계는 몇 차례에 걸친 유이민 파동 및 철기 등 선진문물의 유입에 의한 사회충격에도 불구하고 기원 전후까지 세형동검기 문화요소를 기반으로 한 토착적인 면모를 가지면서 공동체적인 결속을 강화하고 있었다.[56] 따라서 기원을 전후한 시기의 남부지역에서의 새로운 정치체의 출현이 유이민의 남하와 밀접한 관련을 가진다고 할지라도, 청동기문화 및 초기철기문화를 기반으로 했던 토착세력을 전혀 무시할 수는 없다. 개국설화를 살펴보더라도 변한지역인 김해 가락국의 수로전승(首露傳承)에서 고구려와는 달리 주도세력의 이동현상을 볼 수 없다는 점은 변한지역의 강고한 토착성을 반영하는 것이다. 따라서 변한의 출자는 북방유이민의 남하와 관련된다기보다는 청동기문화를 바탕으로 하면서 기원을 전후한 시기에 활발

55) 金載元·尹武炳, 「韓國支石墓硏究」, 『國立博物館古墳調査報告』 제6책, 1967 ; 이현혜, 『三韓社會形成過程硏究』, p.56.

56) 李健茂 외, 「義昌茶戶里遺蹟發掘進展報告」, 『考古學誌』 1, 韓國考古美術硏究所, 1989, p.51.

한 대외교역의 결과 우수한 철기문화와 한군현계(漢郡縣系) 문화가 이 지역에 집중되어 새로운 정치체가 출현한 것과 직접적인 관련이 있을 것으로 추정된다.

이와 같은 역사적 배경 속에서 변한 12국이 출현하였을 것이고, 다음의 사료들은 이 소국들의 성격들을 말해주고 있다고 생각한다.

> (10)-1 변진도 12국이 있고 또한 여러 소별읍(小別邑)이 있어서 제각기 거수(渠帥)가 있다. 세력이 큰 사람은 신지(臣智)라 하고 다음에는 험측(險側)이 있고 다음에는 번예(樊濊)가 있고 다음에는 살해(殺奚)가 있고 다음에는 읍차(邑借)가 있다.
>
> (10)-2 변진의 12국에도 또한 왕이 있다. 그 사람의 형체는 모두 장대하다. 의복은 청결하여 장발로 다닌다. 또 폭이 넓은 고운 베를 짜기도 한다. 법규와 관습은 특히 엄준하다.[57]

위 사료 (10)-1과 (10)-2에서, 변한 지배자의 칭호로는 거수와 왕이 있었음을 알 수 있다. 거수는 마한전 등에 보이는 장수(長帥)[58]와 같은 성격을 가지고 있다. 거수로서 거명되는 신지 이하 읍차까지의 명칭은 우리 고유의 지배자 칭호인 듯하다. 왕은 거수 혹은 장수의 중국식 표기인데, 변한에서만 12국의 왕이 특별히 기록되고 있다. 이것을 근거로 변한에서는 백제국이나 사로국과는 달리 성읍의 장이 독자성이 강하여 구심체에 종속되지 않았음을 반영하는 것으로 해석하기도 한다.[59] 이 용례는 마한

57) 『三國志』 魏書 東夷傳 韓傳 弁辰條.

58) 『三國志』 魏書 東夷傳 韓傳 馬韓條.

59) 千寬宇, 「三韓의 國家形成-三韓攷 제3부」, 『韓國學報』 2, 1976 ; 『古朝鮮三韓史硏究』, 일조각, 1989, p.273.

진한보다 상대적으로 정치적 독자성이 강한 변한제국의 특징을 추론할 수 있는 근거인 것이다.

또한 사료 (10)-1에서 별읍이 아닌 소별읍으로 지칭한 것은 마한과 변한의 국(國) 규모의 차이를 시사하고 있다. 소별읍은 국의 규모 그 자체를 묘사한 것[60]이 아니다. 천군(天君)으로 전화되기 이전에 보다 작은 단위의 국(國) 주수(主帥)가 가졌던 통할범위로서, 규모에 있어서나 정치적 의제성에 있어서나 마한보다는 미약한 변한의 국내에 소속된 별읍의 존재를 달리 표현한 것이다. 따라서 마한에서의 천군의 존재가 읍락과 국읍 사이 혹은 국 사이의 지배 피지배관계를 연결하는 정치적 의미를 가지고 있다면,[61] 변한에서의 천군은 '소천군(小天君)'으로서 '소별읍(小別邑)'의 주재자라고 해석할 수 있다. 변한사회에서의 소국은 내부적으로는 이상과 같은 주수와 천군의 관계가 중층적으로 얽혀있었을 것이다. 또한 대국의 지배자는 스스로 천군을 통제하는 동시에 완만하나마 각 소국의 주수에 대한 지배를 통해 각 소국 소속 천군을 제어하는 통합기능을 수행했을 것이다.

사료 (10)-1의 변한의 습속 관련기록을 통해서는 변진사회가 마한에 비해 규모가 작음은 물론 국 사이에서도 보다 이완된 통치구조를 가지고 있었음을 추론해 볼 수 있다. 이 같은 구조 속에서 변한사회의 뚜렷한 지역색과 분할성은 불가피한 것이었다.

변한제국의 분포는 기원 1~3세기대의 고고자료와 『삼국지』의 변한 12국의 범위를 참고해 볼 때, 낙동강 하류 및 경남 해안지역이 중심지역으로 파악되었다. 고고자료상으로는 이 시기의 특

---

60) 宣石悅, 「新羅 官等體系의 成立」, 『釜大史學』 20, 1991, p.17.

61) 림건상, 『조선의 부곡제에 관한 연구』, 과학원출판사, 1963, pp.109~110.

징적인 문화현상으로서 목관(곽)묘, 와질토기, 철기문화, 중국 및 한군현계 유물 등이 주목되었다. 문헌상으로는 개령 등 일부 소국이 낙동강 상류지역에 비정되기도 하였으나, 고자미동국과 구야국, 안야국, 독로국, 미리미동국 등 대개의 중요 소국은 낙동강 하류 및 경남 해안지역에 비정되었다. 고고자료와 문헌을 종합한 결과, 삼한시대 단계의 변한제국은 변한 전 지역에 고르게 산재해 있었다기보다는 위의 유적·유물이 집중되면서 문헌상으로도 확실히 비정되는 이들 중요 소국이 위치한 지역을 중심으로 분포하고 있는 것으로 파악되었다. 변한제국은 거점 중심으로 형성되어 발전해 가고 있었던 것이다.

변한사회의 경우, 선주토착세력은 『삼국유사』 가락국기에 전하는 구간(九干)세력이었음은 대개 인정하고 있다. 물론 이들 토착세력은 김해에 한정된 정치체이기는 하지만, 가락국기상의 인식으로는 영역에 대한 기술과 마찬가지로 실제 변한 즉 가야 전 지역을 염두에 둔 표현이었다. 구간은 본격적인 철기문화 유입 이전의 세형동검 등의 소유집단이었던 것으로 간주하는 것이 일반적이다. 어쨌든 이들 구간은 세형동검문화를 기반으로 하여 우수한 청동기문화와 초기 철기문화 등 북방으로부터의 부단한 선진문화의 충격 속에서 그 지배기반을 확산했던 집단으로 간주된다.[62]

구간(九干)의 기록을 『삼국유사』 가락국기의 '가락구촌(駕洛九村)'의 존재와 일치시키면, 가락국이 성립되기 전까지 이 지역은 추장인 9간이 각각 영도해 갔던 촌 단위의 독자적인 생활영역이

---

62) 白承忠, 「弁韓의 成立과 發展」, 『三韓의 社會와 文化』, 韓國古代史硏究會 編, 신서원, 1995, p.158.

었음을 추측할 수 있다.[63] 가락 9촌은 산야를 근거로 생활한 농경공동체로서, 인적 구성은 각각 약 천 호 내지 천 이백여 호 내외 혹은 팔천 명 내지 구천여 명 정도로 추정할 수 있다.[64] 이 정도의 인적 규모를 가진 세력단위는 『삼국지』 위서 동이전에 소개된 삼한 소국에 비견되는 것이다. 그렇다면 이들의 존재는 어쩌면 본래는 읍락이었지만 소규모에 가까운 기반을 마련한 상태에서 가락국 건국신화에 편입되었을 것으로 추측해 볼 수 있다. 그런데 구간의 기록이 가락국 성립 이전의 상황을 서술하였다는 점에서 이해한다면, 9촌은 적어도 소국단계에 진입하기 이전의 읍락사회로 여겨진다.

또한 9촌에는 아직 '방국지호(邦國之號)'나 '군신지칭(君臣之稱)'이 없었던 때이므로 각 간(干)을 정점으로 하는 군신관계의 지배조직은 상정하기 힘들다. 다만 구간의 호칭에서 아도간(我刀干), 여도간(汝刀干), 피도간(彼刀干), 오도간(五刀干) 등과 같이 '나(我)' '너(汝)' '그(彼)'식의 인칭대명사가 순차적으로 나타나고, 아도간가(我刀干家)에서 훗날 가락국왕으로 등장하는 수로가 알을 깨고 탄생한 사실은[65] 어쩌면 9간 사이에 아도간을 선두로 하여 각 간(干)이 거느리는 세력기반에 따라 일정한 서열이 있었던 것으로 상정해 볼 수 있다. 그러나 9간 중에서 가락국의 왕을 배출하지 못했고, 군후 또는 대왕으로서 예견되었던 수로가 등장한 뒤에야 방국지호와 군신지칭이 있었던 것은 설령 9간 사이에 등

---

63) 이종욱은 가락 9촌이 사로 6촌과 더불어 촌락사회로서 추장인 9간 및 6촌장인 점에 주목하여 추장사회로 상정한 바 있다.(李鍾旭, 앞의 책, 1982, pp.12~20)

64) 가락국 전체의 인구를 1백 호가 아닌 1만 호, 7만 5천 인으로 파악해야 한다. 이럴 경우 각 촌의 구성은 적어도 1,000호 내지 1,200여 호 혹은 8,000인 내지 9,000인 정도의 규모로 상정할 수 있다.

65) 『三國遺事』 駕洛國記.

차가 있었다고 하더라도 아직까지 다른 촌에 대해서 각각 그들의 영향력을 서로 관철하지 못하는 상황임을 알려주고 있다. 곧 추장으로 서술된 9간의 세력범위는 개별 읍락단위에 한정될 수밖에 없었다. 따라서 이른바 대가락(大駕洛) 혹은 가야국(伽耶國)이라는 방국이 성립하기까지 9촌내의 계층은 9간을 중심으로 한 읍락 수장층과 읍락민으로 분화되어 있었다고 상정할 수 있다.[66]

이와 함께 『삼국유사』 가락국기에 보이는 6란(卵)의 존재는 변한지역의 금관가야국 성립과 연결된다. 그렇지만 6란이 하늘로부터 내려온 것으로 기술되어 있어서 변한지역의 여러 소국이 갖던 천강설화적인 요소의 시조전승과 관련이 깊어 보인다. 곧 금관가야를 중심으로 한 가야세력권을 거치면서 가락국기에 나타나는 수로 중심의 건국신화가 형성되었으며, 이때에 가야세력권에 편입된 주변 성읍국가의 시조 신앙체계가 6란의 모습으로 흡수되었을 것이다.

사실 변한에서는 마한의 진국(辰國) 혹은 한왕(韓王)과 같은 존재는 보이지 않기 때문에, 기원 전후까지 정치적 구심체가 존재했는가 하는 점에 대해서는 상당히 회의적인 면도 있다. 실제적이든 명목적이든 구야국과 안야국이 목지국의 진왕에 소속된 것처럼 기록되어 있기 때문에, 당시의 정치상황에 대한 해석을 더욱 복잡하게 하고 있다. 그러나 목지국에 이어 한강유역의 백제국이 한군현과의 접촉을 통해 새롭게 등장하고,[67] 역시 같은 시기에 사로국이 진한의 대표적 세력국으로 등장하였다고 한다면, 변한에서도 이같은 정치적 구심체로 김해의 구야국을 들기에 충분하다. 예컨대, 김

66) 文昌魯, 앞의 책, 2000, pp.150~152.
67) 盧重國, 『百濟政治史硏究』, 일조각, 1988, p.45.

해군 주촌면에서 출토된 A.D 1세기경의 풍부한 청동기, 철기유물들을 들 수 있다.[68] 당시 김해의 변진구야국의 국읍이 현 김해시 일대의 세력이라고 한다면, 출토유물로 보아 주촌면 세력은 구야국을 구성한 읍락집단의 하나로 간주될 수 있으며,[69] 이 유물들은 구야국 읍락 거수의 소유물로 해석될 수 있다. 그런데 주촌면 토광묘(土壙墓)에서 출토된 유물을 보면, 읍락 거수도 후한경(後漢鏡)을 비롯하여 값비싼 청동기와 철제무기들을 다량 소유함으로써, 상당한 수준의 경제기반을 지니고 있었던 것으로 나타난다. 이러한 금속기들이 국읍 주수를 통한 간접적인 교역에 의한 것이라고 하더라도 이들은 다량의 금속기를 분배받을 만큼 독자적인 세력기반을 지니고 있는 존재였음에는 틀림없다.

그러므로 이러한 상황 아래에서는 국읍과 각 읍락들은 상호 경쟁관계에 있었으며, 국읍은 혼인을 통하여 유력한 읍락과 제휴함으로써 각 읍락들을 통제하였다. 구야국의 수로 집단이 허왕후 집단과 혼인한 것도[70] 결국 읍락세력의 통제 내지 이들과의 제휴를 위한 노력의 하나라고 할 것이다. 철기문화의 보급이 다른 곳에 비해 선진적인 위치에 있었던 김해지역의 소국에 있어서도 A.D 1세기경에 이르도록 각 읍락들은 정치, 경제적으로 개별적인 성장을 지속하면서 대내적으로 국읍에 대해 도전세력으로 존재하고 있었다. 이러한 현상은 국읍 주수가 읍락집단에 대해 정치적으로 강력한 지배권을 확립하지 못한 상태에서 각 읍락의 전통적인 독자성이 강하게 작용하고 있었던 전반적인 상황을 반

68) 朴敬源, 「金海地方出土青銅遺物」, 『考古美術』 106·107합집, 1970 참조.
69) 李賢惠, 앞의 책, 1984, p.112.
70) 『三國遺事』, 駕洛國記.

영하는 것이다. 동시에 이는 소국 전체를 지배기반으로 하는 초읍락적(超邑落的)인 지배집단이 아직 대두되고 있지 않았다는 것을 뜻하기도 한다.

그러나 『삼국사기』 파사왕대의 기록을 보면, 음즙벌국과 실직곡국의 쟁강(爭疆)문제에 연로다지(年老多智)한 김해 금관국의 수로왕이 중재자로 초대되고, 경주 사로국왕이 육부(六部)에 회향(會饗)을 명하여 5부에서는 이찬(伊飡)으로서 주빈(主賓)하였으나 한지부(漢祇部)만이 벼슬이 낮은 자를 보냄에 수로가 노하여 한지부주(漢祇部主) 보제(保濟)를 죽일 것을 노탐하리(奴耽下里)에게 명하고 돌아갔다는 기사가 보인다.[71] 『삼국사기』의 기년(紀年)을 따르면, 이 사건이 일어난 것은 A.D 102년 즉 2세기 초엽에 해당된다. 이 때 구야국은 사로국과 국정을 상의하여 해결할 수 있는 중재자로 등장할 정도의 세력이 확대된 집단으로 성장하였다.[72]

변한 12국의 왕은 각 소국 가운데 강대한 거수층(渠帥層)을 신지(臣智)라고 하는 점을 감안해 볼 때, 대읍락인 국읍의 주수인 신지로 파악할 수 있다. 그러나 그 가운데에서 구야국과 안야국만이 '가우호(加優呼)'한다고 하였으므로 이들 국에는 일반 신지급보다 우월한 읍락의 지배자가 존재했을 것이다.[73] 이들 국의 지배자는 대신지라고 부를 수 있을 것인데, 사회발전단계로 볼 때 목지국 혹은 진한의 진왕과 신지 사이에 위치한 지배자였을 가능성이 높다. 따라서 적어도 3세기 중반의 변한 즉 초기 가야사회의 구조는 구야국과 안야국을 두 축으로 하면서 1세기 전반

---

71) 『三國史記』 卷1, 新羅本紀1, 婆娑尼師今 23年條.

72) 尹錫曉, 『신편 가야사』, 혜안, 1997, p.35.

73) 신지에 加優呼하는 것이 대외관계에서만 나타났을 가능성도 전혀 배제할 수 없는데, 그렇다고 하더라도 토착지역에서의 우월한 정치적 형세가 반영되었을 것임은 분명하다.

의 염사치(廉斯鑡)와 같이 읍군의 인수(印綬)를 받는 신지급보다 상위의 지배자가 존재한 보다 진전된 사회임을 추론할 수 있다.

『삼국지』 한전(韓傳)에 분주로 인용한 위략(魏略)의 일문 중에 보이는 염사치에 관한 사료는 다음과 같다.[74]

> 왕망(王莽)의 지황년간(地皇年間, 20~22년)에 염사치가 진한(辰韓)의 우거수(右渠帥)가 되어 낙랑의 토지가 비옥하여 사람들의 생활이 풍요하고 안락하다는 소식을 듣고 도망가서 항복하기로 작정하였다. 살던 부락을 나오다가 밭에서 참새를 쫓는 남자 한 명을 만났는데 그 사람의 말은 한인(韓人)의 말이 아니었다. 그 이유를 물으니 남자가 말하기를, "우리들은 한(漢)나라 사람으로 이름은 호래(戶來)이다. 우리들 천오백 명은 재목을 벌채하다가 한(韓)의 습격을 받아 포로가 되어 모두 머리를 깎이고 노예가 된지 3년이나 되었다."고 하였다. 치(鑡)가 "나는 한(漢)나라의 낙랑(樂浪)에 항복하려고 하는데 너도 가지 않겠는가?" 하니, 호래는 "좋다."고 하였다. 그리하여 치는 호래를 데리고 출발하여 함자현(含資縣)으로 갔다. 함자현에서 낙랑군에 연락을 하자, 낙랑군은 치를 통역으로 삼아 금중(岑中)으로부터 큰 배를 타고 진한(辰韓)에 들어가서 호래 등을 맞이하여 데려갔다. 함께 항복한 무리 천여 명을 얻었는데 다른 5백 명은 벌써 죽은 뒤였다. 치가 이때 진한에게 따지기를, "너희는 5백 명을 돌려보내라. 그렇지 않으면 낙랑이 만 명의 군사를 파견하여 배를 타고 와서 너희를 공격할 것이다."라고 하니, 진한은 "5백 명은 이미 죽었으니 우리가 마땅히 그에 대한 보상을 치르겠습니다." 하고는 진한 사람 만 5천 명과 변한포(弁韓布) 만 5천 필을 내놓았다. 치는 그것을 거두어 가지고 곧바로 돌아갔다. 낙랑군에서는 치의 공(功)과 의(義)를 표창하고 관책(冠幘)과 전택(田宅)을 주었다. 그의 자손은 여러 대(代)를

74) 『三國志』 魏書 東夷傳 韓傳.

지나 안제(安帝) 연광(延光) 4년(기원후 125, 백제 기루왕 49)에 이르러서는 선조의 공으로 인하여 부역을 면제받았다.

왕망의 지황연간은 1세기 전반기에 해당한다. 염사치는 인명(人名)으로, 그는 낙랑에 귀부하려고 읍락을 출발하여 가는 도중에 한인(漢人) 호래(戶來)란 자를 만났다. 그는 이때 한인(漢人) 1,500명이 한인(韓人)의 기습에 의해 노예가 되어 벌목노동에 종사하고 있음을 알게 되었다. 그는 호래를 데리고 낙랑으로 가서 이 사정을 보고하고 금중으로부터 큰 배를 타고 돌아와 한인 생존자 1,000명과 이미 죽은 자 500명의 대가로 진한인 15,000명과 변한포 15,000필을 받아 군으로 돌아갔고, 그 공으로 낙랑군으로부터 관책과 전택을 받았다. 한인(漢人)의 노예납치인 생활에 관한 기록으로는 드물게 보이는 이 귀중한 사료를 통해, 군현의 중국인들이 주변 토착인에게 피랍되어 노예생활을 하는 자가 상당수 있었음을 알 수 있다.

이 시기의 시대적 상황을 볼 것 같으면, 당시 한(漢)은 연왕(燕王) 단(旦)의 모반 등 제후국의 반란과 흉노(匈奴) 서남이(西南夷) 등의 반란으로 인해 급격히 쇠락해 갔으며, 급기야 기원후 8년에는 황제의 외척(元帝왕후의 조카) 왕망이 황위를 찬탈하여 신(新)을 건국하였다. 신은 15년 만에 망하고 천하가 다시 혼란에 빠지자, 전한 무제가 설치했던 4군(郡)도 한(漢)의 쇠퇴와 함께 축소되어 현토(玄菟)와 낙랑(樂浪) 2군만 남아 있었다. 그렇지만 현토군은 압록강 상류의 동북 측에 위치하고 있었으므로 한반도에는 낙랑군만이 존재하고 있었던 셈이다.

이 시기 한(漢)은 낙랑에 신경 쓸 겨를이 없어 동방정책은 낙랑 자율에 맡겨졌을 가능성이 높다. 특히 왕망의 신 건국 후 후한 초기까지의 전란기에 낙랑군은 중국과의 관계를 끊고 일시 독립된 상태였다. 이때 한(韓)은 낙랑을 상대로 매우 활발한 교섭을 행하고 있었음이 확인된다. 진한 우거수 염사치가 활약하던 때(20~23)가 바로 이런 시기였으며, 한인(漢人)의 노예로의 납치생활이 이와 같은 정황 속에서 발생했던 것이다.

다음으로 중요시 되는 것은 1세기경의 중국 군현으로의 통로이다. 염사치의 경우를 보면, 갈 때는 육로를 이용하고 올 때는 해로를 이용하였다. 육로와 해로 두 길이 있었음을 알 수 있지만, 육로의 정확한 코스는 알 길이 없다. 중간노정이 전혀 밝혀져 있지 않기 때문이다. 이에 비해 해로는 대체로 짐작을 해 볼 수 있는 여지가 있다. 『삼국지』 왜인전에 전하는 해로가[75] 바로 1세기에 남한지방에 도달할 수 있는 해로로 보면 틀림없을 것이라 생각된다. 당시 사정으로 보아 이 해로가 육로보다 여러 가지 점에서 더욱 편리하였을 것이라고도 생각된다. 중국사서 동이전의 여러 기록을 종합하여 검토해 볼 때 처음 진국에서 마한과 진한이 분리되고 다음 진한에서 진한과 변진이 분리되어 마침내 마 · 진 · 변의 삼한사회가 부족연맹체를 형성한 것이라고 생각된다. 그 분리의 시기는 다음과 같이 추측해 볼 수 있다. 진국에서 마한과 진한이 분리된 것은 대게 A.D 2세기경으로 올려 보아야 하겠고, 진한과 변진이 분리된 것은 A.D 1세기경으로 생각된다. 진한과 변한이 확립된 것은 그 상한은 언제라고 단언하기 어려우나 하한은 3세기경으로 보는 것이 타당할 것이다.

앞에서 살펴본 바와 같이 삼한의 분립시기를 고려해 본다면, 1세

75) 대방군으로부터 왜에 이르는 里程을 "從郡至倭 循海岸水行 歷韓國乍南乍東 到其北岸狗邪韓國七千餘里 始度一海…云云"이라고 하였다.

기 전반기 즉 염사치 시대는 진한과 변진이 동일한 진한사회에서 분리되는 과도기였다고 생각된다. 이러한 시기에는 변진 출신인 염사치도 진한의 우거수를 칭했을 가능성이 충분하다. 염사치 기록은 이 변진 세력이 형성되는 초기시기를 배경으로 한 것이라고 볼 수 있다. 본래 진한의 우거수 중 한 명이었던 염사치가 낙랑을 배경으로 진한을 배반하고 그 무리들과 함께 점차로 진한을 떠나 독자적인 변한사회를 형성해 나갔다고 생각되는 것이다. 이러한 사람들의 유입으로 남한지역은 낙랑문화를 가속도로 수입할 수 있었으나, 반면에 정치적으로는 낙랑의 영향을 받게 되었다고 볼 수 있다.[76)]

이와 같은 배경으로 형성된 변한사회에서 대국으로 성장한 김해 구야국은 변한 여러 나라들을 중심으로 변한 여러 세력을 이끌고 가는 주도세력이었다. 이와 같은 사회진전이 가능했던 요인은 첫째, 한문화의 침투 이후 농공구와 함께 무기가 공반되고 철기의 본격적인 재지생산이 이루어지는 등 선진적인 철기 제작기술을 보유하고 있었기 때문이다. 둘째는 선진문물의 유입과 직접적인 관련이 있는 대외교역의 구심체로서 등장했기 때문이다. 양동이 162호분을 통해서 기존의 한군현계 문화의 바탕 위에 다량의 무기를 소유한 우월자로서의 성격을 가진 정치지배자가 출현했음을 확인할 수 있다.

김해 가락국은 이때가 바로 종래의 신지보다 우월한 가우호의 존재인 대신지(大臣智)가 등장하여 변한의 제세력을 주도한 것으로 추측된다. 이 시기의 변한사회는 철제품의 확산에 따른 지역적 분할이 심화되면서도 유력 소국은 인접한 소국에 대해 철제

76) 丁仲煥, 앞의 책, pp.303~304.

무기를 사용하여 정복전쟁을 수행함으로써 한층 강화된 정치적 지배종속관계를 맺게 되는 것이다. 이러한 과정을 통해 구야국과 안야국이 우월한 정치집단으로 출현하게 된 것인데, 단 안야국이 대국의 면모를 보이는 것은 3세기 이후 김해 구야국 중심의 세력권이 약화되는 것과 관련이 있다.

그렇다고 한다면 변한의 대국인 구야국의 영역범위는 어떻게 될까? 구야국의 범위는 『세종실록』 지리지의 인구수를 감안하여 김해와 가까운 낙동강 하류지역을 중심으로 점차 넓혀가는 방식을 취하도록 하면 된다. 즉 『삼국지』 위서 동이전 한조의 변한 12국에 비정되는 김해 인근의 가야 지역으로는 김해, 영산~밀양, 창원, 진해, 부산 등이 있다. 이들 지역의 전체 호수를 합하면 총 5,083호(21,325구)[77]로서, 이것이 대략 김해 가락국 즉 구야국의 통할 지역이 된다. 이상과 같이 구야국 등 변한의 대국은 대략 5~6백 호를 기본단위로 하면서 인근 제소국을 포괄하는 상당한 지역범주를 가졌음을 알 수 있다. 대략 변한 대국의 규모는 소국의 7~8배 정도가 된다.

김해 구야국 중심의 세력권이 약화된 후, 가야제국을 멸망시까지 이끈 국가는 안라국(安羅國) 즉 아라가야(阿羅伽耶)였다. 이 안라국의 형성시기를 알 수 있는 기록은 없다. 그 전신인 변진안야국이 『삼국지』의 기록에 보이는데, 변진 제국 중에서도 김해의 구야국과 함께 유력한 정치집단이었음을 알 수 있을 뿐이다. 따라서 안야국의 형성은 변한의 형성시기와 관련지을 수밖에 없다.

변한의 실재를 보여주는 기록은 『삼국지』 위서 동이전 한전의

---

77) 『世宗實錄』 권150, 地理志, 慶尙道, 晉州牧, 金海都護府, 密陽都護府, 昌原都護府, 靈山縣, 鎭海縣, 東萊縣條 참조.

염사치 설화이다. 이 기록에 보이는 변한포(弁韓布)를 통해서 알 수 있는 사실은 변한의 존재와 낙랑군과 진·변한이 상호 교역하고 있었다는 점이다. 『후한서』에도 "건무(建武) 20년(44) 한의 염사 사람인 소마시(蘇馬諟) 등이 낙랑에 가서 조공을 바쳤다."[78] 고 하였으므로 이 또한 한(韓)과 낙랑과의 교역사실을 보여주고 있다. 염사지방이 어디인지는 명확히 알 수 없지만, 기원전 1세기경부터 사용된 것으로 보이는 성운경(星雲鏡)이나 오수전(五銖錢) 같은 유물이 경남 남해안 지역에서 발견되고 있는 것으로 보아 염사지방은 변한지역이었을 것으로 추정된다.

변한이라는 국명은 4세기 이전에 편찬된 중국사서에서 주로 쓰인 용례인데, 『남제서』에는 변한에서 가락국으로의 계승관계를 분명히 밝히고 있고 『삼국사기』 초기기록에서도 "변한이 항복했다."는 상징적인 기록을 수록하고 있다는 사실에서, 1~3세기의 변한은 신라, 백제의 경우와 마찬가지로 초기 가야를 지칭하는 것으로 볼 수 있다. 특히 『남제서』에서 언급한 바, "가라국(加羅國)은 삼한(三韓)의 한 종족이다."라고 한 기록은 변진(弁辰)을 두고 말한 것으로 이해된다. 즉, 『후한서』와 『삼국지』 등의 사료에 기록된 삼한에는 가라(加羅)를 포함하고 있지 않았으나, 변진지역에서 뒤늦게 등장한 가라의 거점지역이 변진지역과 대체로 동일한 범주 내에 있었기 때문에 이 가라를 삼한의 한 종족으로 인식하게 되었던 것이 아닌가 생각된다.

『삼국지』 동이전 변진조를 보면, 3세기 중엽에 낙동강 중, 하류지역에는 변한 12국이 있었다고 하였다. 그러나 이들 나라 중

---

78) 『後漢書』 권85, 東夷列傳 第75 韓傳.

구야국과 미오야마국, 안야국을 제외하고는 그 위치를 알 수가 없다. 변한에서 가야로의 계승성이 인정된다면, 가야사의 시작은 삼한시대로부터 찾는 것이 타당하다. 이 점은 마한 백제국이 백제로, 진한 사로국이 신라로 계승 발전된다는 인식과 동일하다. 3세기 중반을 하한으로 하는 『삼국지』 위서 동이전을 근거로 할 때, 변한 즉 초기 가야 사회는 12국(國)과 여러 소별읍(小別邑)이 존재하고, 규모에 따라 대국(4~5천 호)과 소국(6~7백 호)으로 구분되며, 12국 가운데 김해 구야국 즉 가락국과 안야국(安耶國) 즉 안라국(安羅國)이 대국이었다는 사실은 대개 인정하고 있다. 따라서 가야에서의 유력정치집단 등장의 하한은 3세기 중반이 되는 셈인데, 그 상한은 여러 가지로 생각할 여지가 있다.

따라서 안라국 즉 아라가야의 형성 시기는 빠르면 기원전 3세기, 늦어도 기원전 1세기대로 볼 수 있다. 그 후 안라국 또는 아라국(阿羅國)이 성장 발전한 시기는 아마도 포상팔국과의 전쟁에서 승리한 3세기 말~4세기 초 이후의 어느 시기로 여겨진다. 이 단계에 접어들면 아라국은 고대 국가적 모습을 갖추어 나가기 시작한 것으로 보인다. 이때 아라국의 포괄지역은 동쪽으로는 창원·마산, 서쪽으로는 진주, 북쪽으로는 의령을 각각 경계지역으로 하여 바다와 통하고 있었을 것이다.

김해의 본가야권의 세력이 쇠약해진 다음, 4세기 이후 가야의 2대 세력권은 일단 대가야권과 아라가야권으로 분류할 수 있다고 본다. 이 두 가야권은 상·하가야로서 가야국의 강대한 2대 세력 중심지이며, 친신라적인 대가야보다 가야제국을 이끌고 완강히 신라에 대항한 나라는 오히려 안라가야였다.79) 국력도 안

79) 『日本書紀』 卷19, 欽明紀 5年, "夫任那者 以安羅爲兄 唯從其意, 安羅人者 以日本府爲天"

라가야가 고령의 대가야와 백중지세였던 것 같다.[80] 이 당시의 대가야는 "백제의 인근 소국에 반파(叛波)가 있었다."는 『양직공도(梁職貢圖)』 백제국사전(百濟國使傳)의 기록을 참조해 보아도 역시 강국이었음을 알 수 있다. 이와 동시에 지금 함안의 말산리, 도항리, 가야리, 신음리 등지의 수십 기에 달하는 거대한 고총고분군의 장엄한 유적을 볼 때, 안라가야의 국력이 얼마나 강대했던가를 짐작할 수 있으며 그 규모에 있어서도 단연 가야국 중 으뜸이다.[81]

광개토대왕비문에는 임나가라(任那加羅)와 안라인수병(安羅人戍兵)이라는 이름이 보인다. 이때에 임나가라는 대가야를 말한 것으로 생각되며, 안라인은 곧 아라가야인(阿羅伽耶人)이다.[82] 안라가야의 대외전쟁 기록은 광개토왕비문을 통해 살펴보면 다음과 같다.[83] 이 비문은 대가야(임라)와 아라가야(安羅)가 왜와 연합하여 고구려와 신라에 대항하여 전투를 벌이고 있는 상황을 서술하고 있다. 이 전쟁의 규모는 고구려군이 보기(步騎) 5만에 달할 정도로 가야제국이 경험하지 못한 최대의 것으로 보인다. 이 당시 전쟁지역은 광개토대왕이 남하한 광주(廣州), 충주, 문경, 상주, 선산의 경로[84]와 임나를 고령지역으로 보고 안라의 세력이 신라지역으로 진출하고 있었던 점을 함께 고려한다면, 낙동강 이서의 고령과 이동의 현풍, 창녕, 합천 등의 여러 지역이 이에 해당할 것으로 짐작된다. 전쟁의 양상은 보기 합동전과 공성(攻城)

---

80) 『日本書紀』에는 안라가야가 본가야 쇠퇴 후 중심적인 국가였음을 수차례 인용하고 있다.
81) 문경현, 「가야사의 신고찰」, 『대구사학』 9, 1975, p.21.
82) 광개토왕비문의 내용 중 왜에 대한 기사 및 신라와의 관계에서도 추론할 수 있다.
83) 『廣開土王碑文』 庚子 10年條.
84) 신형식, 「新羅軍主考」, 『白山學報』 19, 1974, pp.65~66.

수성전(守城戰)으로 진행되었다. 특히 안라가 신라의 성에 진출하고 있었던 사실로부터 안라가야의 세력이 상당히 성장하였음을 확인할 수 있으며, 가야와 왜 연합군의 주력부대로서 전쟁에 참가했음을 알 수 있다.[85)]

540년 이후 가야지역의 정치중심지는 안라(함안), 가라(고령), 졸마(卒麻), 산반해(散半奚), 다라(多羅), 사이기(斯二岐), 자타(子他), 구차(久嗟) 등이며, 그 중에서 왕을 칭할 수 있는 유력자는 가라왕과 안라왕이었다.[86)] 이들은 대체로 가야 남부지역을 병합한 신라를 두려워하여 백제와의 제휴를 꾀하고 있었다. 538년에 웅진에서 사비로 천도하고 중흥을 도모하고 있던 백제의 성왕도 이들에게 문물을 베풀어 주는 유인책으로 신라에 대한 견제를 기도하고 있었다. 이때에 안라왕은 강력한 신라에 대한 가야의 자구책으로 백제의 성왕과 제휴를 하는 등의 외교적 노력을 기울여 가야제국 내에서의 우월한 위치를 나타내었다.

또한 김해 금관가야 멸망 후, 6세기 중엽에는 가야제국의 정치중심지가 안라가야로 넘어가 왜지에서도 가장 기대를 걸 정도의 국력을 보유하고 있었다. 안라가야의 정치적 우위성은 다음 사료를 통해서도 살펴볼 수 있다.

> 안라의 차한기 이탄혜 대불손 구취유리 등과 가라의 상수위 고전혜, 졸마의 한기, 산반혜의 한기의 아들, 다라의 하한기 이타, 사이기의 한기의 아들, 자타의 한기 등이 임나의 일본부 길비신과 백제에 가서 같이 칙서를 들었다.[87)]

---

85) 尹錫曉, 『신편 가야사』, p.39.
86) 『日本書紀』 巻19, 欽明紀 5年 11月條.
87) 『日本書紀』 巻19, 欽明紀 2年 4月條.

상기 사료에서 산반해, 사이기, 자타, 졸마의 회의 참가자의 신분이 한기(旱岐)로 표기되어 있음을 알 수 있다. 한기는 그 나라의 왕[88]에 해당하는 가야 고유의 명칭이다. 하한기나 차한기는 어의상으로 한기의 하급신분이었을 것으로 짐작된다. 당시 다른 가야제국보다 강한 세력이었던 안라의 하한기는 세력이 보다 약한 다른 가야의 한기와 대등한 위치였을 것으로 생각된다. 이와 같은 구별은 상수위(上首位)와 이수위(二首位)에도 적용될 수 있을 것이다. 이를 알 수 있는 또 다른 기록으로는 『일본서기』 권19, 흠명기(欽明紀) 5년조에 "일본의 길비신(吉備臣), 안라의 하한기(下旱岐) 대불손(大不孫)과 구취유리(久取柔利), 가라의 상수위 고전해(古殿奚), 졸마군(卒麻君), 사이기군(斯二岐君)과 산반해군(散半奚君)의 아들, 다라의 이수위, 흘건지(訖乾智), 자타(子他)의 한기, 구차의 한기가 백제에 갔다."고 한 사실이 그것이다. 따라서 6세기경에는 안라가야가 가야제국을 선도하는 위치에 있었다고 할 수 있다.

『일본서기』 권17, 계체기(繼體紀)에도 "안라가 높은 당(堂)을 지어 칙사를 인도하여 오르게 하였다. 국왕이 그 뒤를 따라 계단을 올랐다. 국내의 벼슬아치 중 당에 오른 자는 한 둘 뿐이었다. 백제의 사자, 장군 등은 당하에 있었다. 무릇 수개월간 재삼 당상(堂上)에서 의논하였다. 장군 등이 그 뜰에 있는 것을 분하게 여겼다."[89] 라고 기록되어 있다. 이 사료는 안라가 국왕과 더불어 위계질서를 갖춘 관직을 보유한 독자적인 거점적 영영국가이면서 백제와 대등

---

88) 鬼頭淸明은 한기를 아시아적 공동체에서 족적 유대가 강한 수장적인 성격으로 이해하고 있다. 그러나 6세기경 가야사회의 왕은 초자연적인 권력을 가진 지배집단의 장이다.

89) 『日本書紀』 卷17, 繼體紀 23年條.

한 국가였음을 보여주고 있다. 이어서 『일본서기』에는 다음과 같은 괄목할 만한 기록이 이어진다. "성명왕은 옛적에 우리 선조 속고왕(근초고왕, 貴首王)의 치세 때 안라, 가라, 탁순의 한기 등이 처음 사신을 보내어 서로 친밀하게 친교를 맺었다."[90] 즉 안라가야(안라국)가 처음으로 사신을 백제에 보낸 것은 4세기 중엽 때이며, 그 때부터 양국 사이에는 친교가 유지되었음을 알 수 있다. 이 기록은 아라가야의 연원이 4세기 이전임을 밝혀주고, 또한 4세기 중엽부터 이웃국가들과 통교하며, 6세기 멸망할 때까지 가야제국 중 대표국으로 활동하였음을 나타내주고 있다.

또한 『일본서기』 권17, 계체기에는 "그 글에 말하기를, 태세 신해 3월에 군사가 안라에 가서 걸탁성에 주둔하였다. 이 달에 고구려가 그 왕 안장왕을 죽였다."[91]고 기술하고 있다. 이것은 6세기에도 계속되는 삼국 및 가야제국 그리고 왜의 패권 다툼 속에서 아라가야가 고구려의 침입을 받아 국왕이 전사하는 장면을 묘사한 것이다. 아라가야가 4세기에 이어서 5, 6세기에도 한반도의 격변하는 세태 속에서 그 당시의 강국인 고구려가 남하정책을 취할 때 기습을 가해야 할 정도로 고구려에게 부담을 준 하나의 국가였음을 말해주고 있다.

이와 같은 문헌기록을 검토하여 볼 때, 아라가야는 본래 안야국으로서 기원전 1세기 이전에 이미 성립하였고, 가야의 구야국이 쇠퇴한 3세기 중엽 이후부터 가야제국의 대표국이 되었으며, 4세기 중엽 전후에는 한기를 중심으로 하는 관료체계가 형성되

---

90) 『日本書紀』 卷19, 欽明紀, "聖明王曰 昔我先祖速古王 貴首王之世 安羅加羅卓淳旱岐等初遣使相通 厚結親好"

91) 『日本書紀』 卷17, 繼體紀, "其文云 太歲辛亥三月 軍進至于安羅 營乞屯城 是月高麗弑其王安"

었고, 5, 6세기에는 가야 여러 국가 중 이 시기를 이끈 대표적인 국가로 활약하였음을 알 수 있다.

『일본서기』 권19, 흠명기에도 "임나는 안라를 형으로 알고 있습니다. 따라서 그 뜻을 따릅니다. … 만일 둘이 안라에게 있어 나쁜 짓을 많이 하면 임나를 세울 수 없으며, 서해의 제국도 반드시 말을 듣지 않을 것입니다."[92]라고 하여, 아라가야가 사실상 가야제국을 이끄는 맏형으로서 이 당시 어려운 상황을 극복하고 새로운 임나를 세우는 데 있어 중책을 맡고 있었음을 시사해 주고 있다.

이와 같이 아라가야가 정치세력을 가지고 있었기에 『일본서기』 흠명기는 금관가야가 신라에 정복된 후 '임나 10국'이라 하여 가라(고령), 안라(함안)를 먼저 기록하고 나머지 8개국을 그 다음으로 언급한 것이다. 『신찬성씨록(新撰姓氏錄)』에도 6, 7세기에 유력한 문벌로서 아야(漢)씨와 하타(秦)씨를 언급하고 있다. 아야씨는 아라, 아나라고도 하는 고대한국어이며, 가야제국 중 대표적인 국가였던 아라가야를 지칭한다. 결국 아야씨가 왜지에 진출하여 하나의 정치집단을 이루었음을 볼 수 있고, 『일본서기』에서 밝힌 신즐왕(神櫛王)은 아야국을 개척한 왕으로 비정할 수 있다.[93]

아라가야 문화는 함안 말산리 34호분을 통해서 알 수 있는데, 이 고분은 출토된 유물의 종류 및 양으로 볼 때 아라가야의 한기나 왕이 묻혔을 것으로 추정된다. 이는 대구, 창녕 등지의 고분과는 달리 부장된 유물이 신라의 유물과는 뚜렷하게 구별되는 특징을 갖고 있어 당시의 아라가야의 특징적인 문화를 파악할 수 있게 해준다. 이를 뒷받침하는 것으로서 최근 함안의 도항리(道項里)

---

92) 『日本書紀』 卷19, 欽明紀 5年條.

93) 윤석효, 「아라가야에 관한 연구」, 『가야문화』 7, 재단법인 가야문화연구원, 1994, p.42.

에서는 국내 최초의 전투용 말에 입힌 갑옷이 원형으로 출토되었고, 또한 비늘갑옷, 아라가야의 독특한 토기양식인 화염문투창고배(火焰文透窓高杯) 등이 출토됨으로써 고대 아라가야에 강력한 정치집단과 문화가 존속했음을 알려주고 있다. 국내에서 형성된 이러한 아라가야 문화는 왜지에도 지대한 영향을 주었고, 야마토노아야씨 같은 이주민 집단이 그러한 고대한국 전래의 문화를 왜국에 전파한 대표집단이었다. 바로 이들에 의하여 일본 고대사의 개화기라 불리는 6~7세기의 아스카 문화가 시작되었다.

이와 같은 사실은 아라가야의 대표적 유물인 5세기에 제조된 불꽃무늬토기(火焰文)의 분포를 통하여서도 알 수가 있다. 불꽃무늬는 동그라미 위에 길쭉한 이등변삼각형이 이어진 모습이다. 불꽃무늬토기가 다량 출토된 지역은 함안과 그 주변지역인 창원, 마산, 의령, 진주의 일부지역이며, 멀리는 김천, 거창, 경주, 부산, 일본의 근기(近畿)지역 등이다. 근기지역 즉 일본의 옛 수도권 지역에서 5세기 함안의 불꽃무늬토기가 발견되고 있는 곳은 육대(六代)유적과 포류(布留)유적, 구보사(久寶寺)유적, 령의 궁(鈴의宮)유적 등이다. 지금까지 발굴조사를 통해 학계에 보고된 불꽃무늬토기는 약 150점이다. 이 가운데 함안지역에서 100여 점이 출토되었다.

그런데 토기의 출토양상으로 보아 지금의 함안과 그 주변지역인 창원, 마산, 의령, 진주 일부지역은 아라가야의 영역으로, 그 밖의 지역은 아라가야와 교류했던 곳으로 구분해 볼 수 있다. 그중 일본지역 내에서는 북구주와 근기지역을 이어주는 뱃길인 뢰호내해(瀨戶內海, 세토내해) 연안인 중국(中國)과 사국(四國)에 집중적으로 분포되어 있다. 그곳에서는 아라가야식토기와 산성(山

城)이 발견되었고, 심지어 가야신을 제신(祭神)으로 모시는 신사(神社)까지 소재해 있다. 이와 같은 역사적 전통이 있었기에 한씨(漢氏)를 아야씨로 발음하고 있었던 것이지, 6세기 백제계의 왜지진출을 금래한인(今來漢人)으로 표현했다고 해서 이들을 백제계 호족으로 보는 것은 잘못된 견해라고 하겠다.

4세기 이전 안야국의 신분구조는 지배층으로 신지, 거수, 천군이 상층부에 존재했고, 피지배층으로는 민(民), 하호(下戶), 노비(奴婢) 등으로 하층부가 구체적으로 존속했었다. 이들 지배층 중에서 유력자가 나와 소왕(小王)의 지배체제를 이루어 이 시대를 이끌어 갔으리라고 본다. 이어서 4세기에는 도시국가보다는 규모가 큰 영역국가인 거점국가로서의 세력 확장기에 들어가고, 5세기 전반 경에는 강력한 독립 정치체제를 유지하게 되었다. 5세기 후반 아라가야는 유력집단의 대표인 한기(旱岐)를 중심으로 중앙집권적인 일원적 지배체제가 형성된 것을 『남제서』에서는 중국식인 '왕(王)'으로 표현한 것으로 해석할 수 있다.

『남제서』 가라국(加羅國)전에는 아래와 같이 기술되어 있다.

> 가라국은 삼한의 한 종족이다. 건원원년(기원후 479년, 신라 소지왕 1년) 국왕 하지(荷知)가 사신 보내와 방물을 바쳤다. 이에 조서(詔書)를 내렸다. '널리 헤아려 비로소 조정에 올라오니 멀리 있는 이(夷)가 두루 덕(德)에 감화됨이라. 가라왕 하지는 먼 동쪽바다 밖에서 폐백을 받들고 관문을 두드렸으니, 보국장군본국왕(輔國將軍本國王)의 벼슬을 제수함이 합당하다.'[94]

94) 『南齊書』 권58, 列傳 제39, 蠻東南夷 東夷 加羅國.

중국 정사 중 가야에 대하여 입전(立傳)하고 있는 사서는 『남제서』가 유일하다. 이는 5세기말 가야가 체제를 확립하고 이를 바탕으로 가야의 해상발전이 활발하였음을 반영하는 것으로 주목되는 기록이다. 그러나 『남제서』 가라전은 국왕 하지가 479년에 남제(南齊)와 교섭하여 책봉(冊封)을 받았다는 사실만 기록하고 있을 뿐, 가야에 관한 상세한 서술은 없다. 그러나 5세기 중엽 전후의 역사적 상황의 흐름 속에서 우리는 가야에 관한 일련의 역사적 사실들을 추출해낼 수 있다.

5세기 중엽 이후는 고구려가 평양 천도(427년)를 계기로 적극적인 남하정책을 펴기 시작하는 시기였다. 이때 가야는 백제와 신라 두 나라에게 전략적으로 더욱 필요한 존재였다. 그런데 가야에서는 "건원원년에 국왕 하지가 사신을 보내어 방물을 바쳤다.[建元元年 國王荷知使來獻]"고 한 기사에서처럼, 이 당시 중국 남조(南朝)에 사신을 보내어 국제무대에 등장하려고 하는 노력을 기울이고 있었다. 하지가 가야국 중 어느 나라의 왕인지는 확실치 않으나, 본문에 나오는 '본국왕(本國王)'이라는 근거를 미루어서 추정해 보면 이 당시 가야 여러 나라를 이끌던 대표적 국가인 함안의 아라가야나 고령의 대가야였을 것이다. 이와 같이 함안의 아라가야는 이미 어느 정도 국가체제를 확립한 상태에 있었으므로 그 장(長)을 『남제서』에서는 중국식 표현인 왕(王)으로 기술하였던 것이라고 하는 사실을 명심할 필요가 있다.

그 후 6세기 초에 이르면 아라가야에는 위계적(位階的)인 관료조직이 구성되어 있었음을 볼 수 있다. 그 당시의 지배세력으로는 국주(國主)와 복수의 대인(大人)이 있었다. 뿐만 아니라 고당회의(高堂會議)라는 회의체의 존재도 확인할 수 있다. 이것은 곧

국주와 대인이 참여하는 고당회의 즉 귀족합의체회의(貴族合議體會議)와 함께 하급대인(下級大人)이 참여하는 일반회의(一般會議)도 있었을 것임을 암시한다. 이 회의는 구야국의 씨족장들의 모임인 구간회의(九干會議)가 모체가 되어 가야제국에 영향을 주면서 발전한 것이며, 합좌회의정신(合坐會議精神) 또한 계승되었다.

6세기 초반에는 한기(旱岐)와 차한기(次旱岐)의 구분이 생겨났을 것이다. 한기를 칭하던 자들은 아라가야를 구성하고 있던 유력집단의 대표자들이었을 것이다. 그들 중 유력한 자가 국주(國主)로서 한기를 칭하였고, 그 다음 유력자들이 복수대인(複數大人) 중 상층부 대인들이 차한기를 칭하고 하층부 대인들은 하한기로 호칭되었다. 그렇다면 한기층과 대인층의 분화는 아라가야 지배자의 권력이 보다 증대되었음을 의미하는 것으로 파악할 수 있다.

6세기 중반에는 아라가야의 정치구조는 더욱 강화되어 한기에서 왕으로 변모되었다. 6세기 중반이후 아라가야의 한기는 권력이 집중된 대왕이란 뜻의 중앙집권적 거점국가의 세력 확장기 '왕'을 칭하게 된 것을 말하고 있고, 그 왕 아래에는 차한기(중한기), 하한기와 같은 복수의 세분화한 독특한 리더들이 움직이는 중앙정치조직이 아라가야에 실재하였음을 반영하고 있다. 이것은 곧 아라국이 이 시기에 세력이 강화되어 함안을 중심으로 한 거점지역, 영역국가 확장기로서의 체제가 확립되었음을 의미한다.[95]

이상과 같은 가야제국의 사회발전단계론으로 볼 때, 시기구분은 B.C 1세기에서 A.D 1세기까지는 소국 단계이었고, A.D 2세기 초에서 A.D 3세기 후반기는 대국 단계이고, A.D 4세기부터

95) 윤석효, 「阿羅伽倻의 成長과 政治構造의 發展」, 『민족문화』 11, 한성대 민족문화연구소, 2000, pp.49~50.

A.D 5세기 전반기까지는 거점지역 영역국가 단계였으며, A.D 5세기 후반부터 A.D 6세기 중반 이후 멸망시까지는 거점지역 영역국가 확장기로 구분할 수 있다.

가야사 연구에서 문제가 되는 것은 가야사 시작의 기점이다. 논자에 따라 기원전 3~2세기로 보는 견해가 있는가 하면 기원후 3~4세기로 보는 견해도 있어 무려 500년 이상의 차이를 보이고 있는 실정이다. 이는 가야사를 바라보는 시각차에서 생겨난 것이다. 이른바 원삼국시대(原三國時代) 또는 삼한시대의 역사를 가야 전기로 파악하고자 하는 일군의 학자들이 있는데, 이를 전기논자(前期論者)라고 칭한다. 이 경우에는 삼한 소국의 형성시기부터 가야의 역사로 간주함으로써 가야사의 기점이 기원을 전후한 시기 혹은 그 이전으로 소급된다. 삼한시기를 모두 가야사의 범위에 넣는 것이다. 또한 전기론에서 공통적으로 보이는 인식은 가야 여러 세력 가운데 4세기 이전의 어느 시기부터 구야국(금관국)을 연맹의 맹주 또는 정치적 중심세력으로 본다는 점과 3세기 후반내지 4세기 초의 변동에 그렇게 큰 비중을 두지 않는다는 점이다.

한편 삼한의 역사를 가야와는 별도로 삼한 그 자체의 역사로 보고 진정한 가야사의 시작을 3세기 중, 후엽 이후로 보는 견해가 있다. 이들을 일반적으로 전사론자(前史論者)라고 칭한다. 전사론에서는 흔히 가야라고 불리는 정치세력이 구체적으로 모습을 드러내는 시기를 3세기 중, 후엽 이후에서 4세기 전후로 보고 있다. 따라서 이 견해대로라면 가야사의 실제적인 시작은 4세기 초가 되는 셈이다.

3세기 전반에 『삼국지』에는 삼한에 대한 기록이 보이고 『진서(晉書)』에는 3세기 후반 중국 본토와 통교하는 정치세력으로서의 마한과 진한이 보이지만, 이후 100년 가까운 기간 동안에는 삼한의 동향을 보여주는 기록이 없다. 그러다가 광개토대왕릉비에 이르러서 4세기 후반 무렵 백제, 신라, 임나가라, 안라 등의 정치세력이 나타나고 있다. 이것으로 볼 때, 3, 4세기에 삼한에서 많은 정치적인 변동이 발생한 결과, 가야 정치세력이 출현하였다고 볼 수 있다. 이러한 점에서 전사론(前史論)은 성립 가능한 것으로 보인다. 다만 삼한과 가야를 구분하는 기준이나 양자의 내용상 실제적인 차이는 무엇인가 그리고 가야란 명칭의 기원이 된 것으로 보이는 구야국(狗邪國)이 3세기 초 이전 단계에 존재하는데 이를 어떻게 이해하여야 할 것인가 하는 점이 앞으로 보완하여야 할 문제라고 하겠다. 요컨대, 가야사의 기점을 어디로 잡느냐에 따라 그 체계가 달라질 수 있다. 특히 변한사(弁韓史)를 어떻게 이해하느냐 하는 것은 가야사의 전반적인 체계와 밀접한 관련을 가지고 있다.

그러나 삼한 소국과 가야 여러 나라들은 연속선상에 있고 삼한 소국의 형성과 성장, 발전의 결과가 곧 가야 여러 나라들이기 때문에, 외형적 명칭의 변화나 특정한 사실을 기준으로 역사적 변모를 분류하는 것은 무의미할 수 있다. 이 글은 전기론적 입장에서 소국의 형성이 기원전 1세기 무렵부터 그 시원적 모습을 보이고 있으며, 기원후 6세기 중반 이후 거점지역 영역국가 확장기에 소멸하는 것으로 보았다. 이러한 이론정립의 단서는 중국사서 동이전에 나오는 한전 계통사료들의 사실들을 참조한 후 이루어진 것이다.

## 5. 맺음말

『삼국지』 동이전 한전은 한(韓)의 기원과 유래에 관한 내용을 수록하고 있는 매우 가치 있는 사료이다. 여기에서 말하는 한(韓)은 한족(韓族)과 함께 해온 칭호이며, 결코 준왕이 남쪽으로 이동한 이후에 최초로 생겨난 용어는 아닐 것이다. 일반적으로 한족들은 그들 자신을 한인, 한기, 금, 신이라 하고, 그들이 사는 곳을 한불, 한들, 금불, 금들 등이라고 하였다. 따라서 한(韓)이란 명칭은 한족사회 전반에 걸쳐 공통적으로 사용된 보편적인 칭호였으며, 결코 한 성씨 또는 한 지역에 국한하여 사용되지 않았다. 어쨌든 준왕(準王)이 남쪽으로 이동하였을 때에 남한지방은 '한(韓)'으로 불리고 있었고, 그 고고학적 실체로는 각종 청동의기로 구성되고 발달된 점토대토기문화(粘土帶土器文化)를 들 수 있다. 당시 사회는 점토대토기를 기반으로 하는 한사회(韓社會)라고 하여도 무리가 아닐 것이다.

남한지방을 지칭하는 한(韓)이라는 명칭은 진국(辰國) 또는 적어도 그 후신으로서 진한(辰韓)이 등장하여 구분의 필요가 생기기 전까지 계속 사용되었을 것이다. 삼한사회의 성립은 처음에 진국에서 마한과 진한이 분리되고 다음으로 진한에서 진한과 변진이 분리되어 마침내 마한, 진한, 변한의 성읍국가 세력권을 형성하였다. 그 분리 시기는 진국에서 마한과 진한이 분리된 것이 대개 서기전 3세기경으로 소급되며, 진한과 변진의 분리 시기는 서기전 1세기 전후로 보아야 할 것이다. 그리고 진한과 변한의 확립 시기는 그 상한을 1세기 전반, 하한을 3세기 무렵으로 보는 것이 타당하다.

이와 같이 형성된 삼한사회는 삼국시대로 발전하여 삼한 중 마한이 백제의 모체가 되고 진한과 변한이 각각 신라와 가야의 바탕이 되어 북쪽의 고구려와 함께 사국시대(四國時代)를 열게 되었다.

삼한에서 삼국으로의 변천은 우선 마한 소국과 백제와의 관계를 살펴보아야 한다. 마한소국(馬韓小國)과 백제국(伯濟國)의 생존과 합병이라는 역사적 흐름 속에서도 4세기경까지 마한소국들이 남부지역에서 독자적인 세력권을 갖고 있었다고 하는 사실은 한국고대사에서 마한사의 비중이 적지 않음을 뜻한다. 그리고 마한소국들의 토착성은 백제사 전개의 원류를 차지한다는 면에서 그 의미가 매우 크다. 현재 문헌으로 남겨진 기록은 거의 없으나, 전라도 각지에서 발견되는 대형 고분유적과 금동관, 동관, 대도 등의 유물들을 통하여 볼 때도 백제사 전개에 마한소국들의 역사와 문화가 저변을 이루었음은 확실하다.

마한의 토착세력들은 기원전 300년경을 상한으로 한강유역에서 백제국의 형성시점을 지나 5세기 전후에 이르는 긴 기간 동안 그 명맥을 유지한 삼한의 중심세력이었다. 그런 점에서 마한은 백제사의 전개와 불가분의 관계에 있다. 따라서 백제사 연구에는 먼저 마한사 연구가 선행되어야 한다. 백제사의 변천에서 우리의 주목을 끄는 점은 왕족인 부여족(扶餘族)과 마한토착사회 출신의 지방유력자인 토호(土豪)들과 대립하여 그들의 문화가 개별적으로 구성되었다는 것이다. 앞으로 이 분야는 더욱더 많은 연구가 필요하다.

진한의 형성에는 위씨조선계(衛氏朝鮮系) 유민(遺民)을 비롯한 북방 이주민계(移住民系)의 영향이 컸으며 진한소국의 대표격인 사로국(斯盧國)이 중심이 되어 발전되었으나 2세기 이전의 진한

소국들은 상호 대등한 관계에 있었다. 그러나 2세기 이후 3세기간에 많은 진한 소국들이 무력대결을 통해 사로국 중심의 세력권내로 병합되어 갔다. 4, 5세기경까지도 마찬가지였으나, 합병된 진한 소국들은 정치적 복속관계가 있었음에도 불구하고 독자적인 토착세력권을 유지하고 있었기에, 신라의 형성에는 역시 진한 소국들의 토착성과 잔존문화가 큰 영향을 미치고 있었음을 볼 수 있다. 신라 형성의 주체인 사로국은 마한의 백제국에 비해 합병된 소국들의 토착성과 문화력을 존중하고 활용하여 오랜 기간에 걸쳐서 신라문화로 흡수했다는 점에서 백제의 주체 세력과는 차이점이 있다.

신라가 삼국 중 가장 후진국이었음에도 불구하고 고구려와 백제에 공세를 취하고 마침내 통일전쟁의 주도권을 잡을 수 있었던 가장 큰 힘은 신라국민의 굳은 단결이었다. 이것은 신라사회가 사로국을 중심으로 한 진한 소국들의 씨족(氏族)간의 확고한 단결을 바탕으로 하는 씨족사회(氏族社會) 이래의 전통 위에서 발전하여 왔기 때문이었다. 가령 왕의 칭호의 변천이나 화백제도의 운영 그리고 화랑의 경우에서 이런 현상은 더욱 뚜렷이 엿볼 수 있다.

여기에 비해서 변한의 출자는 북방 유이민의 남하와 관련된다기보다는 청동기문화를 바탕으로 기원을 전후한 시기에 대외교역을 활발히 한 결과, 우수한 철기문화와 한군현계 문화가 이 지역에 집중되고 이를 계기로 새로운 정치체가 출현했던 사실과 직접적인 관련이 있을 것으로 추정된다. 또한 삼한시대 단계의 변한제국은 변한 전 지역에 고르게 산재해 있었다기보다는 유적, 유물이 집중되면서 문헌상으로도 확실히 비정되는 이들 중요 소국이 위치한 지역을 중심으로 분포하고 있었던 것으로 파악되고 있다. 변한제국은 거점중심으로 형성되어 발전해 가고 있었던 것이다.

목지국에 이어 한강유역의 백제국은 한군현과의 접촉을 통해 새롭게 등장하였다고 한다면, 변한에서는 이 같은 정치적 구심체로서 김해의 구야국을 들 수 있다.

앞에서 언급 바처럼 삼한의 분립과정과 시기를 고려해 볼 때, 염사치 시대는 1세기 전반기 즉 진한과 변진이 같은 진한사회에서 분리하는 과도기였다고 생각된다. 이러한 시기에는 변진 출신인 염사치도 진한의 우거수를 칭했을 가능성이 있다. 염사치 기록은 이 변진세력이 형성되는 초기시기를 배경으로 한 것이라고 볼 수 있다. 본래 진한의 우거수 중 한명이었던 염사치는 낙랑을 배경으로 진한을 배반하고 그 무리들과 함께 점차로 진한을 떠나 독자적인 변한사회를 형성해 나갔다고 생각된다. 이와 같은 배경으로 변한사회에서 대국으로 성장한 김해 구야국은 변한 여러 나라들 중에서 이들 세력들을 이끌고 나가는 주도세력이었다.

변한에서 가야로의 계승성이 인정된다고 한다면, 가야사의 시작은 삼한시대로부터 찾는 것이 타당하다. 그렇다면 가야사의 전반기인 1세기에서 3세기까지는 구야국이 가야제국을 이끌었다. 그러나 김해 구야국 중심의 세력권이 약화된 4세기 이후, 멸망시까지 가야 제국을 이끈 국가는 고령의 대가야와 함안의 안라국 즉 아라가야뿐이었다. 이 두 가야권은 상·하가야로서 가야국의 강대한 2대 세력권 중심지였으며, 친신라적인 대가야보다 가야제국을 이끌고 완강히 신라에 대항한 나라는 오히려 아라국이었다.

아라가야가 정치세력을 갖춘 가야의 대표적인 지도국이었기에

『일본서기』 흠명기는 금관가야(김해 본가야)가 신라에 정복된 후 '임나 10국(任那十國)'이라 하여 가라(고령), 안라(함안)를 먼저 기록하고 나머지 8개국을 그 다음으로 언급하였다. 아라가야 문화는 왜지에도 지대한 영향을 주어 6~7세기 아스카문화의 단서가 되었는데, 이러한 사실은 불꽃무늬토기(火焰文)의 분포를 통하여서도 알 수 있다.

4세기 이전 안라국의 신분구조는 지배층으로는 신지, 거수, 천군이 상층부에 존재했고, 피지배층으로는 민, 하호, 노비 등이 하층부로서 구체적으로 존속했었다. 4세기에는 거점국가로서의 세력 확장기에 들어가고, 5세기 전반 경에는 강력한 독립 정치체제를 유지하게 된 아라가야는 5세기 후반 경에 유력 집단의 대표인 한기를 중심으로 중앙집권적인 일원적 지배체제를 형성할 수 있었다. 『남제서』에서 아라가야의 장을 중국식 표현인 '왕'으로 칭한 것에서 그러한 해석은 가능하다고 생각된다. 『남제서』 출전의 하지(荷知)가 가야의 여러 나라 가운데에서 어느 나라의 왕인지 확실하지 않으나, 본문에 나오는 '본국왕(本國王)'이라는 호칭으로 미루어 보아 이 당시 가야 여러 나라를 이끌던 대표적인 국가인 함안의 아라가야나 그렇지 않으면 고령의 대가야일 수밖에 없다. 이와 같이 함안의 아라가야가 체제가 확립되어서 그 장을 『남제서』에도 중국식 표현인 왕으로 기술하였음을 명심해야 한다.

6세기 초에는 아라가야에 위계적인 관료조직이 있었고, 지배세력은 국주와 복수의 대인으로 구성되어 있었다. 아울러 아라가야에는 구야국의 구간회의가 모체가 된 고당회의가 있어 삼국 못지않은 합좌회의정신이 계승 발전되어 있었다. 6세기 초 한기층과 대인층의 분화는 아라가야 지배자의 권력이 보다 증대되었음을 의미하며, 6세기 중반에 아라가야의 정치구조는 더욱 강화되어 한기에서 왕으로 변모되었다.

이상과 같은 아라가야의 사회발전단계로 볼 때, 시기구분은 B.C 1세기에서 A.D 1세기까지는 소국 단계이었고, A.D 2세기 초에서 A.D 3세기 후반까지는 대국 단계이며, A.D 4세기부터 A.D 5세기 전반기까지는 거점지역 영역국가 단계였고, A.D 5세기 후반부터 A.D 6세기 중반 이후 멸망시기까지는 거점지역 영역국가 확장기로 볼 수 있다.

백제나 신라와는 달리 이와 같은 시대구분이 가능한 요인은 우선 백제국이나 사로국과는 다른 변한의 출자와 역사적인 특수성 및 지정학적인 위치 등을 들 수 있겠다. 즉, 변한소국의 대표격인 구야국은 청동기문화를 바탕으로 철과 농수산물 등의 대외교역을 활발히 하였으며, 그 위에 우수한 철기문화가 집중되어 출현한 정치체제이었기 때문에, 독자성과 분립성 그리고 거점성이 강한 국가였다는 것이다. 이러한 면으로 인해 가야제국은 중앙집권적인 일원적 체제를 이루지 못하고 교역중심의 독특한 거점국가로서 특유의 분립성을 온존히 한 채 역사를 전개해왔던 것이다. 여기에 마한사나 진한사에 비해 변한사가 갖는 역사성이 있다.

요컨대, 가야사의 기점을 어디로 잡느냐에 따라 그 체계는 달라질 수 있다. 특히 변한사(弁韓史)를 어떻게 이해하느냐 하는 것은 가야사의 전반적인 체계와 밀접한 관련을 가지는 것이라고 하겠다. 본서는 전기론적 입장에서 소국의 형성이 기원전 1세기 무렵부터 그 시원적인 모습이 보이고 기원 후 6세기 중반이후 거점지역 영역국가 확장기에 소멸하는 것으로 파악하였다. 이러한 이론정립의 단서는 『중국사서』 동이전에 나오는 한전 계통사료들의 사실들에서 주로 파악한 것이다.

## <부록> 『중국사서』 동이전의 대표적인 가야사 관련 원전

### 1. 『사기』(史記) 권(券)115(百十五) 조선열전(朝鮮列傳) 55(第 五十五)

아들을 거처 손자 우거(右渠)때에 이르러서는 유인해 낸 한(漢)나라 망명자수가 대단히 많게 되었으며 천자에게 입견(入見)치 않을 뿐만 아니라 진번(眞番)주변의 여러 나라들이(衆國) 글을 올려 천자에게 알현하고자 하는 것도 또한 가로막고 통하지 못하게 하였다.

### 2. 『한서』 권95 조선(朝鮮)

이때는 마침 한(漢)의 효혜(孝惠)·고후(高后)의 시대로서 처음으로 안정되니, 요동태수는 곧 만(滿)을 외신(外臣)으로 삼을 것을 약속하여, 국경밖의 만이(蠻夷)를 지켜 변경을 노략질하지 못하게 하는 한편, 만이의 군장들이 중국에 들어와 천자(天子)를 알현코자 하면 막지 않도록 하였다. 이를 듣고 허락하였다. 이로써 만은 군사의 위세와 재물을 얻게 되어 그 주변의 소읍을 침략하여 항복시키니, 진번(眞番)·임둔(臨屯)도 모두 와서 복속하여 [그 영역이] 사방 수천리가 되었다.

아들을 거쳐 손자 우거 때에 이르러서는 유인해 낸 한(漢)나라의 망명자 수가 대단히 많게 되었으며, 천자에게 들어와 조견하지 않을 뿐만 아니라, 진번(眞番)·진국(辰國)이 글을 올려 천자를 알현하고자 하는 것도 또한 가로막고 통하지 못하게 하였다.

### 3. 『후한서』 권85 동이열전 한(韓)

1) 한(韓)은 세 종족이 있으니, 하나는 마한(馬韓), 둘째는 진한(辰韓), 셋째는 변진(弁辰)이다. 마한은 서쪽에 있는데, 54국이 있으며, 그 북쪽은 낙랑, 남쪽은 왜(倭)와 접하여 있다. 진한은 동쪽에 있는데 12국이 있으며 그 북쪽은 예맥과 접하여 있다. 변진은 진한의 남쪽에 있는데, 역시 12국이 있으며, 그 남쪽은 왜와 접해 있다.

모두 78개 나라로서 백제는 그 종의 한 나라이다. 큰 나라는 만여 호, 작은 나라는 수천 가인데, 각기 산과 바다 사이에 있어서 전체 국토의 넓이가 사방 4천 여리나 된다. 동쪽과 서쪽은 바다를 경계로 하니 모두 옛 진국(辰國)이다. 마한이 [한족 중에서] 가장 강대하여 그 종족들이 함께 왕을 세워 진왕으로 삼아 목지국(目支國)에 도읍하여 전체 삼한 지역의 왕으로 군림하는데, [삼한의] 제국왕의 선대는 모두 마한 종족의 사람이다. 마한 사람들은 농사와 양잠을 할 줄을 알며 길쌈하여 베를 짜다 큰 밤이 산출되는데 그 크기가 배만큼 크며, 꼬리가 긴 닭이 있는데 꼬리의 길이는 5척이나 된다.

2) 읍락에 잡거(雜居)하며 역시 성곽이 없다. 땅을 파서 움집을 만드니 그 모양이 마치 무덤 같으며, 출입하는 문은 윗부분에 있다. 궤배(跪拜)할 줄을 알지 못하여, 장유(長幼)의 차례와 남녀의 분별 따위의 예가 없다. 금·보화·비단·모직물 들을 귀하게 여기지 않으며 소(牛)·말(馬)을 탈줄 모르고, 오직 구슬을 귀중히 여겨서 옷에 꿰매어 장식하기도 하고 목이나 귀에 달기도 한다. 그들은 대체로 머리를 묶고 상투를 드러내 놓으며, 베로 만든 도포를 입고 짚신을 신는다. 그 나라 사람들은 씩씩하고 용감(勇敢) 젊은이들 중 축실(築室)데서 일하는 사람은 매번 밧줄로 등의 가죽을 꿰어 큰 나무를 매어 달고 소리를 지르는데 [이것을] 건장하다고 한다. 해마다 5월에는 농사일을 마치고 귀신에게 제사를 지내는데, 낮이나 밤이나 술자리를 베풀고 떼 지어 노래 부르며 춤춘다. 춤출 때에는 수십 명이 서로 줄을 서서 땅을 밟으며 장단을 10월에 농사의 추수를 끝내고는 또 다시 이와 같이 한다.

3) 여러 국읍(國邑)에는 각각 한 사람이 천신의 제사를 주재하는데 [그 사람을] 천군아라 부른다. 또 소도(蘇塗)을 만들어 거기다가 큰 나무를 세우고서 방울과 북을 매달아 놓고 귀신을 섬긴다. [마한의] 남쪽 경계는 왜에 가까워서 문신한 사람도 있다.

진한은 그 노인들이 스스로 말하되, 진(秦)나라에서 망명한 사람들로서 고역을 피하여 한국에 오자, 마한이 그들의 동쪽 지역을 분할하여 주었다 한다. 그들은 나라(國)를 방(邦)라 부르며, 궁(弓)은 고(孤)라하고, 적(賊)은 구(寇)라 하며, 행주(行酒)를 행상(行觴)이라 하고, 서로 부르는 것을 도(徒)라 하여, 진(秦)나라 말과 흡사하기 때문에 혹 진한(秦韓)이라고도 부른다. 성책과 가옥이 있다. 모든 작은 읍에는 각각 거수(渠帥)가 있으니, 강대한 자를 신지라 하고, 그 다음은 검측(儉側), 그 다음은 반지(攀祗), 그 다음은 살해(殺奚), 그 다음은 읍차가 있다. 토질이 비옥하여 5곡이 잘 자라며 누에치기와 뽕나무 가꿀 줄을 알고 비단과 베를 짠다. 소나 말을 타고 다니며 혼인은 예의에 맞게 하며 길에 다니는 사람들은 길을 양보한다.

4) 나라에는 철이 생산되는데 예(濊)·왜(倭)·마한(馬韓)이 모두 와서 사 간다. 모든 무역에 있어서 철을 화폐로 사용한다. 그들의 풍속은 노래하고 춤추며 술 마시고 비파 뜯기를 좋아한다. 아이를 낳으면 머리가 납작하게 되도록 하려고 모두 돌로 눌러 놓는다. 변진 사람들은 진한 사람들과 뒤섞여 사는데, 성곽과 의복은 모두 [진한과] 같으나 언어와 풍속은 다른 점이 있다. 변진은 사람들의 모습은 모두 신체가 장대하고 머리칼이 아름다우며, 의복은 깨끗하고 형법은 엄격하다. 변진은 왜국(倭國)과의 거리가 가깝기 때문에 문신한 사람이 상당히 있다. 과거에 조선왕 준(準)이 위만에게 패하여, 자신의 남은 무리 수 천 명을 거느리고 바다로 도망, 마한을 공격하여 쳐부수고 스스로 한왕(韓王)이 되었다. 준의 후손이 절멸(絶滅)되자, 마한 사람이 다시 자립(自立)하여 진왕(辰王)이 되었다.

건무(建武) 20년(A.D 44 : 백제 다루왕(多婁王) 17)에 한(韓)의 염사(廉斯) 사람인 소마시(蘇馬諟)등이 낙랑에 와서 공물을 바쳤다. [후한(後漢)의] 광무제(光武帝)는 소마시를 대하여 한의 염사읍군(廉斯邑君)으로 삼아 낙랑군에 소속시키고 철마다 조알(朝謁)하도록 하였다. 영제 말년에 한과 예가 모두 강성해져 [한(漢)나라의] 군현이 제대로 제압하지 못하자, 난리에 고통스러운 백성들이 한(韓)으로 도망하여 유입하는 경우가 많았다. 마한의 서쪽 바다의 섬 위에 주호국(州胡國)이 있다. 그 나라 사람은 키가 작고 머리를 깎으며, 가죽 옷을 입는대 상의만 입고 하의는 입지 않는다. 소나 돼지 기르기를 좋아하며, 배를 타고 왕래하면서 한의 국중(國中)에서 물건을 사고판다.

## 4.『삼국지』(전 65권)

(1) 한(韓 三國志 卷30 烏丸鮮卑東夷傳 제30)

1) 한(韓)은 대방(帶方)의 남쪽에 있는데, 동쪽과 서쪽은 바다로 한계를 삼고, 남쪽은 왜와 접경하니, 면적이 사방 4천리쯤 된다. [한(韓)에는] 세 종족이 있으니 하나는 마한, 둘째는 진한, 셋째는 변한인데, 진한은 옛 진국이다. 마한은 [삼한 중에서] 서쪽에 위치하였다. 그 백성은 토착생활을 하고 곡식을 심으며 누에치기와 뽕나무 가꿀 줄을 알고 면포(綿布)를 만들었다. [나라 마다] 각각 장수(長帥)가 있어서, 세력이 강대한 사람은 스스로 신지(臣智)라 하고, 그 다음은 읍차(邑借)라 하였다. [그 나라 사람들은] 산과 바다 사이에 흩어져 살았으며 성곽이 없었다. ······ 50여국이 있다. 큰 나라는 만여가 이고, 작은 나라는 수천가로서 총 10여만 호이다.

2) 진왕(辰王)은 월지국(月支國)을 통치한다. 신지에게는 간혹 우대하는 호칭인 신운(臣雲) 유지보(遣支報) 안사축지(安邪踧支) 분신이아불례(濆臣離兒不例) 구사진지염(狗邪辰支廉)의 칭호를 더하기도 한다. 그들의 관직에는 위솔선(魏率善)·읍군(邑君) 귀의후(歸義侯) 중랑장(中郞將)·도위(都尉)·백장(伯長)이 있다.

[조선(朝鮮)] 후(侯) 준(準)이 참람되이 왕이라 일컫다가 연나라에서 망명한 위만의 공격을 받아 나라를 빼앗겼다.

[준왕(準王)]은 그의 근신과 궁인들을 거느리고 도망하여 바다를 경유하여 한(韓)의 지역에 거주하면서 스스로 한왕(韓王)이라 칭하였다.

위략(魏略) : 준(準)의 아들과 친척으로서 [조선]나라에 남아있던 사람들도 그대로 한씨라는 성을 사칭하였다. 준은 해외[의 나라]에서 왕이 되었으나 조선과는 서로 왕래하지 않았다. 그 뒤 준의 후손은 절멸되었으나. 지금은 한인 중에는 아직 그의 제사를 받드는 사람이 있다.

[한(韓)은] 한(漢)나라 때에는 낙랑군에 소속되어 철마다 조알(朝謁)하였다.

위략(魏略) : 일찍이 우거가 격파되기 전에, 조선상 역계경(歷谿卿)이 우거에게 간(諫)하였으나 [그의 말이] 받아들여지지 않자, 동쪽의 진국으로 갔다. 그때 백성으로서 그를 따라가 그 곳에 산 사람이 2천여호나 되었는데, 그들도 역시 조선에 조공하는 번국과는 서로 왕래하지 않았다. 왕망(王莽)의 지황(地皇) 연간에, 염사치(廉斯鑡)가 진한의 우거수가 되어 낙랑의 토지가 비옥하여 사람들의 생활이 풍요하고 안락하다는 소식을 듣고 도망가서 항복하기로 작정하였다. 살던 부락을 나오다가 밭에서 참새를 쫓는 남자 한 명을 만났는데, 그 사람의 말은 한인의 말이 아니었다. [그 이유를] 물으니 남자가 말하기를. "우리들은 한(漢)나라 사람으로 이름은 호래이다. 우리들 천 5백 명은 재목을 벌채하다가 한(韓)의 습격을 받아 포로가 되어 모두 머리를 깎이고 노예다 된 지 3년이나 되었다."고 하였다. 치가, "나는 한(漢)나라의 낙랑에 항복하려고 하는데 너도 가지 않겠는가?" 하니 호래는 "좋다."하였다. 그리하여 치는 호래를 데리고 출발하여 함자현(咸資縣)으로 갔다. 함자현에서 [낙랑]군에 연락을 하자, [낙랑]군은 치를 통역으로 삼아 금중(芩中)으로부터 큰 배를 타고 진한에 들어가서 호래 등을 맞이하여 데려갔다. 함께 항복한 무리 천여 명을 얻었는데 다른 5백 명은 벌써 죽은 뒤였다. 치가 이 때 진한에게 따지기를. "너희는 5백 명을 돌려보내라. 만약 그렇지 않으면 낙랑이 만 명의 군사를 파견하여 배를 타고 와서 너희를 공격할 것이다."라고 하니 진한은, "5백 명은 이미 죽었으니, 우리가 마땅히 그에 대한 보상을 치르겠습니다."하고는, 진한 사람 만 5천명과 변한포 만 5천필을 내어 놓았다. 치는 그것을 거두어 가지고 곧바로 돌아갔다. [낙랑]군에서는 치의 공과 의를 표창하고, 관책(冠幘)과 전택(田宅)을 주었다. 그의 자손은 여러 대를 지나 안제 연광 4년(A.D 125 ; 백제 기루왕(己婁王) 49)에 이르러서는 그로[선조의 공으로] 인하여 부역을 면제받았다.

3) [한족(韓族)의] 풍속은 의책(衣幘)을 입기를 좋아하며, 하호들도 [낙랑이나 대방]군에 가서 조공할 적에는 모두 의책을 빌려 입으며, [대방군에서 준] 자신의 인수(印綬)를 차고 의책을 착용하는 사람이 천여 명이 된다. 부종사(部從事) 오임(吳林)은 낙랑이 본래 한국을 통치했다는 이유로 진한 입국을 분할하여 낙랑에 넣으려 하였다. 그때 통역하는 관리가 말을 옮기면서 틀리게 설명하는 부분이 있어 신지와 한인들이 모두 격분하여 대방군의 기이궁(崎離宮)을 공격하였다. 이때 [대방]태수 궁준(弓遵)과 낙랑태수 유무(劉茂)가 군사를 일으켜 이들을 정벌하였는데, 준(遵)은 전사하였으나 이군은 마침내 한을 멸하였다.

그 풍속은 기강이 흐려서, 제국의 도읍에 비록 주수가 있어도 읍락에 뒤섞여 살기 때문에 제대로 다스리지 못하였다. 궤배(跪拜)하는 예(禮) 또한 없다. 거처는 초가(草家)에 상실(上室)을 만들어 사는데, 그 모양은 마치 무덤과 같았으며, 그 문은 윗부분에 있다. 온 집안 식구가 그 속에 함께 살며, 장유(長幼)와 남녀의 분별이 없다. 그들의 장례에는 관(棺)은 있으나 곽(槨)은 사용하지 않는다. 소나 말을 탈 줄 모르기 때문에 소나 말은 모두 장례용으로 써버린다. 구슬을 귀하게 여겨 옷에 꿰매어 장식하기도 하고, 목이나 귀에 달기도 하지만, 금·은·금(錦)·수(繡)는 보배로 여기지 않는다.

그 사람들의 성질은 굳세고 용감하다. 머리칼을 틀어 묶고 상투를 드러내는데 마치 날카로운 병기와 같다. 베로 만든 도포를 입고 발에는 가죽신을 신고 다닌다. 그 나라 안에 무슨 일이 있거나 궁가에서 성곽을 쌓게 되면 용감하고 건장한 젊은이는 모두 등의 가죽을 뚫고, 큰 밧줄로 그곳에 한 발(丈)쯤 되는 나무막대를 매달고 온 종일 소리를 지르며 일을 하는데, [이를] 아프게 여기지 않는다. 그렇게 작업하기를 권하며, 또 이를 강건한 것으로 여긴다.

해마다 5월이면 씨뿌리기를 마치고 귀신에게 제사를 지낸다. 떼를 지어 모여서 노래와 춤을 즐기며 술 마시고 노는데 밤낮을 가리지 않는다. 그들의 춤은 수십 명이 모두 일어나서 뒤를 따르라며 땅을 밟고 구부렸다 치켜들었다 하면서 손과 발로 서로 장단을 맞추는데, 그 가락과 율동은 [중국(中國)]의 탁무(鐸舞)와 흡사하다. 10월에 농사일을 마치고 나서도 이렇게 한다. 귀신을 믿기 때문에 국읍에 각각 한 사람씩을 세워서 천신의 제사를 주관하게 하는데, [천군]이라 부른다. 또 여러 나라에는 각각 별읍이 있으니 그것을 「소도(蘇塗)」라 한다. [그 곳에] 큰 나무를 세우고 방울과 북을 매달아 놓고 귀신을 섬긴다. [다른 지역에서] 그 지역으로 도망 온 사람은 누구든 돌려보내지 아니하므로 도적질하는 것을 좋아하게 되었다. 그들이 소도를 세운 뜻은 부도(浮屠)와 같으나, 행하는 바의 좋고 나쁜 점은 다르다.

그 나라 북방의 [중국]군에 가까운 제국은 그런대로 약간의 예속이 있지만, 멀리 떨어져 있는 지역은 흡사 죄수와 노비가 모여 사는 곳과 같다. 별다른 진보(珍寶)는 나지 않고, 동물과 초목은 대략 중국과 동일하다. 큰 밤이 생산되는데 그 크기가 배만큼 크다. 또 세미계(細尾雞)가 나는데 그 꼬리의 길이는 모두 5자(尺) 남짓 된다. 그 고장 남자들은 간혹 문신을 한 사람도 있다.

또 주호(州胡)가 마한의 서쪽 바다 가운데의 큰 섬에 있다. 그 사람들은 대체로 키가 작고 말도 한(韓)[족(族)]과 같지 않다. 그들은 모두 선비족처럼 머리를 삭발하였으며, 옷은 오직 가죽으로 해 입고 소나 돼지 기르기를 좋아한다. 그들의 옷은 상의만 입고 하의는 없기 때문에 거의 나체와 같다. 배를 타고 왕래하며 한(韓)나라에서 물건을 사고판다.

### (2) 진한(辰韓)

진한은 마한의 동쪽에 위치하고 있다. [진한의] 노인들은 대대로 전하여 말하기를, "[우리들은] 옛날의 망명인으로 진(秦)나라의 고역을 피하여 한국으로 왔는데, 마한이 그들의 땅을 분할하여 우리에게 주었다."고 하였다. 그곳에는 성책(城柵)이 있다. 그들의 말은 마한과 달라서 나라(國)를 방(邦)이라 하고, 활(弓)을 호(弧)라 하고 도적(賊)

을 구(寇)라 하고, 술잔을 돌리는 것(行酒)을 행상(行觴)이라 한다. 서로 부르는 것을 모두 도(徒)라 하여 연나라 사람들과 흡사하니, 단지 연(燕)나라·제(齊)나라의 명칭만은 아니었다.

낙랑 사람을 아잔(阿殘)이라 하였는데, 동방 사람들은 나(我)라는 말을 아(阿)라 하였으니, 낙랑인들은 본디 그 중에 남아있는 사람이라는 뜻이다. 지금도 [진한(辰韓)을] 진한(秦韓)이라고 부르는 사람이 있다. [진한은] 처음에는 6국이던 것이 차츰 12국으로 나뉘어졌다.

### (3) 변진(弁辰)

변진(弁辰)도 12국으로 되어 있다. 또 여러 소별읍(小別邑)이 있어서 제각기 거수(渠帥)가 있다. 세력이 큰 사람은 신지(臣智)라고 하고, 다음에는 험측(險側)이 있고, 다음에는 번예(樊濊)가 있고, 다음에는 살해(殺奚)가 있고, 다음에는 읍차(邑借)가 있다. 이저국(已柢國)·불사국(不斯國)·변진미리미동국(弁辰彌離彌凍國)·변진접도국(弁辰接塗國)·근기국(勤耆國)·난미리미동국(難彌離彌凍國)·변진고자미동국(弁辰古資彌凍國)·변진고순시국(弁辰古淳是國)·염해국(冉奚國)·변진반로국(弁辰半路國)·변진낙노국(弁辰樂奴國)·군미국(軍彌國)·변진미오야마국(弁辰彌烏邪馬國)·여담국(如湛國)·변진감로국(弁辰甘路國)·호로국(戶路國)·주선국(州鮮國) 변진구야국(弁辰狗邪國)·변진주조마국(弁辰走漕馬國)·변진안야국(弁辰安邪國)·변진독로국(弁辰瀆盧國)·사로국(斯盧國)·우유국(優由國)이 있어서, 변한과 진한은 합하여 24국이 된다. 대국은 4~5천가이고, 소국은 6~7백가로서 총 4~5만 호이다. 그 중에서 12국은 진왕에게 신속(臣屬)되어 있다. 진왕은 항사 마한사람으로 왕을 삼아 대대로 세습하였으며, 진왕이 자립하여 왕이 되지는 못하였다.

토지는 비옥하여 오곡과 벼를 심기에 적합하다. 누에치기와 뽕나무 가꾸기를 알아 비단과 베를 짤 줄 알았으며, 소와 말을 탈 줄 알았다. 혼인하는 예법은 남녀의 분별이 있었다. 큰 새의 깃털을 사용하여 장사를 지내는데, 그것은 죽은 사람이 새처럼 날아다니라는 뜻이다. 나라에서는 철이 생산되는데, 한(韓)·예(濊)·왜인(倭人)들이 모두 와서 사 간다. 시장에서의 모든 매매는 철로 이루어져서 마치 중국에서 돈을 쓰는 것과 같으며, 또 [낙랑과 대방의] 두 군에도 공급하였다.

[그 나라의] 풍습은 노래하고 춤추며 술 마시기를 좋아한다. 비파가 있는데 그 모양은 축(筑)과 같고 연주하는 음곡(音曲)도 있다. 어린 아이가 출생하면 곧 돌로 그 머리를 눌러서 납작하게 만들려 하기 때문에 지금 진한사람의 머리는 모두 납작하다. 왜와 가까운 지역이므로 남녀가 문신을 하기도 한다. 보전(步戰)을 잘하며, 병장기는 마한과 같다. 그들의 풍속에는 길에서 만나는 사람은 모두 길을 양보한다. 변진은 진한 사람들과 뒤섞여 살며 성곽도 있다. 의복과 주택은 진한과 같다. 언어와 법속이 비슷하지만, 귀신에게 제사 지내는 방식은 달라서 문의 서쪽에 모두들 조신(竈神)을 모신다. 그 중에서 독노국(瀆盧國)은 왜와 경계를 접하고 있다. 12국에도 왕이 있으며 그 사람들의 형체는 모두 장대하다. 의복은 청결하며 장발로 다닌다. 또 폭이 넓은 고운 베를 짜기도 한다. 법규와 관습은 엄준하다.

## 5. 『남제서(南齊書)』 권54 열전39 동남이전(東南夷傳) 가라국(加羅國)

가라국은 삼한의 종족이다. 건원(建元) 원년(479)에 국왕 하지(荷知)가 사신을 보내어 와서 공물을 바쳤다. 조서를 내려, "도량이 넓은 자가 비로소 등극하니 먼 오랑캐가 교화에 젖도다. 가라왕 하지가 바다 밖에서 방문하여 동쪽 멀리서 폐백을 바쳤다. 가히 보국장군본국왕(韓國將軍本國王)을 제수한다."라고 말하였다.

## 6. 『진서(晉書)』 권97, 열전67 사이전(四夷傳) 동이(진한)

처음에는 6국이 있었으나, 그 뒤 점점 나뉘어 12국이 되었다. 또 변진이 있는데 그 역시 12국으로 총 4~5만 호이며, 각각 거수가 있고 모두 진한에 속해 있다.

## 7. 『수서(隋書)』 권81, 열전46 동이(東夷) 신라(新羅)

왕위가 김진평(金眞平)이르러 개황(開皇) 14년(594)에 견사하여 방물을 바쳤다. 고조는 진평을 상개부(上開府) 낙랑군공(樂浪郡公) 신라왕으로 삼았다. 그의 선대는 백제에 부용하였는데, 뒤에 백제의 고려 정벌로 말미암아 고려인이 군역을 견디지 못하고 무리를 지어와 신라에 귀화하니 (신라는)마침내 강성해져서 백제를 습격하고, 가라국(迦羅國)을 부용국으로 삼았다.

## 8. 『양직공도(梁職貢圖)』 백제국사전(百濟國使傳)

백제 인근의 소국에는 반파(叛波)·탁(卓)·다라(多羅)·전라(前羅)·사라(斯羅)·지미(止迷)·마련(麻連)·상기문(上己文)·하침라(下枕羅)가 있다. 백제의 언어와 의복은 대략 고구려와 동일하지만 걸을 때 팔짱낀 것을 벌리지 않는 것과 절할 때 한쪽 다리를 펴지 않는다는 점에서는 다르다. 그리고 복색 호칭이 중화화(中華化) 되어 있다.

# 결 론

필자는 각 사서(史書)가 추구한 가야사(伽耶史)의 실체를 파악해 본 결과 가야사의 정체성을 아래와 같이 정립하고자 한다. 『삼국사기(三國史記)』는 삼국을 대상으로 한 역사서이기 때문에 고조선을 필두로 삼국이전의 민족사는 배제되었다. 단지 『삼국사기』에서는 고조선 부여, 발해, 가야의 역사가 부분적으로 축약되어 기록되었을 뿐이다. 그러므로 고려 이전의 민족사 체계가 제대로 파악되었다고 할 수 없다. 이것은 사실적 기술대상의 불균형이다. 그러나 『삼국사기』가 삼국 이외의 왕조사를 포괄할 때 그것은 『삼국사기』일 수 없음을 또한 부정할 수 없다. 이것이 『삼국사기』구성의 특징이자 한계이다.

『삼국사기』의 사료로서 이런 한계 속에서 단편적으로 나와 있는 가야에 관한 기사를 통해 가야사 복원에 기여한 바를 밝혀보았다. 『삼국사기』 편찬자들의 가야사에 관한 인식으로 우선 들 수 있는 것은 가야 여러 나라의 유래 및 멸망에 관한 사실을 명시함으로써 삼국 못지않은 변천사가 있었다는 점이다. 두 번째,

가야 여러 나라는 고구려와 백제, 신라와 대등한 자주국(自主國)이었다. 세 번째, 가야 여러 나라는 막강한 삼국 속에서 생존하기 위해 자주적인 군사제도와 군사력을 보유하고 있었다. 네 번째, 가야의 문화는 가야 여러 나라가 멸망한 후에도 통일신라 문화에 계승 발전되어 민족문화의 토대가 되었으며 가야 여러 나라들이 멸망한 요인이 들어 있다. 다섯 번째, 가야의 대표적인 3대 세력권 외에도 가야 여러 나라의 역사에 영향을 주었던 소국(小國)들이 존속하고 있었다.

관찬사서인 『삼국사기』 편찬자들의 위와 같은 가야사 인식에 비해 사찬사서인 『삼국유사』에서 일연(一然)이 본 가야사에 관한 관점은 다음과 같다. 일연은 「가락국기(駕洛國記)」를 『삼국유사』에 첨가하여 「왕력(王歷)」을 통한 삼국(三國)뿐만 아니라 가락(駕洛)이 함께 존재하고 있음을 밝힘과 동시에 구체적인 가락국 즉 가야국(伽耶國)의 역사전개를 밝힐 것을 기도하고 있다. 우선 「가락국기」에 가락국 즉 금관가야(金官伽耶) 초기 정치제도의 일단을 고찰해 볼 수 있는 자료가 전하고 있어 이것을 통해서 단편적으로나마 가야국의 중앙정치조직을 살펴볼 수 있다. 다음으로 「가락국기」를 통해서 가야국 즉 금관국의 중앙관직을 살펴볼 수도 있다.

「가락국기」에 담겨져 있는 위와 같은 사실들을 통하여서 「왕력」에 담겨진 삼국과 대등한 국가로 설정한 가락국(금관국)이 중앙정치조직과 중앙관료기구 및 군사제도를 갖춘 한 국가로서 삼국과 더불어 사국시대(四國時代)를 이루었음을 일연은 밝히고 있는 것이다. 그리하여 민족사(民族史)의 기원과 폭이 유원하고 장대(長大)하였음과 발전의 체계를 강조하여 몽고의 침략과 같은 현실적인 시련과 생존의 위협에도 능히 이길 수 있는 저력과 사상 및 난세의 돌파력을 지닌 민족과 국가임을 백성 앞에 확신시켜주기 위해서 「왕력」과 더불어 「가락국기」를 『삼국유사』에 포함시켰던 것이다.

「왕력」편과 「기이(紀異)」편 전체는 일연의 역사의식의 축약된 산물이며 그의 국가 및 사회에 대한 관심을 보여주는 구체적인 편목(篇目)에 해당된다. 일연이 「기이」편 첫 머리에서 고조선(古朝鮮)을 기록하여 민족사의 출발점을 밝힌 것도 의의가 있지만 「기이」편 끝에 「가락국기」를 포함시켜 가야사를 구체화시켜 민족사의 강역확대와 발전사의 체계를 세워 민족의 활로를 찾았다는 면에서 그의 역사인식은 높게 평가할 만하다.

일연이 가야사를 구체화시켜 민족사의 남쪽지역 강역범위를 밝힌 자료로서 가야 여러 나라의 분포를 알 수 있게 뒷받침해 주는 또 하나의 문헌사료는 『삼국유사』 「오가야」조와 「본존사략」 등을 들 수 있다. 이 사료들을 통해 각 시기별로 유동적으로 존재한 가야 여러 나라의 분포양상의 윤곽을 파악할 수 있다. 결국 일연이 『삼국유사』에서 나타낸 민족사 강역인식은 북쪽으로는 고조선부터 남쪽으로는 가야지방까지 확대된 가운데에서 민족사가 자주적으로 개성 있게 전개되었음을 말해주고 있는 것이다.

또한 『삼국유사』는 가야의 불교는 『삼국사기』에 기록된 고구려의 북방불교가 들어와 공인된 시기인 372년보다 이른 시기에 들어와 만연되었음을 「파사석탑」조와 「어산불영」조라는 사료를 들어 주장하고 있다. 이와 같은 사실은 사상적인 면에서 불교의 전파도 고구려 중심의 북방전래설과 더불어 가야 중심의 남방전래설을 같이 취급하여 민족의 대표적인 불교사상의 전파는 기원후 1, 2세기까지 올라갈 수 있다는 면에서 가야불교는 삼국 못지않은 개성 있는 남방불교를 수용하였음을 논하고 있다. 이것은 사상적인 면에서도 삼국과는 다른 양상을 지닌 가야국이 있었다는 것을 의미한다고 볼 수 있겠다.

지금까지 가야사 연구에 도움을 줄 수 있는 국내사서인 『삼국사기』와 『삼국유사』를 검토해 보았다. 그러나 이 사서들은 가야사 연구에 충분한 자료들을 주지 못한다는 면에서 국외사서의 참고가 필요하다. 우선 국외사서로서 들 수 있는 것은 『일본서기』와 『중국사서』인 동이전이다. 먼저 『일본서기』에 나타난 가야사 인식은 다음과 같다.

『일본서기』 신대상(神代上)에서 현종천황(顯宗天皇) 때까지는 왜국의 모국이 가야이고 왜와 가야의 최초관계 설정 및 임나라는 명칭의 유래 등이 명기되어 있다. 또한 가야에서 왜지로의 이주 코스와 탁순국(卓淳國)을 통한 왜와 백제의 관계 및 가야 여러 나라의 정치체제와 자주적 신분제도의 단서를 찾을 수 있게 해 주는 사료집이다. 『일본서기』에 보이는 임나관(任那觀)에 입각하여 성립한 연맹체설은 신공기 49년조에 나타난 탁순국의 활동을 분석하여 활용하여 볼 것 같으면 마땅히 수정되어야 한다. 이 시기의 사료들에는 이외에도 한국 고대의 역사가 사국시대였다는 점과 도래인 중 대규모 이주세력의 대표는 아라가야였다는 사실을 부각시켜 준다.

계체기와 흠명기부터 효덕기에 이르는 가야관계의 중심 사료가 뜻하는 바는 다음과 같이 정리할 수 있다. 먼저 계체기에서는 백제와 신라, 왜 그리고 가야의 대표세력과 교류의 범위를 찾아낼 수 있고, 특히 안라와 반파(伴跛)가 이 당시 가야 여러 나라의 대표세력임을 부각시키고 있는 점이다. 또한 신라와 가야 여러 나라 및 왜의 관계가 국가 이익에 따라 전개됨을 보여준다. 이 당시의 기사에는 구체적으로 임나일본부의 위치를 비정할 수 있는 지역이 있고, 가야가 독자적인 의복을 입는 자주적 문화권이 있는 국가임을 찾아낼 수 있는 중요 사료들이 있다. 공복제는 신분에 따라 복색을 달리하는 것이므로 이는 곧 신분제와 관등제의 실시도 아울러 이루어졌음을 미루어 짐작할 수 있다. 이와 같은 공복제의 존재는 안라에 위계적인 관료조직이 성립되어 있음을 나타내주는 단서적인 제도를 말한다.

계체기의 사료들은 안라가 국왕과 더불어 위계질서를 갖춘 관직을 보유한 독자적인 영역국가이면서 백제와 대등한 국가였음을 입증해 주는 근거들인 것이다. 이렇기 때문에 계체기에는 안라에 위계적 관료조직이 있었음을 시사하는 사료가 많이 있다. 계체기에서 종합적으로 전해준 사실은 가야 여러 나라 중 대표적인 국가가 반파국과 더불어 안라국이라는 것인데 이 사실은 6세기 전반기의 역사적 실상과 매우 흡사한 믿을 만한 기록이다.

흠명기(欽明紀)는 거의 한국 고대 기사로 메워져 있고 그 대부분이 임나 흥건 문제를 내용으로 하고 있다. 이 임나 흥건 문제를 다루고 있는 주인공이 백제 성왕이므로 백제 성왕의 임나흥건 운동이라고 해야 할 것이다. 흠명기에서는 안라와 가라(加羅)가 일찍부터 독립적인 국가였음을 뜻하고, 안라(安羅)와 가라, 탁순이 가야의 대표적인 국가였음을 보여주며, 가야 여러 나라의 신분제도를 연구할 수 있는 실마리를 제공해 주기도 한다. 훼기탄, 남가라, 탁순이 망한 이유와 가야 여러 나라가 연맹체가 아니라 여러 나라라고 하는 구체적인 근거가 명기되어 있는 것이

이 당시 사료들인 것이다. 또한 임나의 재흥을 위한 안라의 중요성을 표현해 주면서 이 당시 안라가 가야의 중심국임을 알려주는 기록도 있다.

이어서 흠명기에는 안라일본부 설치가 나오고 일본부와 안라 관계가 나오는데 이와 같은 임나일본부와 안라일본부의 성격을 우리는 올바로 알아야 한다. 함안 충의공원 발굴지의 대형 건물터와 창고지, 함안 장명리의 폐자기장 파편들과 일본지역 중국과 사국출토의 아라가야 유물과 유적들을 견주어볼 때, 임나일본부는 아라가야의 중심인 함안과 구주 그리고 일본의 중국 및 기내지역, 사국지역(四國地域)과의 사이에 문물을 교환하는 임시교역소이었음을 확인할 수 있다.

백제 성왕시 관산성 전투의 묘사와 가야 멸망 후 왜의 후속대책으로서 백제 세력을 활용하고 있음을 볼 수 있으며, 흠명천황의 유언을 통하여 가야는 왜의 본원적 국가임을 알 수 있게 해주는 기록들이 이 시기에 있는 것이다. 가야가 멸망한 대외적 요인은 백제와의 국제교역 경쟁에서의 실패와 백제외교의 수완에 눌려 자국의 배후세력을 상실한 것이 그 까닭이다. 여기에 대내적으로 중앙집권의 결핍에서 비롯되는 국력의 열세가 가중되어 가야는 냉엄한 국제정세속의 희생물이 되어 멸망하였던 것이다.

물론 김해 본가야의 적극적인 구주지역으로의 진출로 인하여 국력이 분산되고 문화면에서의 지속적인 발전과 축적이 결여되어 가야 여러 나라의 통합은 더욱 더 어려웠으며 이것이 멸망의 또 하나의 요인이 되었다. 추고(推古)와 효덕(孝德) 때에도 가야 멸망 후 임나 재건문제에 대한 끊임없는 미련과 관심이 사료에 나타남을 보아서도 『일본서기』 가야관계 편찬자들의 임나 복원 의지가 계속적으로 전개됨을 확인할 수 있었다.

『중국사서』 동이전의 여러 기록을 종합하여 삼한과 가야의 실상을 검토해 보기로 하겠다. 처음 진국(辰國)에서 마한과 진한이 분리되고 다음 진한에서 진한과 변진이 분리되어 마, 진, 변의 삼한사회가 부족세력권을 형성하였다. 여기에서 한(韓)이란 명칭은 한족사회 전반에 걸쳐 공통적으로 사용된 보편적인 칭호이고, 결코 한 성씨 또는 한 지역에만 국한된 것은 아니다. 남한지방을 지칭하는 한(韓)이라는 명칭은 진국 또는 적어도 그 후신으로서 진한이 등장함으로써 구분의 필요가 생기기 전까지 계속되었을 것이다. 그 분리의 시기는 진국에서 마한과 진한이 분리된 것은 대개 서기전 2세기경으로 올려 보아야 하겠고 진한과 변진이 분리된 것은 1세기경으로 생각되며 진한과 변한이 확립되는 것은 그 상한은 언제라고 단언하기 어려우나 하한은 3세기경으로 보는 것이 타당하다.

삼한의 분립을 이와 같이 볼 수 있다면 1세기 전반기 즉 염사치 시대는 진한과 변진이 같은 진한사회에서 분리하는 과도기라고 생각되므로 이러한 시기에는 변진 출신인 염사치도 진한의 우거수를 칭할 가능성이 있다. 염사치 기록은 이 변진세력이 형성되는 초기시기를 배경으로 한 것이라고 볼 수가 있다.

이와 같은 배경 속에서 변한사회에서 대국으로 성장한 김해 구야국은 변한 여러 나라들을 중심으로 변한 여러 세력을 이끌어가는 주도세력이었다. 변한에서 가야로의 계승성이 인정된다고 한다면 가야사의 시작은 삼한시대로부터 찾는 것이 타당하다. 그리하여 가야사의 전반기인 1세기에서 3세기까지는 김해 구야국이 가야 여러 나라들을 이끌었다. 그러나 김해 구야국 중심의 세력권이 약화된 4세기 이후 가야 여러 나라를 멸망시까지 이끈 국가는 고령의 대가야와 함안의 안라국(安羅國) 즉 아라가야뿐이었다. 이 두 가야권은 상하 가야로써 가야국의 장대한 2대 세력권 중심지였으며, 친신라적인 대가야보다 가야 여러 나라를 이끌고 완강히 신라에 대항한 나라는 오히려 아라국(阿羅國)뿐이었다.

아라가야문화는 왜지(倭地)에도 지대한 영향을 주어 6~7세기 아스카 문화의 단서가 되었는데 이러한 사실은 불꽃무늬(火焰文) 토기의 분포를 통하여서도 알 수 있다.

아라가야의 사회발전단계론으로 볼 때, 시기구분은 기원전 1세기에서 기원 후 1세기까지는 소국단계이었고, 기원후 2세기 초에서 기원후 3세기 후반기는 대국단계이고, 기원후 4세기부터 기원후 5세기 전반기까지는 거점지역 영역국가 단계였으며, 기원후 5세기 후반부터 기원후 6세기 중반이후 멸망시까지는 거점지역 영역국가 확장기로 볼 수 있다. 백제나 신라와는 달리 이와 같은 시대구분이 나올 수 있었던 요인은 우선 백제국(伯濟國)이나 사로국(斯盧國)과는 다른 변한의 출자와 역사적인 특수성과 지정학적인 위치 등을 들 수 있겠다. 즉 변한 소국의 대표격인 구야국(狗邪國)은 청동기 문화를 바탕으로 활발한 철과 농수산물 등의 대외교역의 바탕위에 우수한 철기문화가 집중되어 출현한 정치체제이기에 독자성과 분립성(分立性) 그리고 거점성이 강한 정치체제라는 점이다. 이러한 면이 가야 여러 나라가 중앙집권적인 일원적 체제를 이루지 못하고 교역중심의 독특한 거점지역 국가로서 특유의 분립성으로 인해 이와 같은 가야사의 전개를 가져왔던 것이다. 여기에 마한사나 진한사에 비해 변한사가 갖는 역사성이 있다.

특히 가야는 중심산업인 제철업을 통해 쇠를 생산하여 이를 주변 나라들과 교역을 하여 생존을 영위한 고대의 대표적 해양 교역국가였다. 따라서 가야가 위치한 남해안을 무대로 하여 해외로 뻗어나가야만 하는 필요성에 기인한 끊임없는 개척정신의 전개와 무역과정에서 오는 다양성이 가야의 특이한 체제인 거점지역 국가를 탄생시켰던 요인이었다. 여기에 비해 신라나 백제는 중심산업이 농업이었고 농업을 통한 재생산의 확대는 안정된 관개시설의 유지와 적기에 노동력 확보와 현장에의 제공과 국내의 원만한 유통을 위한 안정된 사회체제의 유지가 있어야만 가능하였다. 그렇기 때문에 신라나 백제는 강력한 중앙집권체제가 요구되어져 시대가 흐를수록 국왕 중심의 일원적인 지배체제로 발전하였던 것이다.

신라와 백제에 비해서 가야가 통일왕국을 이루지 못하고 여러 나라들로 남아 있다가 결국 신라에게 흡수당한 것은 이와 같은 가야 특유의 교역국가 운명인 개척성과 다양성, 분립성에 기초한 거점지역 국가 체제의 장기간 유지 때문이었다.

본서는 전기론적 입장에서 소국의 형성은 기원전 1세기 무렵부터 그 시원적인 모습이 보이는 것으로 파악하여 기원후 6세기 중반 이후 거점지역 영역국가 확장기에 소멸하는 것으로 보았다. 이러한 이론 정립의 단서는 『중국사서』 동이전에 나오는 한전(韓傳) 계통 사료들의 사실들에서 주로 파악한 것이다.

가야사를 다루는 기본적인 원전은 『삼국사기』와 『삼국유사』 그리고 『일본서기』 및 『중국사서』 동이전 등이다. 그러나 이들 사서들의 가야사에 관한 인식에는 차이가 있다. 우선 『삼국사기』에는 가야사에 관해서 본기와 지(志), 열전 등에 부분적으로 간략히 기술되어 있으면서도 여러 가지 가야에 관한 내용을 시사했다. 『삼국사기』 편찬자들의 가야사에 관한 인식으로 명시할 수 있는 것은 가야 여러 나라에 관한 유래와 멸망에 관한 사실을 제시함으로써 가야 여러 나라에는 삼국 못지않은 변천사가 있었음을 암시했다는 점이다. 두 번째 그들은 가야 여러 나라가 고구려 백제 신라와 대등한 자주국이었음을 표현해 주고 있다. 여기에 비해 일연이 쓴 『삼국유사』는 『삼국사기』를 보완하여 가야의 중심세력권이 6개 있었음을 제시하고 있는 오가야조(五伽耶條)로 나타났고 그것을 구체화 시킨 것이 「가락국기」(駕洛國記)이다. 그리하여 한국고대사는 삼국시대가 아니라 실재적인 내용면에서 사국시대(四國時代)로 설정할 수 있다는 견해가 나올 수 있었던 것도 『삼국유사』 「왕력」의 기술에 있었다. 이러한 이론의 단서를 『삼국사기』가 제공했다는 측면에서 사서(史書)로서의 『삼국사기』는 재평가되어야 한다.

『일본서기』의 가야 관계 사료는 『삼국사기』와 『삼국유사』의 가야관계 사료의 인식의 산물인 한국고대사가 삼국시대가 아니라 사국시대(四國時代)임과 가야는 독자적인 문화국가임을 입증할 수 있는 구체적이고 복합적인 사료들을 보완해 준다는 면에서 냉정히 검토한 후 인용할 필요성이 있다. 아울러 『일본서기』는 가야가 왜의 본원적 국가임을 알 수 있게 해주어 가야의 해외진출 면에서 일본이 중심무대임을 암시해주고 있다.

이러한 사서들이 언급한 가야의 실상에 관해서 그 근원과 전개과정에 관한 신뢰할 수 있는 단서를 제공해주는 사서가 『중국사서』 동이전이다. 『중국사서』 동이전 삼한에서는 한(韓)의 유래와 가야사 형성의 시원인 소국에서 대국으로의 성장과정과 변한에서 가야로의 전환을 나타내주는 사료들이 있어 가야사의 근원과 성장사와 시대구분을 할 근거들이 있다. 또한 이 사서에는 가야의 주산업이 제철산업임을 보여주고 있어 가야 여러 나라들은 철을 매개로 주변 국가들과 교역하며 생활을 한 해양거점지역 교역국가임을 알 수 있게 해준다.

이외에도 가야 관계 생활풍속사를 연구하는데 빼놓을 수 없는 것이 『중국사서』 동이전 한관계 사료들인데, 이런 기록들은 다른 사서들의 가야 관계 사료들의 한계점을 보완해 준다는 면에서 그 의의는 매우 크다.

## 찾아보기

# A Study on the History of Gaya Conducted Through Domestic and Foreign History Books

Yoon, Suk Hyo

This author grasped the substance of Gaya(伽耶) pursued by various history books containing Gaya related articles and based on the result, this author is to establish the identity of the history of Gaya as follows. Samguksagi(三國史記)that can't be as having properly grasped the national history system before Goryeo tells us the facts regarding the origins and collapses of various nations of Gaya through fractional articles regarding Gaya. According to the book, Gaya had a history of transitions not any less substantial than that of the Three States i. e., Goguryeo, Baekje and Shilla and it was an independent state comparable to them. And it had autonomous military systems and military strength and its culture was handed down to the culture of unified Shilla to form the foundation of our national culture.

In contrast, Samgukyusa(三國遺事) indicates the perception of history that established Gaya as a nation comparable to the Three States through Wanglyeok(王歷) and Garakgukgi(駕洛國記). Ilyeon(一然) indicates that as a state that was equipped with central political organizations, central bureaucratic institutions and military systems, Garakguk(駕洛國, Geumgwanguk金官國) formed an age of Four States. Also, in Ohgaya section and Bonjonsaryak section can be grasped the profile of the distribution states of various states of Gaya that existed variably depending on periods. Especially, as for Buddhism in Gaya, it can be seen, through Pasaseoktap (婆娑石塔) section and Eosanbulyeong(魚山佛影) section, that Southern Buddhism was introduced and widely spread earlier than 372 when Northern Buddhism was introduce into Goguryeo and officially recognized as recorded in Samguksagi.

Foreign history books regarding Gaya include Ilbonseogi (日本書紀) and Dongeejeon(東夷傳) among Chinese history books. Ilbonseogi recorded Gaya related articles from Sindaesang(神代上) section to Hyeonjongcheonhwang(顯宗天皇) section. Through this book, we can elucidate the fact that the mother country of Oeaguk(倭國) is Gaya, the initial establishment of relationships between Oeaguk and Gaya and the original of the name, Imna(任那). Also, we can find the immigration course from Gaya to the territory of Oeaguk, relationships between Oeaguk and Baekje made through Taksunguk(卓淳國) and the clues of various countries' political systems and autonomous status systems.

First, Gaechegi(繼體紀) section contains contents regarding representative forces of Baeje, Shilla, Oeaguk and Gaya, scopes of exchanges, the execution of public servant systems, hierarchical bureaucratic organizations and the issues regarding the prosperity of Imna. In Heummyeonggi(欽明紀) section are articles that describe the installation of Imna-Ilbonbu(任那日本府) and relationships between Ilbonbu and Imna. Along with them, the result of comparisons between and analyses of the remains excavated in the regions of Gaya and Japan indicate that Imna-lbonbu was a temporary exchanging site where the two countries exchanges goods and cultures. Through the will of Heummyeongcheonhwang, we can see the fact that Gaya was the origin country of Oeaguk and we can tell that the external factor for the collapse of Gaya were the failure in competitions for international trading with Baekje and the fact that Gaya lost its background force while being suppressed by the skill of diplomacy of Baekje.

In the times of Chugo(推古) and Hyodeok(孝德) appear continued lingering attachment and interests regarding the rebuilding of Imna after the collaspe of Gaya thus it can be identified that the will of the writers of the part regarding Gaya of Ilbonseogi to restore Imna was maintained.

Through various records in Dongeejeon, a Chinese history book, this author first examined about the processes of the formation of Samhan(三韓), the name 'Han' and Yeomsachi(廉斯鑡). The history of Gaya began from the times of Samhan. From the 1st century to the 3rd century which is the early part of the history of Gaya, Guyaguk(狗倻國) in Kimhae led various states of Gaya. But the states that led various states of Gaya from the 4th century when the force centered on Guyaguk in Kimhae was weakened to the time when Gaya collapsed were only Daegaya in Goryeong and Araguk(阿羅國) in Haman, ie, Aragaya(阿羅伽耶).

Guyaguk was a representative of small states of Byeonhan(弁韓) that actively executed international trading based on its major products such as iron and agricultural products. Since it was a political system that appeared based on excellent ironware cultures, it has strong propensities to pursue independence, separation and stronghold. Such propensities was the reason why the various states of Gaya could not form a centralized unitary system. The culture of Aragaya greatly affected the territory Oeaguk becoming the beginning of Askaa culture in 6th century and 7th century. This fact can also be identified through the distribution of flame patterned earthenware.

When seen from the viewpoint of the social development stage theory, the time of Aragaya can be divided into the stage of a small state continued from the 1st century B. C. to the 1st century A. D., the stage of a large state continued from the 2nd century to the late 3rd century, the stage of a stronghold region territory state continued from the 4th century to the first half of the 5th century and the stage of expansion of the stronghold region territory state continued from the latter half of 5th century to the time of collapse in the latter half of the 6th century.

**윤석효(尹錫曉)**

1944년 충남 당진 출생
연세대학교 문과대학 사학과 졸업
경희대학교 대학원 사학과에서 문학박사 학위 취득
현재 한성대학교 인문대학 역사문화학부 교수

**저서 및 논문**

『가야사』, 『신편가야사』, 『伽耶國と 倭地』
「가야의 군사활동에 관한 연구」, 「삼국사기의 구성과 가야사 인식」
「일본서기와 가야」, 「삼한의 실상과 가야」, 「신라하대의 고유사상 연구」
「성북지역과 향토문화」 등 다수.

연구총서 1-20 국내외 사서를 통해 본 가야사 탐구

2008년 8월 20일 인쇄
2008년 8월 30일 발행

저 자 • 윤 석 효
발행인 • 윤 경 로
발 행 • 한성대학교 출판부
서울특별시 성북구 삼선동3가 389번지
전 화 • (02)760-4174 / 팩스 • (02)760-5969
편집디자인 • 다락방 (02) 312-2029

ISBN 978-89-89101-54-3 93910